博彩娛樂叢書

博奕娛樂事業概論

Introduction of Gaming Entertainment Industry

郭春敏 ● 著

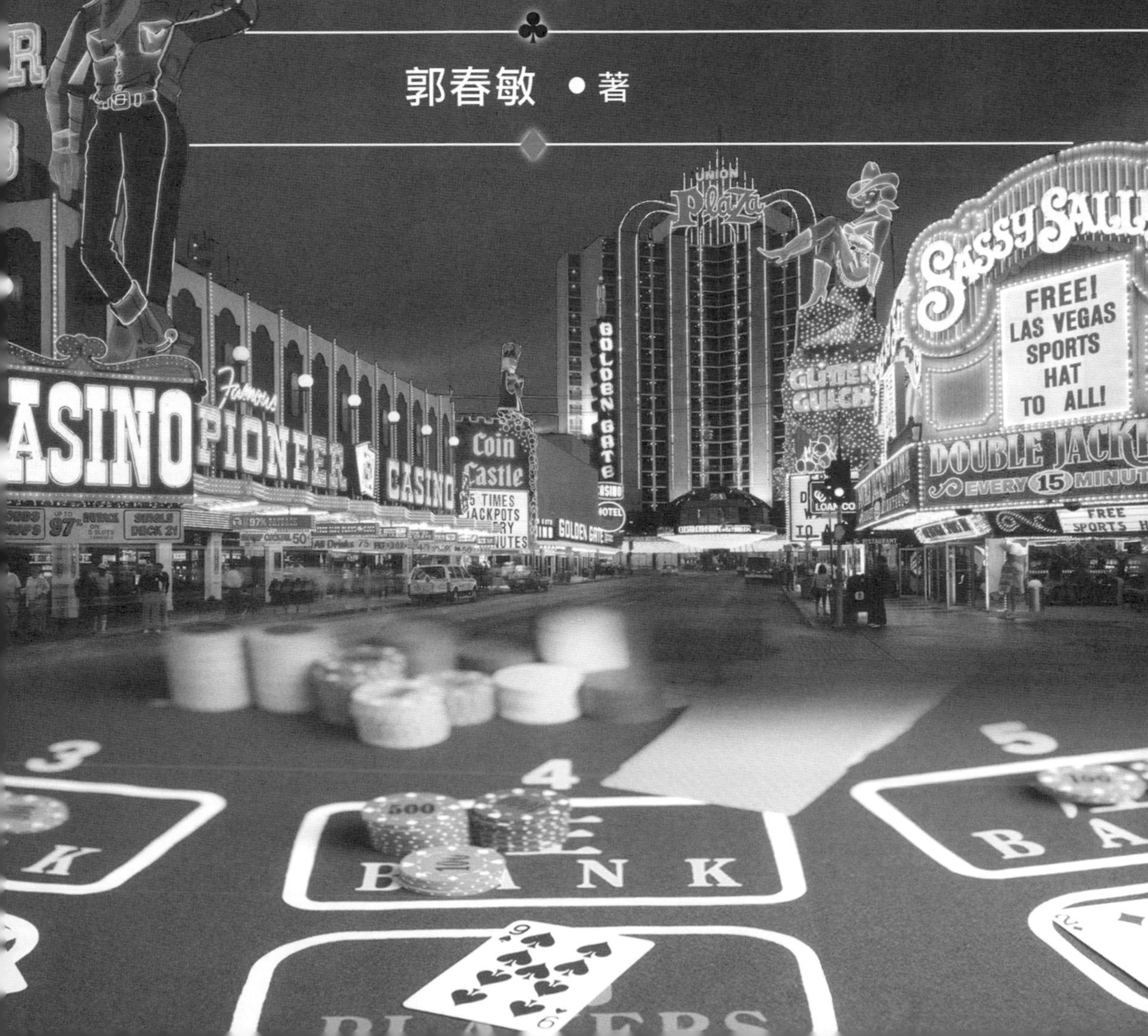

博彩娛樂叢書序

近幾年全球各地博奕事業方興未艾，舉凡杜拜、澳門、新加坡、南韓……都在興建與開發賭場，冀藉由賭場的多元功能發展觀光事業。中東杜拜政府的投資控股公司杜拜世界，於近日宣布投資拉斯維加斯之米高梅賭場集團的新賭場計畫，其購入該集團約百分之九點五的股份，花費超過五十億美元；現實社會中不能賭博的回教世界，居然購入美國賭場集團的股份，代表的是阿拉伯聯合大公國看好博奕事業的前景。

根據世界觀光組織的預估，東亞及太平洋地區到二〇一〇年旅客將達到一億九千萬人次，而到二〇二〇年，預計入境旅客將再增加一倍，達到約四億人次。就拉斯維加斯的博奕事業發展而言，消費者百分之四十五的花費是在賭博，其他百分之五十五花費在餐飲、購物、娛樂、住宿等，事實上博奕事業已成爲一個整合觀光、娛樂事業的整合型事業。

全球對博奕事業重視的不只杜拜，亞洲各國亦摩拳擦掌、爭相發展這門事業。其中最早起跑的是澳門，其賭場數在最近幾年快速增長，從二〇〇二年的十一家增長到二〇〇七年第二季的二十六家。同時期，賭桌數也快速增長超過八倍，二〇〇七年的賭場營收高達六十九億五千萬美元，首度超越拉斯維加斯成爲全球最大的賭博勝地。澳門目前仍然以賭場爲主要吸引旅客的利基，並朝向拉斯維加斯一般結合購物、住宿、會展的多元觀光發展。

新加坡的兩家複合式度假勝地預計在二〇〇九年完工，其藉由完整的周邊規劃與設計，企圖打造亞洲的新觀光天堂。其中之一是濱海灣金沙綜合度假勝地，將耗資三十二億美元，除了賭場外，濱海灣周邊將興建三棟五十層樓高的高樓，預計將可容納兩千五百間飯店客房、九萬三千平方公尺的會議中心、兩間戲院、一座溜冰場以及無數的餐廳和店面。爲了增加吸引力，受聘的知名以色列裔建築師薩夫迪將在濱海灣金沙賭場的附近打造一個類似雪梨歌劇院的地標型博物館。爲因應未來博奕事業的人力需求，新加坡政府提供財務支援，由業界與美國內華達大學拉斯維加斯分校的飯店管理學院，於二〇〇六年共同在新加坡建立首座海外校園，提供觀光、賭場專業的四年制大學人才培育。

全球博奕產業方興未艾，其上、中、下游發展愈來愈健全，開發新的科技和建立線上投注機制等，都使博奕產業更朝國際化方向前進，台灣如能結合觀光產業發展博奕事業，將有利於我國觀光事業的成長。博奕產業包含陸上及水上賭場、麻將館、公益彩券、樂透彩、賭狗和賭馬；博奕娛樂業的服務範圍也很廣，除了各種博奕遊戲服務外，還有飯店營運、娛樂秀場節目安排、商店購物、遊憩設施、配合活動設計等。每一個環節都不能忽視，才能營造多元服務的博奕事業。

此外，博奕概分爲Casino賭場、Lottery彩券兩大領域。挾著工業電腦及遊戲軟體的發展基礎，台灣廠商在全球博奕機台（吃角子老虎、水果盤等）的市占率高達七成。未來台灣一旦開放博奕產業，除了賭場（含博奕機台）的商機，還將帶動整合型度假村主題樂園、觀光旅遊、交通、會議展覽、精品等周邊產業的商機。目前博奕市場還有很大的發展空間，但亞洲博奕市場很需要台灣供應人才，因此不管政府有無修法通過興建賭場，培育博奕人才都是必然的趨勢，應當未雨綢繆。

看準博奕產業未來需要大量人才，國內動作快的大學院校紛紛開辦博奕課程，希望及早培養人才。國內有學校將休閒事業系更名為「休閒與遊憩系」，並開設賭博管理學、賭博心理學、賭博經濟學、防止詐賭方法等課程。更有學校在學校成立了「博奕事業管理中心」，將真正的博奕桌台及籌碼，引進校園課堂。未來博奕高階專業人才的行情將持續看漲，包括：賽事作業管理員、風險控制交易員等職務，皆必須具備傑出的數學邏輯能力、數字分析技巧，才能精算賽事的賠率。因此博奕課程如：博奕事業概論、博奕經營管理、博奕人才管理、博奕行銷管理、博奕產業分析、博奕心理學、博奕財務管理與博奕機率論等之相關書籍的編寫有其必要性，更可讓莘莘學子有機會認識與學習博奕之機會。

依照編輯構想，這套叢書的編輯方針應走在博奕事業的尖端，作為我國博奕事業的指標，並能確實反應博奕事業教育的需求，以作為國人認識博奕事業的指引，同時要能綜合學術與實務操作的功能，滿足觀光、餐旅、休閒相關科系學生的學習需要，並提供業界實務操作及訓練的參考。

身為這套叢書的編者，謹在此感謝產、官、學界所有前輩先進長期的支持與愛護，同時感謝本叢書中各書的著（譯）者，若非各位著（譯）者的奉獻與合作，本叢書當難順利完成，內容也必非如此充實。同時也要感謝揚智文化公司執事諸君的支持與工作人員的辛勞，才能使本叢書順利地問世。

台灣觀光學院校長

李銘輝　謹識

二〇〇八年二月

自 序

本書爲國內目前第一本有關博奕事業經營的相關書籍，希望讀者能經由閱讀此書，而對casino能有初步之瞭解，期能有拋磚引玉之功能。

本書共有十一章，分別爲第一章博奕娛樂事業概論；第二章博奕娛樂事業的發展現況；第三章發展博奕娛樂事業之影響；第四章博奕娛樂事業設置區位選擇考量之因素；第五章博奕娛樂事業的營運觀念；第六章博奕娛樂事業與中國文化的關係；第七章博奕賭戲的種類；第八章博奕娛樂事業與相關事業之關係；第九章博奕娛樂事業面面觀；第十章博奕娛樂事業行銷管理；第十一章博奕娛樂事業未來發展趨勢。

本書爲增加內容之豐富與趣味性，在每一章皆有介紹具有特色的casino專欄，以增加讀者對casino的經營管理之認識。再者，本書每章皆有一個casino的趣聞，以增加讀者對casino之閱讀樂趣。此外，本書亦有圖文並茂casino相關的照片，有助於讀者對casino的認識。

本書得以出版要感謝揚智文化公司，亦要感謝我的學生在授課中給我很多的點子與衝擊，才能讓本書資源更豐富，更感謝茂祥同學之大力幫忙，還有我最親愛的家人給我的關心與愛護，沒有他們的幫忙與支持，本書將無法如期完成。最後感謝協助本書出版的每一個人，以及閱讀本書的讀者。

郭春敏 謹誌
2008年2月12日

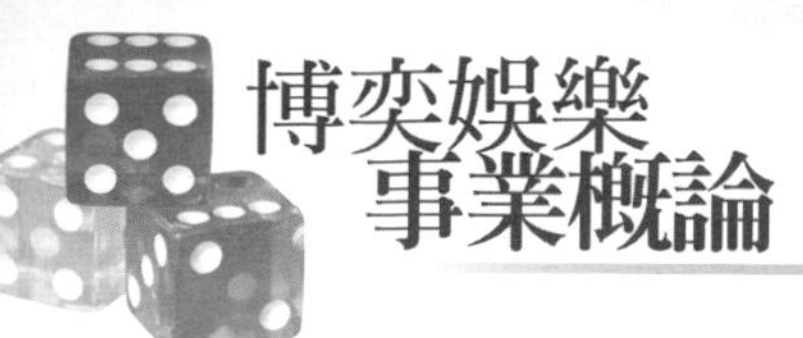

目 錄

博彩娛樂叢書序 i
自 序 v

第一章 博奕娛樂事業概論 **1**

第一節 何謂博奕娛樂事業？ 2
第二節 博奕娛樂事業設置的原因 7
第三節 博奕娛樂事業的發展歷程 14

第二章 博奕娛樂事業的發展現況 **23**

第一節 博奕娛樂事業的設置區域類型 24
第二節 博奕娛樂事業的設置條件 29
第三節 博奕娛樂事業的經營規模型態 40

第三章 發展博奕娛樂事業之影響 **49**

第一節 經濟層面之影響 50
第二節 社會層面之影響 60
第三節 發展觀光層面之影響 66

第四章 博奕娛樂事業設置區位選擇考量之因素 **75**

第一節 地理與交通層面 76
第二節 觀光資源 82

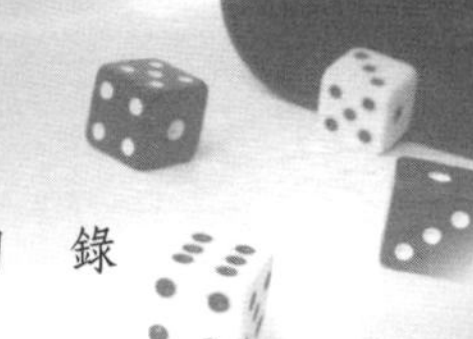

第三節　公共設施與社會層面　86

第五章　博奕娛樂事業的營運組織　95

第一節　飯店管理組織　96
第二節　賭場管理組織　104
第三節　娛樂經營管理組織　109

第六章　博奕娛樂事業與中國文化的關係　115

第一節　中國博奕史及行爲的演變　116
第二節　中國賭客和現今博奕市場　121
第三節　中國賭場禁忌與迷信　130

第七章　博奕賭戲的種類　137

第一節　賭場中的賭戲　138
第二節　非賭場中的賭戲　147
第三節　中國傳統賭戲　154

第八章　博奕娛樂事業與相關事業之關係　161

第一節　博奕娛樂事業與相關行業之分析　162
第二節　博奕娛樂事業的客源市場與客源結構　168
第三節　博奕娛樂事業未來市場開發之重點　174

第九章　博奕娛樂事業面面觀　181

第一節　博奕娛樂事業之文化差異影響　182
第二節　文化差異對博奕行爲的影響　188

第三節　台灣設置博奕娛樂事業在文化風俗可行性之探討　194

第十章　博奕娛樂事業行銷管理　**199**

第一節　博奕娛樂事業之行銷環境　200
第二節　博奕娛樂事業之行銷策略　207
第三節　博奕娛樂事業行銷創新　212

第十一章　博奕娛樂事業未來發展趨勢　**219**

第一節　更著重於非賭金方面的經營　220
第二節　公共政策更趨嚴格　226
第三節　大幅增加博奕人才需求及培訓的重要性　232

第一章
博奕娛樂事業概論

- ♣ 何謂博奕娛樂事業？
- ♣ 博奕娛樂事業設置的原因
- ♣ 博奕娛樂事業的發展歷程

在近些年來，「觀光產業」已成爲國力、社會、經濟的指標性產業，自一九五〇年代至今，全球的觀光活動呈現日趨多元的豐富面貌。目前全球的旅遊都結合遊憩（Recreation）、觀光（Tourism）、休閒（Leisure）、購物（Shopping）、遊樂場（Playground）及賭場（Casino）爲主要發展方向，其中賭場結合休憩觀光的旅遊方式，已成爲二十一世紀發展趨勢[1]，而博奕事業的經營更是將賭場自純粹的賭場遊戲主軸轉變成現代的一種商業、休閒及娛樂活動，成爲觀光產業的重要一環。

尤其在餐旅服務業中最顯著的發展即屬賭場經營，由於賭場經營結合住宿和餐旅服務，加上各國政府及民衆爲開發觀光事業及各項利益因素的企盼下，博奕事業的成長著實驚人，可說是現在觀光服務業中的最新趨勢。因此，本章首先將介紹何謂博奕娛樂事業，進而探討博奕娛樂事業設置的原因，最後分享博奕娛樂事業的發展歷程。

第一節　何謂博奕娛樂事業？

在介紹何謂博奕娛樂事業之前，首先必須瞭解什麼是「賭博」，根據戈春原在《賭場史》一書提到，所謂的「賭博」，在現代一般的說法，就是一種不正當的娛樂活動，即依照大家認同的規則，進行遊戲並分出勝負優劣，並根據勝負高下，使錢財或其他抵押品在投注人之間更易或轉移。不管是什麼動機，凡是將勝負與財富、金錢的獲取及喪失聯繫起來，便是賭博[2]。因此，提供賭博的場所，一般統稱爲賭場，或甚至台語直接說成「賭仔間」。

但說到賭場的英文名稱，很多人的直覺應該就是“Casino”，

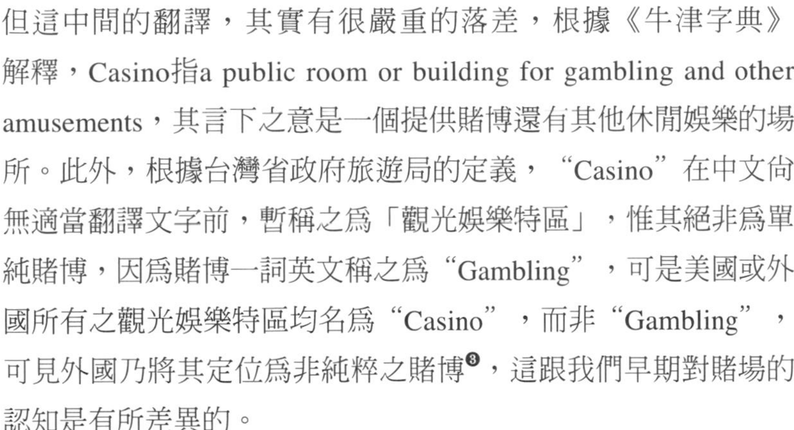

但這中間的翻譯，其實有很嚴重的落差，根據《牛津字典》解釋，Casino指a public room or building for gambling and other amusements，其言下之意是一個提供賭博還有其他休閒娛樂的場所。此外，根據台灣省政府旅遊局的定義，"Casino"在中文尚無適當翻譯文字前，暫稱之爲「觀光娛樂特區」，惟其絕非爲單純賭博，因爲賭博一詞英文稱之爲"Gambling"，可是美國或外國所有之觀光娛樂特區均名爲"Casino"，而非"Gambling"，可見外國乃將其定位爲非純粹之賭博[3]，這跟我們早期對賭場的認知是有所差異的。

同樣地，在交通部觀光局委託靜宜大學進行的「賭博性娛樂事業的發展趨勢及階段性策略之研究」的定義中提出，所謂「賭博性娛樂事業」係英文"Casino Complex"，由於其快速的發展，從原本單純的賭室，提供飲酒等服務，到包括各種性質的室內娛樂設施（如游泳池、健身房等），現已將觀光、休閒整個融合爲一。因此將「賭博性娛樂事業」一詞界定爲：「一室內提供多種娛樂項目（如秀場表演、餐飲、遊樂設施等），項目中亦包含賭博的休閒娛樂綜合體」[4]。

因此，本書所定義的博奕娛樂事業（Gaming Entertainment）其範圍包含觀光賭場（Casino）（不論是在陸上或是水上）、麻將館、公益彩券、樂透彩、賭狗和賭馬等。雖然有人曾經將賭場事業稱爲博奕娛樂業，但就其發展性，博奕娛樂業是一種綜合性的娛樂事業，是一個包括賭博、秀場、餐飲、高品質度假住宿及其他娛樂設施的休閒遊戲場所，如同國際觀光旅館內可設立夜總會，如此型態活動設施不純粹以賭錢爲最終目的，是以休閒娛樂爲最終目標。其服務範圍極廣，除了設置一個至多個賭場大廳，提供各式各樣的賭具來吸引及娛樂遊客跟賭徒。其次，爲了進一步服務顧客的需求，並備有高級餐館，享受全方位服務，大多數賭場的餐飲服務形式種類繁多，皆有名廚鎮守的頂級餐館、民族風味餐飲、速食店、連鎖加盟店等等。此外，提供住宿服務，更是博奕娛樂業的一大號召，包括專人的客房餐飲服務、宴會展覽安排、美容SPA、遊憩設施及其他各項服務；除此之外，博奕娛樂業的服務還不僅於此，還有全球知名藝人的現場娛樂秀，使用最新科技的舞台燈光效果，極盡聲色之娛，並綜合了主題公園、冒險之旅、博物館以及文化中心，而集其大成，使其成爲受歡迎的觀光賭場飯店。

也因爲如此大的營運規模，相對地，其可帶動的產業也極爲廣泛，包括飯店業、旅遊業、餐飲業、科技業（設備）、會議展覽服務業（MICE）、百貨業、運動休閒業、SPA美容業等，再加上現在的博奕娛樂業也和以往的賭博事業大不相同；以往只著重於賭場彩金（Casinowin），任何賭場都是莊家贏錢的機率較高，賭金即是賭客的消費成本，而賭客總是在開始時嚐到甜頭，因此會樂意繼續賭下去。而現在的博奕娛樂業有更多更新的賺錢花樣，博奕娛樂業的發展概念不僅於賭博收入而已，非賭金的收入也日趨重要。以拉斯維加斯爲例，近二十年以來，賭金的收入已經漸趨下降，飯店房間的收入占了總收入的20%，其他的非賭金的收入則占了總收入的11%，因此現在的博奕娛樂業可以說是近些年來最爲火熱的餐旅服務業及娛樂業[5]。

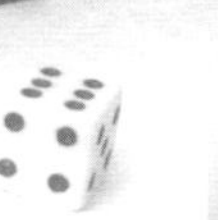

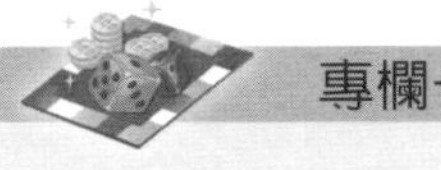

專欄一

拉斯維加斯

賭博合法化似乎已成為世界的潮流，在眾多的賭城中，誰堪稱為榜首呢？是美國的拉斯維加斯？還是摩洛哥的蒙特卡羅？為了區分出其排名，本排行榜是依據各國的博彩種類、博彩設施、Casino規模、豪華程度、配套娛樂設施，來評定各國Casino的排名。最後根據以上五個綜合指標測評，得到排名如下：拉斯維加斯、中國澳門、大西洋城、蒙地卡羅、南非太陽城、澳洲賭場、德國巴登巴登、韓國華克山莊、馬來西亞雲頂山莊、越南涂山賭場①。本書將於往後各章第一節後詳細介紹這十大賭城。

著名的拉斯維加斯到底長得什麼樣子呢？這座舉世聞名的龐大賭城，就像強力的磁鐵般，每天吸引著數以萬計的賭客和旅遊者；也難怪有人要說「沒到過拉斯維加斯，就不算到過美國」。在這裏，平均每年可接待超過兩千萬人次來自世界各地的賭客；賭城內的二百五十家大輪盤賭場晝夜不停地開局，另有六萬七千具的吃角子老虎機，遍布在各個角落，以供遊客隨意玩樂②。

拉斯維加斯原本只是到加州路上的一個綠洲，周圍盡是熱氣灼人、草木稀疏的大沙漠。在二十世紀三〇年代時期，內華達州為了改善財政拮据的問題，便決定使賭博成為合法的事業。此令一頒發後，幾乎在一夜之間，市區的賭場紛紛成立，整個沙漠小鎮也開始興旺起來，拉斯維加斯的「賭城」之名也就從此傳開。賭城最著名的標誌建築就是Casino，此類的Casino在這個城鎮裏，是一座比一座豪華氣派，一座比一座奇特怪異；如The Mirage酒店有一座巨大的活火山模型，每隔十五分鐘自動噴爆一次，噴出熊熊的火焰，成為賭城一大奇景；Treasure Island酒店以海盜為主題，入口是一座木橋，橋下即是海盜灣（Buccaneer Bay），儼然就像我們童話故事中的金銀島。尤其在夜間，不管你從哪一條公路開車到賭城拉斯維加斯，遠在一小時車程之外的地方，就可以發現前方的天空非常明亮。直到翻過最後一個山頭，眼前所見金碧輝煌的美景，將令所有的人畢生難忘③。

但似乎這裏的美國人也信奉「吃虧就占便宜」的處世哲學，在這裏的Casino，有著共同的經營特點，就是每家裝飾豪華，設備講究，生活設施應有盡有。除此之外，還設有酒吧間、咖啡座、餐廳、高爾夫球場等……而且收費比市價便宜得多。甚至賭場為了鼓勵旅行社多多招徠賭客，還特別給予種種優惠，所以無論晝夜，不分陰晴，拉斯維加斯永遠散發著無窮的魅力，吸引著人們前來。因為這裏永遠充滿了驚喜與驚奇，沒人知道下一分鐘將在自己身上發生什麼，也難怪乎有許多人願意選擇在這裏孤注一擲，不論是金錢、愛情抑或命運。

①〈世界十大賭城排行〉（2005），資料來源：http://www.fubusi.com/2005/4-13/104200119.html【2005, APR 13】。

②同註①。

③〈世界十大賭場之拉斯維加斯：一夜暴富的發財夢〉（2005），資料來源：http://big5.china.com/gate/big5/sports.china.com/zh_cn/lottery/cpzs/11027200/20050705/12456582.html【2005, JUL 05】。

第二節　博奕娛樂事業設置的原因

日前世界各國觀光賭場之設置原因相當複雜，且各原因間相互牽連難以清楚釐清，因此，本節在探討美洲、歐洲、亞洲及其他地區觀光賭場之設置原因時，僅就其主要設置原因加以劃分說明如下[6]：

一、因應人類嗜賭的天性

學者Bolen指出，賭博爲全世界的一種普遍現象。他認爲「人的心理有二個基本特性：一爲對刺激和興奮之需；一爲對不確定性的憎惡。由於對於規律的生活感到無聊，加上個人心理上的錯覺和自我欺騙，企圖以賭博來阻止其不確定性及不安全感」。而日本學者加藤俊彥也認爲「賭博爲遊戲的一種，而遊戲是一種無條件、與生俱來的生存方式」。以上均顯示人性對於賭博的潛在需求。

英國觀光賭場的設置，主要是因應人類嗜賭之天性。因此，英國政府有鑒於十九世紀的法律雖禁止商業賭場，但這些賭場仍舊暗地營業或是轉換其他形式，例如以比賽及競賽項目下注，導致街上組頭到處流竄。基於社會大衆對賭博的需求，遂在一九六〇年的法案中將賭場納入法律的規範範圍。另外，荷蘭促使賭博合法化的目的亦與英國相類似——僅提供現存對賭博的需要，而非企圖創造需要。

二、慈善的需要

基於「取之於社會，用之於社會」的涵義，且人們在玩樂時對於金錢的花費較不吝惜，再加上藉此籌措慈善基金可省去捐獻與課稅的繁瑣，因此「慈善的需要」遂成爲觀光賭場之設置主因之一。

加拿大初期，亞伯達省接受一兒童夏令營的要求，而允許其經營一爲期四天的暫時性賭場，這是首次藉經營賭場形式而成功達成其籌款的目的。至此，數以百計的慈善團體相繼提出相同的要求。因此，因應「慈善的需要」成爲加拿大經營觀光賭場的原因，而美國康乃狄克州之州法亦僅准許慈善機構經營觀光賭場。

三、經濟式微財政所需

在經濟不振之際，若再對人民提高稅率，無異是雪上加霜。而賭博卻是一項自願性的活動，因而促使觀光賭場成爲一種「無痛苦稅收」的來源。因此，各國政府處於財政枯竭階段時，觀光賭場的設置往往成爲其籌措財源的工具之一。

在美洲地區，以美國爲首，其賭風興盛的主要原因爲美國各州及各大城均面臨嚴重的財政預算問題，如高速公路、學校等公共建設急需一筆龐大的建設維修費用，但在經濟蕭條時期提高稅率，不論在經濟或政治上都會造成不利的影響。因此，在財政的壓力下，促使觀光賭場的設置迅速地擴展。如科羅拉多州的Walton和Roger Alan兩個古老的採礦城即爲籌措新財源而開放觀光賭場之設置。

歐洲地區，德國認為觀光賭場可以為國家帶來大量的稅收並降低薪水階級的稅賦負擔，在納粹時期，甚至限制國人只能在國內的觀光賭場進行消費，以阻止其貨幣的外流。

亞洲地區以韓國與菲律賓為例，韓國觀光賭場設立即是為了吸取迫切需求的資金。而菲律賓則是迫於財政上的危機而開放觀光賭場的設置，藉此為短缺的國庫籌措更多的財源。

四、振興經濟發展觀光

觀光之所以受到許多開發中國家的青睞，作為發展經濟的手段，其原因歸納如下：

1.可藉以賺取外匯，較無貿易上的限制。
2.創造就業機會，且不需太高深技術。
3.可作為地區性發展的工具（某些地區只適合發展觀光，而不適宜其他經濟活動）。
4.增加政府稅收。
5.觀光事業可重建國家形象，增進外人投資。

二次世界大戰後歐洲藉著發展觀光來復甦其經濟，成效卓越，其他國家遂起而仿效，以加速經濟的發展。在過去二十五年來，觀光賭場急速地擴張，戰後期間，歐洲國家如法國、德國、西班牙、葡萄牙、希臘、羅馬尼亞等國，其設置觀光賭場的主要目的即是為了刺激觀光產業，以增加公共收入。而亞洲地區如澳門、馬來西亞、尼泊爾、斯里蘭卡、土耳其，澳洲與非洲各國之觀光賭場迅速增加，其目的亦然。

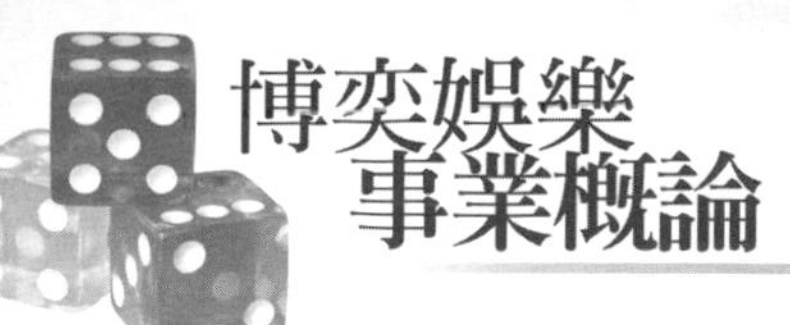

五、骨牌效應

「骨牌效應」是一項發展觀光賭場的被動變數。其他因素如藉由觀光賭場吸引觀光客以獲取外匯與增加稅收來源則被視爲主動變數。茲舉兩例說明美國受骨牌效應的影響。一爲一九八七年密西西比河上遊輪賭博的蔓延，由於經營賭場的遊輪吸引大部分的遊客，導致其他未經營賭場的遊輪競爭性大減，迫使伊利諾、密西西比等州尾隨愛荷華州的腳步與之競爭。另一例爲現在的印第安保留區所經營的賭場，由於成效斐然，威脅到州政府非印地安保留區的財源，使之倍感壓力。因此若不停掉保留區內賭場的設置，將會促使州政府被迫在大都會區也開放觀光賭場的設立。

相同情形在國與國之間也同樣會發生，若涉及到國際間的政治因素則更加複雜。就歐洲而言，因工業化的發展使得人爲及天然的屏障已不再構成限制，因此一國的發展情形極易受到他國的影響，如摩納哥及義大利兩國賭場的設立就是爲了與法國賭場相抗衡。

六、企圖抑制或消滅非法賭博

開放賭場無法避免地會帶來社會成本的負擔，部分國家卻企圖透過觀光賭場之設置而不使非法賭博淪爲黑道與犯罪組織所操控，以免社會治安更加惡化。以荷蘭爲例，其設置觀光賭場主要目的就是爲了控制非法賭博。

綜合上述，茲將各地區設置觀光賭場原因，整理歸納如**表1-1**。

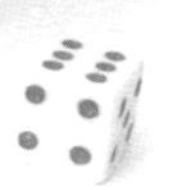

表1-1　觀光賭場設置原因

原因 國別	因應人類嗜賭天性	慈善需要	經濟式微財政所需	振興經濟發展觀光	骨牌效應	抑制或消滅非法賭博	備註
科羅拉多			✓				
伊利諾					✓		
愛荷華				✓			
路易斯安那				✓			
密西西比					✓		
康乃狄克		✓					
密蘇里							公民投票之決議
蒙大拿							公民投票之決議
內華達			✓	✓			
紐澤西				✓			公民投票之決議
北達科塔						✓	
南達科塔						✓	公民投票之決議
加拿大		✓					
巴拉圭				✓			獲得總統特許
英國	✓					✓	
法國				✓		✓	
德國			✓	✓			
荷蘭	✓					✓	將本國賭客吸引回來
芬蘭						✓	
蘇聯				✓			
南斯拉夫				✓			
羅馬尼亞				✓			
葡萄牙				✓			
摩納哥				✓			
埃及				✓			吸引外匯
突尼西亞				✓			
南非			✓	✓			
西非各國			✓	✓			
澳洲			✓				
土耳其					✓		非宗教立國且視賭為休閒娛樂
韓國			✓	✓			
澳門				✓			
馬來西亞				✓			
尼泊爾				✓			
菲律賓			✓			✓	
斯里蘭卡				✓			

資料來源：交通部觀光局（1996），《觀光賭場設置區位條件之研究》。

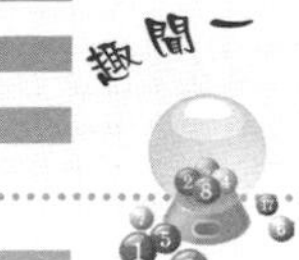

賭場贏家的食譜

你知道賭場的贏家都吃些什麼食物來幫助賭運嗎？從下列這則故事，或許你可以知道一些有助賭運的端倪喔！

話說有一次和MGM（米高梅）賭場經理莫爾斯閒聊中，我突然問了他：「在你的賭場生涯裏，你見過的最好的賭牌高手是誰呢？」莫爾斯沈思了一下說：「我想應該是John Scarne，我覺得他是我見過的最偉大的賭徒。」我不禁好奇地問：「為什麼呢？為什麼你覺得他最棒呢？」莫爾斯說：「那已經是五十年前的事情了。當時，我還是二十一點賭桌的發牌員，有一次，他在我的牌桌上，一下子就贏走了三十萬美元。你要知道，那可是在五〇年代，三十萬美元可不是個小數目耶！我們老闆輸急了，甚至為此一共換了三位發牌手，但始終沒有用，發出的牌還是大不過John Scarne。」

於是我又靈機一動，就問莫爾斯：「那麼你知道當年他喜歡吃什麼食物嗎？」莫爾斯笑了說：「這麼多年了，許多人向我詢問John Scarne的情況，比方說他是怎麼要牌的，他有什麼秘訣，甚至他用那隻手拿牌的問題，但還沒有一個人問過我他喜歡吃什麼食物。」我說：「我想知道。」莫爾斯說：「你還真問對人了。當年，我的老闆曾要我們密切注意他的一舉一動，包括他上廁所都有人尾隨；而我也曾經連續幾個星期觀察過他用餐情形。他吃飯很簡單，每回下場前只吃一種食物，那就是一種他自己配製的三明治。」我看答案似乎就在眼前了，我急切地問：「那配方是什麼呢？」莫爾斯不急不徐地說：「很簡單，就只有土司麵包、番茄、蛋黃而已。」

當我得到這個食譜時，也挺困惑，難道這就是John Scarne的制勝秘訣嗎？雖然我堅信這份食譜中有其特殊的地方，但當時我還不敢肯定。直到一九九五年，在澳門葡京賭場發生了一件事，才讓我恍然大悟。當年，有一對來自大陸內地江門的夫婦到澳門賭場玩，他們穿著普通，言語也平常，就在澳門葡京賭場的二樓珊瑚廳，他們換了幾十枚硬幣玩吃角子老虎機。二十分鐘過後，賭場的鈴聲突然大作，幾十名保安從天而至，圍住了他們玩的那台編號為317的吃角子老虎機。原來，這對夫婦只用了三枚硬幣，竟贏下了吃角子老虎機中所有的硬幣，清點下來竟有兩千一百一十二萬港幣。

而這對中了巨獎的神秘夫婦也十分豪爽，當場拿出了兩百萬元港幣給賭場員工當小費，又點了一百萬元港幣的餐飲，讓在場的賭客吃紅，當時世界各大報紙還對此事做了報導。然而這位神秘的江門人是做什麼的呢？恐怕沒有幾個人知道。原來他們是從事番茄出口生意的。於是，一切的答案都有了，有助賭運的食物就是番茄。

資料來源：〈趣談成功賭客的食譜〉，資料來源：http://www.winwins.cn/?/Recipe，2007-08-06。

第三節　博奕娛樂事業的發展歷程

從古至今，賭博的文化早已深入到我們的生活了，不論你身處在那個時空、那處地方和接受那一種文化，均可發現有林林總總的賭博活動，根據記載，中國的賭博活動已有三千五百多年的歷史，而巴比倫、埃及和印度亦早於公元前一八〇〇年、一六〇〇年和一〇〇〇年開始有不同形式的賭博活動出現[7]，可見賭博行爲是人類社會中，一種自古常有的現象。因此，本節將就東西方的發展觀點，瞭解整個博奕娛樂事業的發展歷程。

一、中國博奕娛樂事業的發展

中華民族有著源遠流長的歷史，然而說及賭博史，其歷史背景也不惶多讓。根據史書的記載，中國人在三千五百年前就開始有賭博的事蹟。相傳在夏朝末期已有一種名爲六博的賭博遊戲，戲稱作六博[8]。後來到了秦漢時期，賭博的種類逐漸增多了，而且性質也有所不同。如果說，先秦博戲除了賭錢外還蘊涵有某種娛樂成份的話，那麼時至漢代，博戲則已蛻變成「戲而取人財」的賭博活動了。而到了唐宋時期，隨著經濟的發展，賭風更盛，賭博現象幾乎遍及社會各個階層。直到明朝中晚期，賭博的活動更是興盛，這一時期在賭博形式方面主要有「馬吊」（即後來被稱之爲國粹的麻將）、葉子戲等賭博遊戲。到了晚清時期，賭博之風更加猖獗，加上當時社會上重利、奢侈消費的世風下，許多腰纏萬貫的商賈已成爲賭場上的常客[9]。

時至清末鴉片戰敗之後，列強開始不斷地在中國開劃租

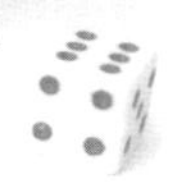

界，讓外國人可以在當地居住，相對地，一些西洋賭術諸如跑馬、輪盤和撲克牌等，也在這一個時期開始引入中國，使得中國的賭博文化開始加入西洋文化的因素。最爲人們津津樂道的，應該就是澳門成功地發展博奕娛樂事業。

澳門從一五五三年被葡萄牙侵占強租之後，受到西化的影響頗深，加上配合周遭國家的禁賭政策和日漸衰落的轉口貿易帶來的機遇，澳門慢慢將自身的經濟發展成如今有「東方蒙地卡羅」之稱的現代化賭城。在一八四七年，葡萄牙政府將澳門脫離印度果阿的行政管轄，並與氹汶和蘇祿群島組成一個獨立的管轄區。主要的目的是爲了確保管轄區的財政獨立和支持氹汶和蘇祿群島的管理開支，於是澳葡政府遂在當年決定批准出博彩牌照，准許賭檔合法在澳門經營，政府可在發出牌照和賭檔營利中抽稅[10]。在當時設立的骰寶、鋪票、字花、山票、番攤館多達二百餘家，賭徒、賭棍也多是地痞流氓、人口販子等。開放賭場合法經營使得澳葡政府的財政收入每年激增至二十餘萬元[11]。

到了一九三四年，澳葡政府對批出營運賭場的牌照進行大改革，將所有賭博營運權集中，統一競投，結果由香港巨賈高可寧在以販賣鴉片起家的利氏集團支持下，與在深圳開賭場的傅老榕聯手組成的「泰興娛樂總公司」，以三十萬澳元的標價投得專營權，壟斷了澳門整個賭彩業，並且每年需向澳葡政府繳交約一佰八十萬澳元的博彩稅[12]。「泰興娛樂總公司」奪取賭博專營權後，先後開設三間賭場，經營番攤、骰寶、牌九、大細、百家樂、白鴿票等賭博活動，其中以骰寶最受歡迎，賭徒趨之若鶩，呼盧喝雉之聲，響徹雲霄，澳門開始有了「東方蒙地卡羅」之名，並設有酒店、跳舞場、遊戲場和茶室等，標榜所謂的「高尚娛樂」[13]，也算是開始進入東方版的博奕娛樂事業經營。

這一時期，因爲澳門鄰近的中國內地和香港均先後實行賭禁，因此當時的賭博營辦商紛紛遷往澳門，而當時在內地和香港的賭客亦乘船往澳門投注，這爲澳門持續不振的經濟帶來資金和動力，令澳門經濟重現生機。加上一九三七年抗日戰爭和一九四一年太平洋戰爭相繼爆發，廣州、香港先後淪陷，澳門因葡萄牙政府保持中立而免被日本侵占，這令大量難民從香港和中國內地湧入澳門，使得澳門的人口由十二萬人大幅上升至四十多萬人，當中不乏家財萬貫的富豪，這爲澳門的經濟帶來更多動力和資金，令原來的賭博業、鴉片煙業、娼妓業和酒店業更加興旺[14]。不過隨著二次大戰的結束，澳門的人口也大幅滑落，澳門的賭博業仍以舊式的賭博玩意爲主。

直到一九六一年，澳門的賭博業有了突破性的發展，以何鴻燊、葉漢、葉得利和霍英東合組的「澳門旅遊娛樂有限公司」投得澳門的博彩專營牌照，取代了經營二十餘年的「泰興娛樂總公司」。自從「澳門旅遊娛樂有限公司」接手經營後，開始大建船隊，改善港澳間的交通不便，緊接著開始大興土木，興建大型酒店，並派員前往摩納哥和拉斯維加斯進行考察，把巴黎「紅磨坊」風格的艷舞團引入澳門，以艷舞招攬賭客，這完全是模仿拉斯維加斯風格的招術，是澳門博彩業前所未有的大躍進，一舉讓澳門的博彩業踏上現代化和專業化的經營，同時賭場內也引進了一些西方的博彩玩法，並成爲澳門旅遊業和經濟的一大支柱。

沒有競爭的經濟是沒有活力的經濟。二十一世紀初，年收益已達二十億美元的澳門賭業又再度地邁出打破長期壟斷經營局面的一步。由何鴻燊主導的「澳門博彩股份有限公司」曾獨占澳門賭博業長達四十年。二〇〇二年，澳門特別行政區政府頒發了三張博彩經營牌照（俗稱賭牌），期限分八年與二十年兩種，最多可延長至二十五年。更重要的是，新賭牌首次允許外國公司競標，這是澳門賭博業納入國際市場體系的第一步，取得者分別爲

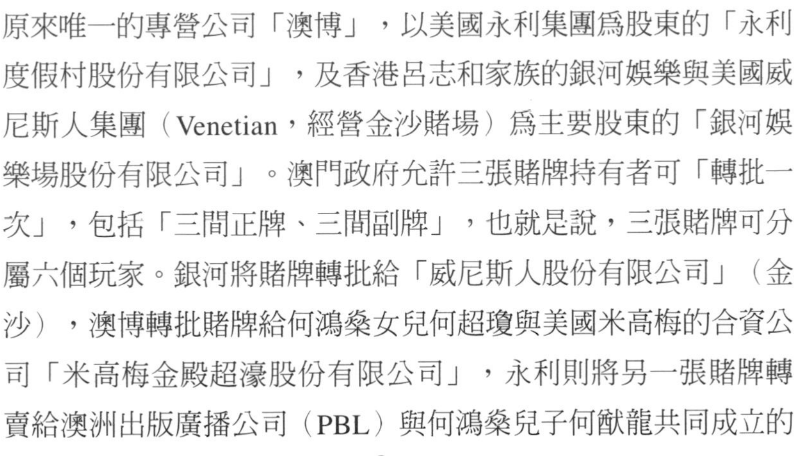

原來唯一的專營公司「澳博」，以美國永利集團爲股東的「永利度假村股份有限公司」，及香港呂志和家族的銀河娛樂與美國威尼斯人集團（Venetian，經營金沙賭場）爲主要股東的「銀河娛樂場股份有限公司」。澳門政府允許三張賭牌持有者可「轉批一次」，包括「三間正牌、三間副牌」，也就是說，三張賭牌可分屬六個玩家。銀河將賭牌轉批給「威尼斯人股份有限公司」（金沙），澳博轉批賭牌給何鴻燊女兒何超瓊與美國米高梅的合資公司「米高梅金殿超濠股份有限公司」，永利則將另一張賭牌轉賣給澳洲出版廣播公司（PBL）與何鴻燊兒子何猷龍共同成立的「百寶來娛樂股份有限公司」[15]。

現今的澳門，加入了這些國際性的企業後，除了讓澳門的博奕娛樂事業更爲蓬勃發展外，也有效地提升整個澳門的觀光產業[16]。除了澳門外，亞洲地區還有馬來西亞、韓國、新加坡及香港等地區亦設有博奕娛樂事業。

二、西方博奕娛樂事業的發展

提起西方的博奕娛樂事業，最爲人們耳熟能詳也最具代表性的，就屬賭城拉斯維加斯！因此，本單元將以拉斯維加斯作爲西方博奕娛樂事業發展的代表。

早期的拉斯維加斯原只是沙漠中一片爲印地安人所熟知的綠洲，到了一八三〇年，西班牙探險隊發現這塊綠地，將之取名爲Vegas，意即「肥沃的山谷」。由於有泉水，逐漸成爲來往公路的驛站和鐵路的中轉站。接著在十九世紀末，逐漸有拓荒者前來，直到二十世紀初，鐵路開始興建後，一批又一批的工人進駐，人潮逐漸聚集。隨著鐵路的修築完成，陸續也開通了拉斯維加斯與其他城市之間的交通。但是由於內華達州境內大都爲不毛之地，既無生產農作的條件，也沒有豐富的天然資源，直到一九三一年，在美國大蕭條時期，爲了度過經濟難關，內華達州議會通過了賭博合法的議案，拉斯維加斯成爲一個賭城，另外也制定了簡易結婚與離婚的法律，想要藉此吸引外來觀光客來此消費，來培育本州的經濟能力。這個方法非常有效，內華達州在將賭博合法化之後，立刻吸引許多投資者前來開設了許多賭場，很快地，美國各地的賭徒皆慕名蜂擁而至，才開始發展出日後拉斯維加斯的賭場文化。

賭場發展是由「賭博管理委員會」（Gaming Control Board）和「內華達賭博管制局」（Nevada Gaming Commission）負責賭博專利的管制和發放許可證。在當時的賭場還稱不上是博奕娛樂業，只能算是賭博事業而已，賭場內並無旅館，也沒有娛樂表演，更沒有其他的遊樂設施。賭客賭累了，就睡在僅有睡眠功能臥房內，當時的經營中心完全是吃角子老虎（Slot Machine）和二十一點（Black Jack），就足以吸引客戶了。接著爲了更刺激經濟的成長，內華達政府在一九六〇年代開放樂透彩，因爲政府可以從樂透彩獲得資金挹注，以振興經濟。到了一九七〇年代中期，聯邦政府制定「全國賭博業政策審議條例」（Commission on the Review of the National Policy Toward Gambling）法案，授權州政府管理和發放賭場的經營許可。博奕場所和一般的消費場所不同，需要特殊的許可證明，當然，州政府發放許可證明的同時，也必須制定完整的規範法令，而業者也能確實遵守。在這時期，「賭場對於美國經濟確實有振衰起敝之功」。對於就業、工資和稅收，貢獻尤大，員工的薪水待遇良好，遠超過平均薪資水準。此外，就業人口的大幅增長，更是勝於高成長產業以及一般成熟產業，而且不像有些依賴外國勞工的產業，賭場員工絕大多數皆爲美國國民，甚而言之，賭場也連帶刺激國內產業的成長，

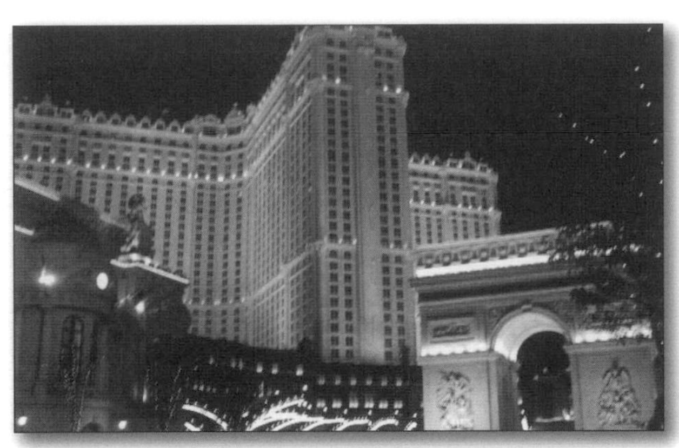

拉斯維加斯的維納斯Casino。

影響層面可說是遍及美國所有產業[17]。

然而隨著客源的增加，賭場生意一天比一天好的情況下，賭場所造成的社會成本也應運而生，賭場和黑幫之間的利益衝突也越來越多，所造成社會成本問題卻是不容忽視的。賭場所產生的不良影響主要是犯罪問題，包含組織犯罪和街頭犯罪。直到一九六七年黑道的勢力被傳奇人物霍華休斯（Howard Hughes）買下大批拉斯維加斯物業後，整個黑道的氣勢也逐漸減弱，再加上賭場業者的財務公開，以及法律的有效規範下，賭場才漸漸地降低犯罪率發生。後來米高梅、希爾頓、假日等飯店集團也跟進。所以有人說黑道是被金錢趕出賭城的。隨著時代的進步，素有拉斯維加斯傳奇人物之稱的Steve Wynn，建立了Mirage豪華主題飯店後，黑道幾乎更沒有明顯的作爲了[18]。

現今的拉斯維加斯，憑著嚴謹的規劃與多元化行銷成功轉型，使得該地維持一年到頭的高遊客量。大型賭場旅館有四十幾家，較著名的包括：米高梅（MGN Grand）有四個足球場大的賭場及近六千個房間。金字塔大飯店（Luxor）有將近五千個房間數及擁有一萬一千平方公尺的賭場。蒙地卡羅大飯店（Monte

Carlo）有三千多個房間數及一千五百平方公尺的會議廳。凱薩宮大飯店（Caesars Palace）有近兩千個房間數及三個賭場[19]。為吸引更多的賭客與觀光客，各賭場飯店的投資愈來愈大，裝潢也愈顯豪華。這種奢華的手筆，造就拉斯維加斯擁有全世界最大的飯店，一家家爭奇鬥豔、各耍噱頭的賭場飯店也逐年進駐拉斯維加斯大道，締造了前所未有的拉斯維加斯傳奇，早年靠著賭博事業，現在搖身一變，已儼然成為購物、娛樂之都，業者在不斷的商機誘因下，不僅齊聚了世界頂尖的名牌，現在也有數個大型名牌Outlet的購物中心及超過三百間的時尚精品店進駐。另外，現今的賭場旅館也將自視為商務旅館，房間內為商務客的工作場所，提供傳真機、影印機與電腦設備，同時還有一應俱全的商務中心。這裏也是今日全美會議、商展的首選之地，目前全年度約共有四千個大大小小的會議或展覽，會議量占觀光客的百分之十，會議設施空間也隨著會議中心而大幅增加[20]。

現代的拉斯維加斯已成為全家可共同度假休憩的地方，賭博現在早已經不是拉斯維加斯最主要的收入來源，以吸引力而言；有89.9%的觀光客到拉斯維加斯的最大動機是購物，賭博居次；其次是這裏美食餐飲及精心設計的娛樂節目等[21]。在這裏，每個人可以各取所需，大人可以自己流連賭場或縱情在飯店的購物商場，小孩可以打電玩或玩雲霄飛車等，這裏的飯店有些還提供二十四小時的保母看護小孩，也增設公園、馬戲團、博物館來吸引兒童，餐廳也提供兒童餐。對成人來說，除了賭博之外，餐廳提供世界各國的料理、放鬆心情的健康SPA、舞廳及綜藝節目，這裏的精緻美食及高水準的節目表演都可讓遊客再三回味。而此後的拉斯維加斯式，已成為以觀光休閒為主，賭場為輔的新型態賭城。

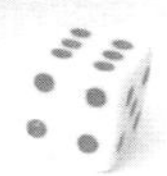

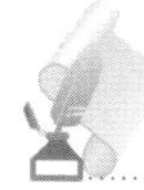

註釋

❶張於節（2002），《賭場模式發展觀光之影響研究——以綠島地區為例》，國立東華大學企業管理研究所碩士論文。

❷戈春原（2004），《賭博史》，台北市：華成圖書出版股份有限公司。

❸台灣省政府交通處旅遊事業管理局（1995），《澎湖設置觀光娛樂特區可行性與觀光發展之關係初探》，自行研究報告。

❹靜宜大學觀光事業學系（1994），《賭博性娛樂事業的發展趨勢及階段性策略之研究》，交通部觀光局委託研究報告。

❺鄭建瑋譯（2004），《餐旅管理概論》，台北：桂魯有限公司。

❻郭春敏（1996），《觀光賭場設置區位條件之研究》，中國文化大學觀光研究所碩士論文。

❼蘇恒泰（2005），〈從國際貿易港到罪惡之城：澳門賭博業發展史（開埠至二次大戰）〉，資料來源：http://www.truth-light.org.hk/form/gambling/gambling-200505_macau.pdf【2006, MAY】。

❽蕭梅花、郭雙林（1988），《中國賭博史》，中國文聯出版公司。

❾〈中國歷代嚴刑禁賭揭秘〉（2006），資料來源：http://big5.chinabroadcast.cn/gate/big5/gb.cri.cn/9223/2006/09/28/1266@1238239.htm【2006, SEP 28】。

❿Austin Coates (1987), "Sovereignty", *A Macao Narrative*. Oxford University Press, p.98.

⓫同註❷。

⓬楊中美（2001），《賭王何鴻燊傳奇》，台北市：時報出版社。

⓭鄭開頌（1999），〈澳門的社會經濟〉，《澳門歷史（1840-1949）》，珠海出版社，頁223。

⓮鄭開頌、謝後和（1999），〈澳門與抗日戰爭〉，《澳門歷史與社會發展》，珠海出版社，頁130-133

⓯〈賭場霸主，澳門超越拉斯維加斯〉（2006），資料來源：http://mag.udn.com/mag/world/storypage.jsp?f_ART_ID=50608【2006, OCT 30】。

⓰〈澳門賭霸全球，拉斯維加斯稱臣〉（2007），資料來源：http://

mag.udn.com/mag/world/storypage.jsp?f_ART_ID=57341【2007, JAN 24】。

⓱同註❺。

⓲謝志明（2001），《澎湖地區設置觀光賭場之政策分析》，國立台灣大學政治學研究所論文。

⓳何敏華（2005），《澎湖縣爭取設置觀光特區附設博奕業之公共事務整合架構分析與管理策略》，國立中山大學公共事務管理研究所碩士論文。

⓴〈拉斯維加斯打破博奕格局〉（2006），資料來源：http://www.tripshop.com.tw/n/text-n110601.htm【2006, APR 13】。

㉑同註⓴。

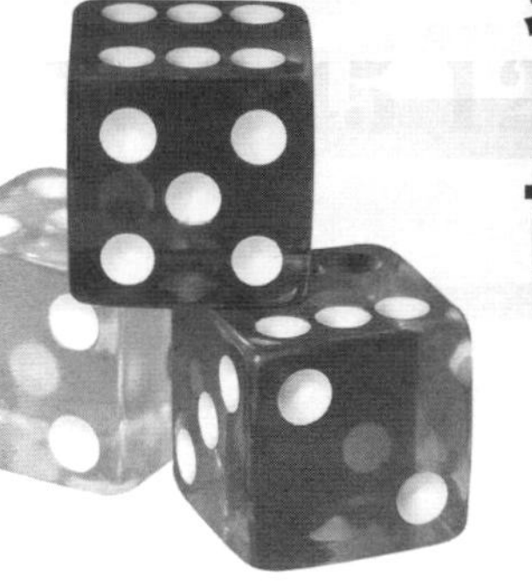

第二章

博奕娛樂事業的發展現況

♣ 博奕娛樂事業的設置區域類型

♣ 博奕娛樂事業的設置條件

♣ 博奕娛樂事業的經營規模型態

自人類文明之始到現在，賭博是否合法化，一直是個受爭議的話題，且世界各國也一直在努力修改法令，企圖壓抑人們的賭博行爲，其間反反覆覆亦有放寬法令的時期，但始終沒有辦法根絕賭博行爲。自從拉斯維加斯有了成功地發展博奕娛樂事業的經驗後，世界各國也都摩拳擦掌，想要躍躍欲試，希望能藉由發展博奕娛樂事業，爲該國的經濟及觀光打造出另一個新的風貌。

環視目前全球發展博奕娛樂事業的國家，均因不同背景因素而開放，有的國家是順應國情，有的是爲了振興經濟等因素。因此，本章將繼續探討現今博奕娛樂事業之設置區域種類、設置條件及其經營規模型態等。

第一節　博奕娛樂事業的設置區域類型

現今的博奕娛樂事業已與觀光事業成爲環環相扣的事業，在具備天然資源的地區設置觀光賭場旅館，最主要的目的就是要結合當地的觀光資源，以提供賭客、遊客及一些社經階層的人士前往休閒、度假及開會等。美國內華達州觀光委員會執行長Barker也認爲，要成功地設立觀光賭場，除了應該具備社會人文及各種休閒硬體設施外，也要配合自然風景的吸引魅力，而政府與民間的支持力量也很重要。因此，本節將針對觀光賭場設置的區域類型加以介紹。

觀光賭場的設立類型，主要係依觀光賭場旅館設立的所在區位，來加以區分，依據Kathryn Hashimito等人的研究，將觀光賭場依設置地區區分爲陸上型、水上型及印第安保留區等三種類型，其各類型之觀光賭場分述如下[1]：

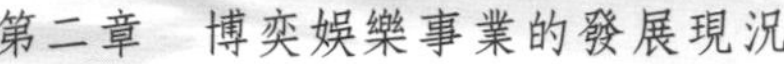

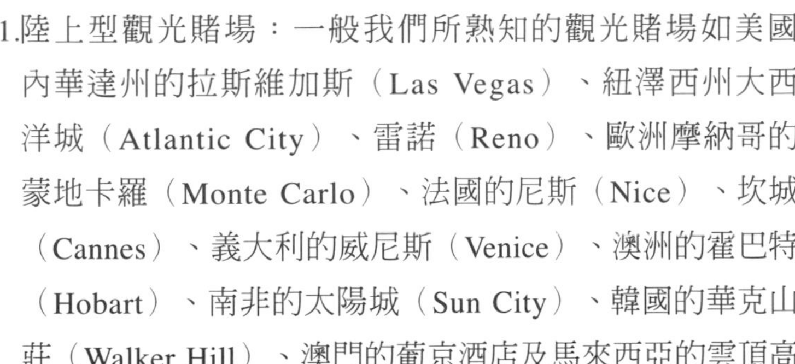

1.陸上型觀光賭場：一般我們所熟知的觀光賭場如美國內華達州的拉斯維加斯（Las Vegas）、紐澤西州大西洋城（Atlantic City）、雷諾（Reno）、歐洲摩納哥的蒙地卡羅（Monte Carlo）、法國的尼斯（Nice）、坎城（Cannes）、義大利的威尼斯（Venice）、澳洲的霍巴特（Hobart）、南非的太陽城（Sun City）、韓國的華克山莊（Walker Hill）、澳門的葡京酒店及馬來西亞的雲頂高原等均屬之。

2.水上型觀光賭場：一九八九年美國愛荷華州首先促使設置賭場的遊輪合法化，使得附設賭場的遊輪成爲觀光賭場的新趨勢，其主要分布於美國的密西西比河沿岸各州如密西西比、愛荷華、伊利諾、路易斯安那和密蘇里等河域。目前在密西西比河合法經營賭場的遊輪約有三十多艘。此外，佛羅里達、喬治亞、德克薩斯等州亦正興起海上觀光賭場，然而水上型觀光賭場因常受制於天候與賭客暈船等因素之影響，已有許多經營失敗的案例。

3.印第安保護區內觀光賭場：此類型的觀光賭場僅設於美國印第安保護區內，在美國設有印第安保留區觀光賭場的二十四州中，計有一百二十六個部落設有觀光賭場，其中並以明尼蘇達州分布最廣，共有十六個印第安觀光賭場。

以人口及市中心而言，依據W. R. Eadington對觀光賭場的研究，認爲依其所在區位，亦可分爲四種類型[2]，詳見**表2-1**。

傳統觀光賭場之區位型態以遠離人口集中地區爲主，以避免對當地造成負面影響。美國聯邦委員會在對國家的賭博政策之評論指出，在人口愈稠密之地區愈難處理觀光賭場帶來之影響。因此建議任何觀光賭場之運作，應由州政府限制在一較爲獨立之

表2-1　觀光賭場按其人口及市中心之類型與分布

設立類型	各類型賭場分布
遠離都市人口集中地區，且具有良好的天然資源者	蒙地卡羅（Monte Carlo）、黃金海岸（The Gold Coast）、巴哈馬群島（The Bahamas）等
位於都市人口集中地區外圍，而不一定具有天然資源，但與市區之交通便利者	拉斯維加斯（Las Vegas）、雷諾（Reno）、大西洋城（Atlantic City）、太陽城（Sun City）、馬來西亞之雲頂高原等
位於主要市中心，但限制或禁止當地民衆進入者	倫敦（London）、柏林（Berlin）、漢城（首爾）（Seoul）、伊斯坦堡（Istanbul）、開羅（Cario）等
位於主要市中心區且開放當地民衆進入者	雪梨（Sydney）、蒙特利（Montreal）、底特律（Detrolt）、堪薩斯城（Kansas City）、阿德蕾得（Adelaide）等

資料來源：交通部觀光局（1996），《觀光賭場設置區位條件之研究》。

區域，使其對周遭的影響得以減至最低。法國在十九世紀初期明令禁止巴黎市一百公里內設置觀光賭場即此用意。另有一種設於市中心區之觀光賭場，在一九八〇年代中期以前受到嚴格限制或禁止，但在近期有普遍出現之趨勢。

爲此，內華達州賭博委員會暨州政府賭博控制局（Nevada Gaming Commission and State Gaming Control Board）針對賭場執照之申請，指出下列七項不適合賭場設置之條件[3]：

1.觀光賭場不適合設置於教堂、學校及小孩經常玩耍之公共場所附近。

2.觀光賭場之地點不可違法設置，即應依法設置執行而不可設於非賭博區。

3.對於勞動力（如高級管理人員等）無法穩定提供之地區。

4.賭場當地警力缺乏及難以到達之地點。

5.觀光賭場不可設置在妓院旁邊。

6.觀光賭場不可設置在醫院旁邊。

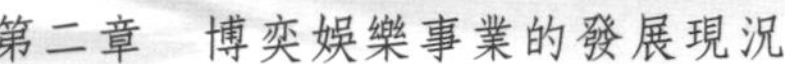
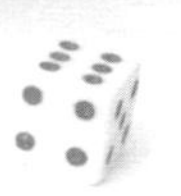

7.觀光賭場不可設置在軍事基地附近。

希望藉由環境的區域限制，讓當地居民的生活水準、孩童學齡教育以及社會治安所事前建立的規範，以防範在開發後的惡化，演變爲難以收拾的局面。

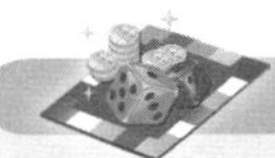
專欄二

澳門賭場

澳門的博彩事業於一八四七年在葡萄牙的管治之下開始合法化，自此之後，澳門以「東方蒙地卡羅」之名廣為世界所知[①]。同時，澳門的博彩事業也成為該地經濟的龍頭產業。所以要瞭解澳門，就非得從澳門的博彩事業著手。然而，說起澳門的博彩事業，就不得不介紹澳門賭王——何鴻燊先生。但為何稱之為賭王呢？其實不是他很會賭博，而是因為自從何鴻燊取得澳門賭博專利權後，把澳門的博彩事業推到能與拉斯維加斯、摩納哥平起平坐的地位。加上在外資賭博集團進入澳門開設Casino之前，他已經專營澳門賭博事業長達四十多年之久，因此「澳門賭王」的稱號就不逕而走[②]。

尤其過去澳門只有十一家Casino、三百五十三張賭檯及不到一萬人的從業人員，卻能為澳門財政收入開闢出一半以上的來源，最好的時期甚至可高達60%[③]。但是這樣的榮景終究難以維持，從一九九八年起，澳門政府從博彩事業收到的稅收掉到44.5%，隔年這個比率又下滑了9.1%[④]。因此，在二○○二年時，澳門政府決定收回由何鴻燊主導「澳門博彩股份有限公司」的博彩專營權，而改向三家公司發出博彩經營權牌照；取得牌照的三家公司，分別是原來的澳門博彩股份有限公司，以美國永利集團為股東的「永利度假村股份有限公司」，及香港呂志和家族的銀河娛樂與美國威尼斯人集團（Venetian，經營金沙賭場）為主要股東的「銀河娛樂場股份有限公司」⑤。其目的希望透過此舉開啓博彩事業新的競爭局面，並大大提升政府稅收。

果不其然，自從拉斯維加斯金沙集團（Las Vegas Sands）與銀河賭場（Galaxy Casino）在二〇〇四年獲准進入澳門，結束賭王何鴻燊獨霸當地博奕事業四十多年局面後，澳門博彩的稅收由二〇〇二年的新台幣三百二十二億元，增加到二〇〇五年的七百一十九億元，成長13%。而且隨著外資進入後，澳門Casino的服務水準也跟著大幅提升；像港資的「華都」就率先要求Casino服務人員不得明示或暗示向客人要小費。不僅如此，自從開放賭牌後，這些外資提供廣大的就業機會，不管是Casino的工作人員，或是興建Casino所需的建築工人，都大大地改善澳門的失業率⑥。

現今的澳門，在這些外資的加持之下，已成為亞洲首屈一指賭博勝地。根據澳門博彩監察協調局統計，澳門賭博業二〇〇六年營收大增22%，一舉超越美國拉斯維加斯，成為世界最大賭博市場⑦。

---

①〈維基百科——澳門博彩業〉（2007），資料來源：http://zh.wikipedia.org/wiki/%E6%BE%B3%E9%96%80%E5%8D%9A%E5%BD%A9%E6%A5%AD【2007, DEC 06】。

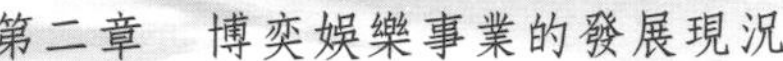
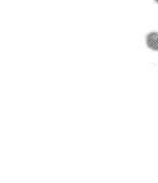

②〈經濟龍頭．葡京最聞名，澳門東方賭城〉，資料來源：http://www.chinapress.com.my/topic/series/default.asp?sec=gamble&art=0424gamble.txt。
③同註②。
④同註①。
⑤許惠雯（2006），〈賭場霸主，澳門超越拉斯維加斯〉，聯合新聞網，2006/10/30。
⑥〈澳門「賭一把」，大膽開放當贏家〉，《遠見雜誌》，2006年8月號。
⑦劉煥彥（2007），〈澳門賭霸全球，拉斯維加斯稱臣〉，《經濟日報》，2007/01/24。

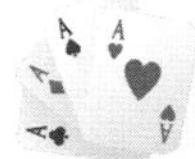

第二節　博奕娛樂事業的設置條件

一般而言，各國對於觀光賭場經營條件的規定相當類似，例如必須領有經營執照者方可從事賭場經營是各國政府的共識。但由於博奕娛樂事業亦爲觀光事業之一環，且其關聯性非常高，故本節將針對觀光賭場證照及觀光事業兩部分之設置條件進行探討。

一、觀光賭場經營條件

在觀光賭場的經營條件部分，以下就「許可事項」、「申請者資格」及「外人投資」三部分加以說明[4]：

(一)許可事項

1.經營者：任何賭場的開設須領有經營執照，且經營執照不可轉讓，這是全世界觀光賭場的設置通則。賭場經營執照只給予賭場經營者、業主或與賭場收益相關者（如房東或地主）。而在經營權方面，除了加拿大有賭場必須由慈善機構來經營，是較爲特殊的規定外，其他各國對於經營者並無任何限制。

2.土地租賃：不管是出租者或承租者都必須先獲得賭場管理當局的許可才能進行租賃交易。

3.賭場工作人員：一般而言，賭場工作人員可分爲二類，第一類稱爲主要員工，凡是對賭場經營具影響力者、負責賭場員工的僱用與解聘者、對於優待或信用的擴張擁有決定權者、會計部門稽核主管或負責重要部門（如會計部、餐飲部、安全部）的管理者均屬之，這類員工必須領有工作執照。第二類是參與賭博活動的內場工作人員，這類員工包含工作於觀光賭場的營業樓層的接待人員、收銀員、記分員、保全人員、代理商、設備器材維修人員和其他賭博遊戲的操作員，這些員工只須領取許可證即可。除德國之外，大部分國家規定主要員工須申請執照；另外，除土耳其規定賭場管理人員不得由本國人擔任屬於特例外，其餘皆以聘請當地居民爲主。

4.旅遊承攬業：所謂旅遊承攬就是招攬愛好賭博者到賭場從事賭博活動，並爲他們安排交通、食宿或娛樂。這類旅遊業務若由賭場內部員工來負責招攬則只須領有許可證就可經營。若由一般旅遊代理商來經營則須領有執照。旅遊承攬業在美國科羅拉多州是不被允許的。

5.服務業：觀光賭場內的服務業可分爲二類：一爲與賭博相關的服務業，如保全公司、賭具供應商和旅遊承攬商等；另一爲提供貨物或食物而與賭博活動不相關的服務業，如餐飲業。以紐澤西州爲例，前者必須領有營業執照；而後者若只是提供暫時性的服務，則僅須向賭場管理委員會辦理登記或將其經營宗旨與名稱在賭場設立前登記於賭場經營執照內，但是若提供的服務屬於定時或持續性質，則須領有經營執照方可營業。

6.賭博器具提供者：賭博器材的製造、設計、銷售、配送等廠商須領有賭博服務業執照。

7.提供借貸者：凡是提供賭資或財物供旅客借貸者，除領有賭場營業執照者或銀行之外，其餘均須領有執照。

8.工會組織：以美國紐澤西州爲例，賭場工會須向有關單位辦理登記，且工會會員須爲領有執照之賭場員工。而內華達州的工會不須辦理登記只須確認會員皆領有執照即可。

9.賭博職業訓練所：取得職業訓練所執照的程序與取得賭博相關服務業執照相同，其訓練課程、設備及師資必須符合規定。

綜合上述，觀光賭場執照種類大致可歸類爲「經營執照」、「工作執照」、「相關服務業執照」、「賭具製造或供應商執照」四類。除美國內華達州和紐澤西州的工作執照爲期六至九個月是暫時性的，其餘執照之有效期限爲一年。另外，值得一提的是各類執照均不可轉讓，乃因各國政府認爲執照的核發僅是一種授權的過程，持照並非執照的眞正所有權者。

(二)申請者資格

執照申請者的類別可分爲以下四類[5]：

1.個人：凡是賭場投資者、經營者和工作人員都必須領有執照。除了土耳其開放給國外人士之外，大部分國家還是限定於當地居民才可持有。

2.公司：除加拿大限定賭場由慈善團體來經營，以及菲律賓由政府參與賭場之經營外，各國賭場經營執照大多爲私人公司所持有。某些地區如美國的紐澤西州與內華達州還限定當地的企業才能申請執照。此外，公司的董事、經理、重要幹部和主要員工必須申請賭場員工執照。

3.跨國企業：經營執照通常不發給跨國企業的母公司，而是由設於當地的分公司所持有。

4.合夥：合夥公司可領有經營執照，而公司的合夥人也必須申請執照。另外，對於申請者的資格限制分述如下：

(1)人格方面：所有申請者必須擁有良好的品行，諸如誠實及忠信，且不能有犯罪紀錄。

(2)財務方面：申請者必須證明其財務的穩定性及充裕性，具有責任感。此外，持有執照者必須保有足夠的現金和資產以清償顧客所贏的賭金或其他賭博債務。

(3)企業能力：申請者必須具有經營賭場的經驗及證明其有經營的能力。

(4)持照的數量限制：某些地區對於個人持照的種類及數目設有限制。以紐澤西州爲例，該州規定一個人最多只能持有三張賭場經營執照，而工作執照則無限制，不過賭場員工在申請工作執照時必須獲得雇主的同意和保證。

(三)外人投資

波蘭對於外人投資賭場存有差別待遇，以及美國南達科塔州規定，賭場大多數股份爲當地人所持有時，方可經營賭場進行投資，大多數國家對於國外投資者均無特別的規定。

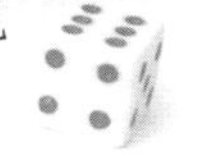

二、博奕觀光事業之設置區位條件

目前全世界設置博奕娛樂事業之條件，最主要考量因素有經濟式微財政所需、振興經濟發展觀光、企圖抑制或消滅非法賭博等。而本單元主要以發展觀光的角度來做介紹，但就資料顯示，鮮少有學者針對博奕娛樂事業提出觀光事業之設置條件，因此本書以客觀之考慮條件，做爲博奕觀光事業設置之參考。其研究對象之不同大致可歸類爲旅館業、餐飲業、酒吧、夜總會、高爾夫、網球場及休閒度假區等，以供博奕娛樂事業區位設置之參考，茲將其設置地點之條件敘述如下[6]：

(一)旅館

學者L. Rushmore將旅館設置區位之主要考慮因素歸類以下五項[7]：

1.基地適合度（Physical Suitabilty）：包括大小、形狀、地形等。旅館基地之大小、形狀將影響樓層分配及停車需求，而地形將直接影響開發成本，因此基地的大小、形狀、地形等將影響區位之選擇。

2.交通便利與良好視覺（Access and Visibility）：交通是否方便對商務旅客特別重要，而良好的視覺常是度假旅館之重要考量，此外如路線、機場等動線之設置也很重要。

3.公共設施與其他服務（Utilities and other Services）：旅館之公共設施包括水、電、通訊、污水、垃圾處理等相關設施均爲其考慮之主要因素。

4.申請相關法律規定（Applicable Regulation）：除了硬體結構之規定外，其他如旅館附設酒吧之規定、旅館房間數之

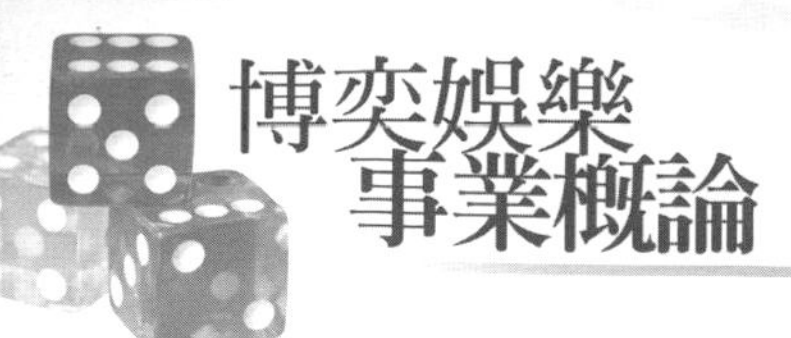

相關法規限制等問題，均應加以考慮。

5.彈性空間（Excess Land）：旅館應有多餘的空地以利往後之發展與旅館公共設施之增建。

(二)餐廳

M. A. Khan將餐廳區位之主要考慮因素歸類如下[8]：

1.分區管制（Zoning）：不同區域其法律規定有所不同，設置前須瞭解當地之相關規定。

2.地區特性（Area Characteristics）：考慮該地區未來的發展潛能，如將設置工業區或商業區等因素。

3.基地特性（Physical Characteristics）：有關土壤、斜坡、排水、風景等重要因素。

4.成本考量（Cost Considerations）：土地成本是一個非常重要之因素。

5.公共設施（Utilities）：餐廳之公共設施包括水、電、通訊等相關設施均爲其考慮之主要因素。

6.可及性（Access）：有效率地將觀光客迎入與送出爲區位考量之重要因素。

7.基地的位置（Position of Site）：瞭解基地環境是相當重要的，如其居民、遊憩設施等亦爲考量之因素。

8.交通資料（Traffic Information）：瞭解其交通類型、交通尖峰限制、停車、車速規定等亦爲考量因素。

9.可享用之服務設施（Availability of Services）：污水、垃圾處理能力、消防站、警察局等因素考量。

10.未來發展之可見性（Visibility）：有美好的風景將可吸引旅客前往，如位於郊區或高山風景優美之處等均爲考慮因素。

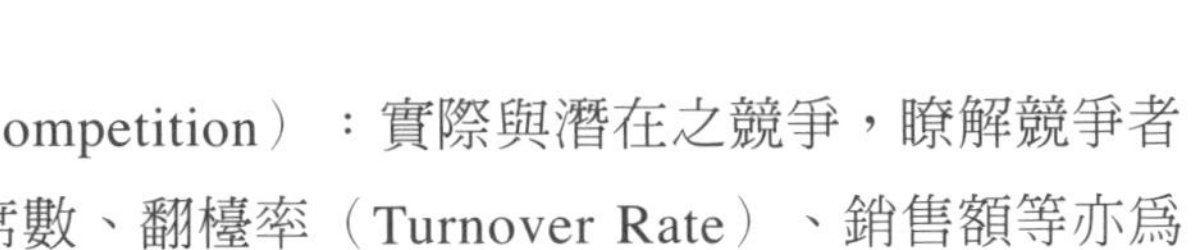

11.競爭（Competition）：實際與潛在之競爭，瞭解競爭者之餐廳席數、翻檯率（Turnover Rate）、銷售額等亦爲其區位設置考量之因素。

(三)酒吧、夜總會

B. Lesonsky對酒吧、夜總會之區位提出二種考慮方式，一爲對於設置社區之決策（Deciding on the Particular Community），另一爲社區內的設置地點之考量（Choosing a Site within that Community），其主要考慮因素歸類如下[9]。

1.在選擇設置社區時應考慮的重要因素包括：

(1)人口多寡是否足夠維持酒吧或夜總會之經營。

(2)社區人口是否有穩定的經濟基礎。

(3)人口的特質是否與目標市場相容。

2.地點選擇考慮的因素包括：

(1)潛在顧客的接受性，如交通是否方便。

(2)租金成本。

(3)法律之規定，如酒吧營業時間之限制。

(4)交通密度，包括汽車及行人之考量。

(5)停車設施狀況。

(6)與其他商場的遠近關係，如某些鄰近的商業行爲將有助於酒吧與夜總會之經營。

(7)街道方位，如向陽或背陽，在上班或回家方向等。

(8)地點的過去歷史，如該地是否爲不祥之地。

(9)租約條件。

(10)廣告的考慮。

(四)休閒娛樂區

G. E. Fogg認為休閒娛樂區位之設置考量條件，其主要考慮因素可歸類為下列十項條件[10]：

1.地點內之環境。
2.停車。
3.水電供應。
4.垃圾問題。
5.污染問題。
6.公共建設及法令限制。
7.當地之特質。
8.通訊服務。
9.其他能源設施。
10.當地結構。

(五)高爾夫球場

P. L. Phillips認為高爾夫球基地選擇之主要考量因素歸類如下為[11]：

1.地形及地勢：如果地勢過陡且是連續的坡度，就不適合設置高爾夫球場。
2.排水系統，如溼地、洪水平原、排水渠及乾河床等均不適合開發成球場。
3.自然環境之可能受破壞，如植被。
4.土壤，如在排水良好的砂質土壤將有助於球場之建造與維護。
5.給水的便利性：高爾夫球場需有充足的灌溉水源，故如何取得水源將是重要課題。

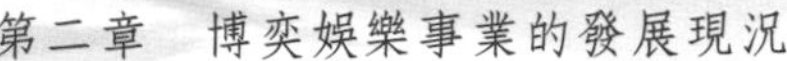

綜合上述旅館、餐廳、酒吧、夜總會及遊憩區等設置條件，彙整如**表2-2**。

表2-2　博奕觀光事業設置條件

項目	作者	設置條件	
旅館	Rushmore	1.基地適合度 3.公共設施與其他服務 5.彈性空間	2.交通便利與良好視覺 4.申請相關法律規定
餐廳	Khan	1.分區管制 3.基地特性 5.公共設施 7.基地的位置 9.可享用之服務設施 11.競爭	2.地區特性 4.成本考量 6.可及性 8.交通資料 10.未來發展之可見性
酒吧、夜總會	Lesonsky	1.潛在顧客的接受性 3.法律之規定 5.停車設施狀況 7.街道方位 9.租約條件	2.租金成本 4.交通密度 6.與其他商場的遠近關係 8.地點的過去歷史 10.廣告的考慮
休閒娛樂區	Fogg	1.地點內之環境 3.水電供應 5.污染問題 7.當地之特質 9.其他能源設施	2.停車 4.垃圾問題 6.公共建設及法令限制 8.通訊服務 10.當地結構
高爾夫球場	Phillips	1.地形及地勢 3.自然環境 5.給水的便利性	2.排水系統 4.土壤

資料來源：交通部觀光局（1996），《觀光賭場設置區位條件之研究》。

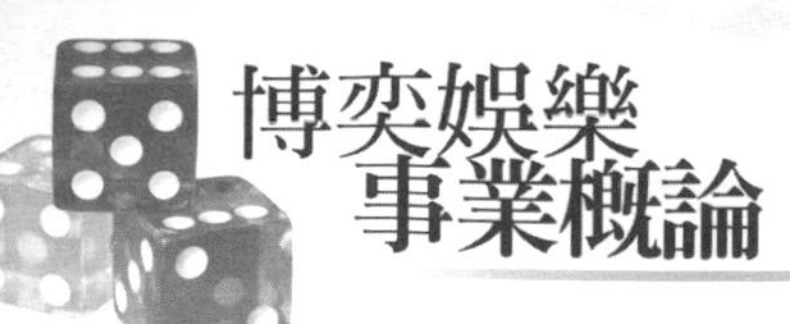

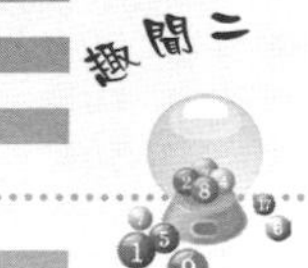

賭博的心理因素

根據參加賭博目的，對賭博心理動機作進一步分析，會發現以下幾種類型：

一、消遣娛樂型

這完全是為助興或消磨時間而進行的賭博。一種是在逢年過節時或是適逢人生喜事的逢場作戲，如長輩生日作壽時或是結婚鬧洞房等，都屬於喜事歡娛性質。另一種是純屬消磨時光，如一些退休老人聚在一起打麻將，除了可以動動腦筋，又可消磨大量閒散時間，且又很少消耗體力；除此之外，還可以跟熟人長時期地相聚在一起，但又不會感到乏味。

二、炫耀型

這些人在賭場上常自吹自擂，引人注目，且容易在賭博中失去自我控制。例如香港上層人物以參加賭博組織「馬會」為榮，到澳門賭博的「貴賓」們，揮金如土，明知十賭九輸也要裝做不在乎的樣子。同樣地，在今日，一些有錢的富裕人士，為了圖享樂、擺闊氣，而在賭場上耍派頭、耍威風。而這類人參加賭博就是種愛虛榮的變態心理表現，表示他們有錢，可以大肆揮霍，想藉此提高自己的身價。

三、消愁解悶型

賭博是緊張的競爭，同時也是一種心理上的超脫。在賭博中，可暫時使自己的憂愁煩悶轉移到玩樂上，從而紓緩愁悶情緒的滋長。如當代有位作家，在緊張地寫

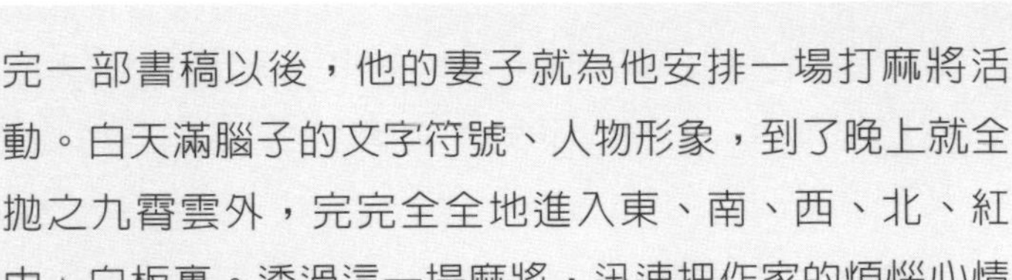

完一部書稿以後，他的妻子就為他安排一場打麻將活動。白天滿腦子的文字符號、人物形象，到了晚上就全拋之九霄雲外，完完全全地進入東、南、西、北、紅中、白板裏。透過這一場麻將，迅速把作家的煩惱心情放鬆下來了。

四、別有用心型

參加賭博的人並不是為了獲取更多的錢財，而是另有打算。他們想透過賭博，表現出自己的「高格調」，並在賭場上贏得別人的認同。進而培養彼此的感情，調和彼此之間的關係。此外，他們還把賭博作為是一種拉關係、進行交際活動的手段。甚至有人在賭博中故意「輸」給對方，以博取對方的喜悅，從而獲得提攜、關照，成為一種變相的賄賂。

五、好奇型

賭博本身具有一定的誘惑力，加上中國歷史上的禁賭時嚴時鬆，在賭博黑潮滾滾而來時，有些人被賭徒所誘惑，以好奇心理去「玩玩」，結果「長在河邊走，哪有不鞋溼的道理」，久而久之就陷入賭博泥淖，而深受其害。一些騙子也常利用這種心理，進行賭博欺騙之術。

六、上癮型

亦稱偏執型、狂賭型。他們賭博的目的，完全是為了賭利。在賭注這個強化物的刺激之下，特別是在輸錢的壓力之下，抱著大贏一次的投機心理，企圖僥倖取勝，而發橫財致富。這種人的行為自制能力較差，輸了想翻本，贏了還想贏，一經染賭，就形成了一種頑固的欲念，很容易上癮而欲罷不休。

以上，我們對賭博動機的心理因素作了一些分析，但必須指出，人類的思維活動極其複雜，並無法囊括所有的賭徒心理動機；而且在某一賭徒身上，會反映出幾種類型的綜合機制。

資料來源：戈春原（2004），《賭博史》，台北市：華成圖書出版股份有限公司。

第三節　博奕娛樂事業的經營規模型態

根據經建會的最新跨國研究報告，全球一百九十七個國家中，有高達一百三十六個國家設有賭場[12]；但每個國家的博奕娛樂事業發展現況，都因地域、法令規定等因素的影響，以致經營規模型態時有差異，本節僅就美國、歐洲、亞洲等地區之觀光賭場，依其經營規模與經營型態概況作介紹：

一、經營規模

(一)美國地區

1.紐澤西：賭場規模的大小依照旅館的客房數而定，原則上一家具有五百間客房的旅館，可擁有約十五萬平方呎的賭場，之後每增加一百間客房，賭場面積就可擴大一萬平方呎，最大範圍以二十萬平方呎為限。目前紐澤西州有十二家擁有賭場的旅館，依據二○○五年的資料顯示，這十二

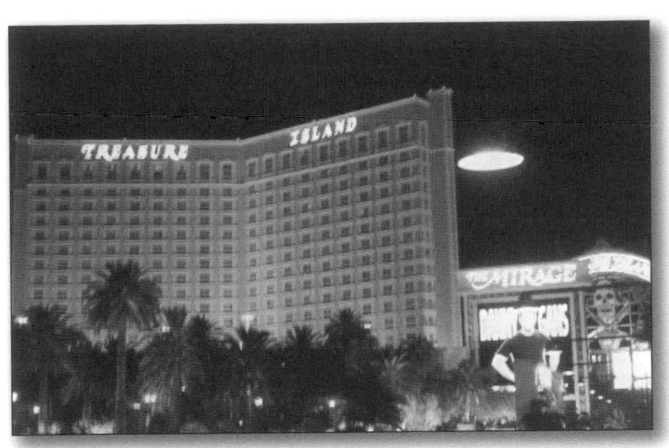

拉斯維加斯的金銀島Casino。

家賭場所占面積約爲一百二十九萬八千多平方呎，共有四萬一千兩百多台吃角子老虎、一千五百九十台桌上型賭博（Table Games）及一萬五千多間客房。目前的年收入已成長至七十六億二千三百八十萬美元[13]。

2.內華達：依據二○○四年的資料顯示，內華達州共有二百三十四家合法觀光賭場及二千二百零六家合法經營吃角子老虎的店，共計有一萬五千多台吃角子老虎及七千三百三十台桌上型賭博。賭場收益達到十億美元[14]。

3.科羅拉多：對於賭場面積的限制，以不超過總建物面積的百分之三十五及樓層的50%爲限。依據二○○五年的資料指出，科羅拉多州內共計有一萬五千九百多部吃角子老虎、一百八十七部賭檯及四十七家合格的賭場。觀光賭場所帶來的年營業總額爲七億五千五百多萬美元[15]。

(二)歐洲地區

1.俄羅斯：自從一九九一年蘇聯解體後，俄羅斯實行了賭博合法化，在這種大背景下，「獨臂大盜」（即吃角子老虎機）早已跑出了大小賭場和遊戲場所，蔓延到城市和鄉村。目前全俄共有四十五萬多台老虎機，遍布所有城市和一半以上的鄉村，僅莫斯科市就有近十萬台，平均每一百名莫斯科市民就擁有一台老虎機。此區的賭場經營規模不大，最大的賭場設有二百二十台老虎機及四十九張賭桌[16]。

2.南斯拉夫：最大的觀光賭場爲Dortorz，設於擁有三百間客房的Metrople旅館中，賭場規模爲一萬六千五百平方呎，共有三十六張賭檯及一百五十台吃角子老虎。其他規模較小的賭場，大多僅有五千平方呎和少於十張的賭檯。

3.希臘：Mont Parnes Casino是希臘最大的賭場，擁有七十二台輪盤，賭場空間可容納一千二百名客人，但不設有吃角子老虎。

4.芬蘭：Casino RAY爲芬蘭境內第一家Casino，位於首都赫爾辛基市區內，賭場空間大約爲二千六百平方公尺，其內設有三十張賭桌和三百部吃角子老虎機，賭場共聘請約二百位員工。依據資料顯示，二〇〇六年的估計大約有三千萬歐元的營業額[17]。

(三)亞洲地區

1.韓國：華克山莊是韓國最大的賭城，擁有五百間客房、六十張賭檯、四十台吃角子老虎和八百五十名員工，另有一座拉斯維加斯式的秀場及一家擁有七百二十個席位的劇院，年收入近二億美元。

2.澳門：素有「東方蒙地卡羅」之稱的澳門，二〇〇六年已經一舉超越美國拉斯維加斯，躍居爲全球最大賭博市場[18]。自一九六一年到現在已設有三十三家賭場，境內最大的賭場——威尼斯人度假村酒店，總面積達九十五萬平方

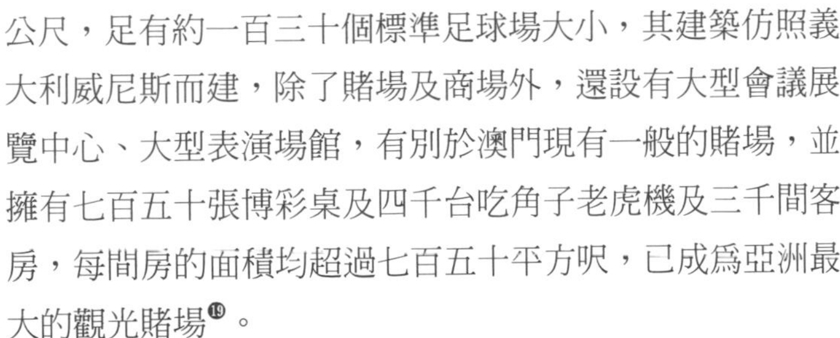

公尺，足有約一百三十個標準足球場大小，其建築仿照義大利威尼斯而建，除了賭場及商場外，還設有大型會議展覽中心、大型表演場館，有別於澳門現有一般的賭場，並擁有七百五十張博彩桌及四千台吃角子老虎機及三千間客房，每間房的面積均超過七百五十平方呎，已成爲亞洲最大的觀光賭場[19]。

3.馬來西亞：雲頂賭場是馬來西亞境內僅有的唯一合法賭場，於一九七一年開始營業的雲頂娛樂場，提供了諸如二十一點、大小、輪盤和法國球等桌上遊戲，以及一系列的吃角子老虎機。占地超過兩千平方公尺的遊戲區布滿了最引人入勝的遊戲，並於二〇〇四年開設了「星際世界」，擁有最新遊戲科技的現代化遊戲區，緊接著在二〇〇五年三月推介最新的主題區域@Latté，讓遊客可以盡情玩遊戲，還可欣賞精采的現場樂隊表演。在這裏遊客除了可玩最先進的吃角子老虎機外，@Latté還爲咖啡迷們沖泡亞洲最香醇的咖啡[20]。

二、經營型態

(一)營業時間

各國觀光賭場的營業時間可整理歸納爲**表2-3**。

表2-3　各國觀光賭場的營業時間

地區	營業時間
美國地區	營業時數可為一天二十四小時，營業時間依照管理委員會的規定。以紐澤西州為例，除在周末及國定假日其營業時間限定在下午六點至翌日早上十點；其他日則為下午四點至翌日早上十點。

（續）表2-3　各國觀光賭場的營業時間

地區	營業時間
歐洲地區	各賭場的營業時間均不相同，分述如下： 1.英國：下午兩點至翌日早上四點。 2.法國：下午三點至翌日早上三點。 3.德國：國定假日與固定假日時，賭場須歇業。營業時段依經營不同賭博的種類而有差別，以Gross Spiele（包含大輪盤、百家樂等）而言，其營業時段為下午三點至翌日早上五點；而Little Game（擲骰子、黑傑克、電動）則是上午十一點至翌日凌晨一點。 4.芬蘭：其營業時間一般為中午十二點翌日早上四點，但在耶誕節與復活節期間的假日則不受限制。
歐洲地區	5.希臘：其境內三大賭場的營業時間各不相同。以最大賭場Mont Parnes為例，其營業時間為下午七點半至翌日凌晨兩點，周末可延至凌晨三點，周三公休。 6.葡萄牙：營業時間大致為下午四點至翌日早上四點，有些為下午三點至翌日早上三點。 7.南斯拉夫：營業時間為下午三點至翌日早上四點。
亞洲地區	大部分的賭場其營業時間為二十四小時營業，如韓國、馬來西亞、菲律賓等國。
綜合以上所述，賭場營業時數大多為一天二十四小時。除德國、希臘規定在特定假日須歇業外，大部分賭場均為全年無休。而賭場營業時段大致介於午後至翌日中午前的時段。	

資料來源：交通部觀光局（1996），《觀光賭場設置區位條件之研究》。

(二)開放對象

■對象

1.美國地區：本國人及觀光客均可進入賭場。但被列入賭博管理委員會之管制名單內及犯罪集團不得進入賭場。

2.歐洲地區：一般賭場開放對象大致包括本國人及觀光客。另外英國採用會員制，德國限制賭場某一距離範圍內之居民不可進入，法國對部分特定人士（如軍官）限制其入場。

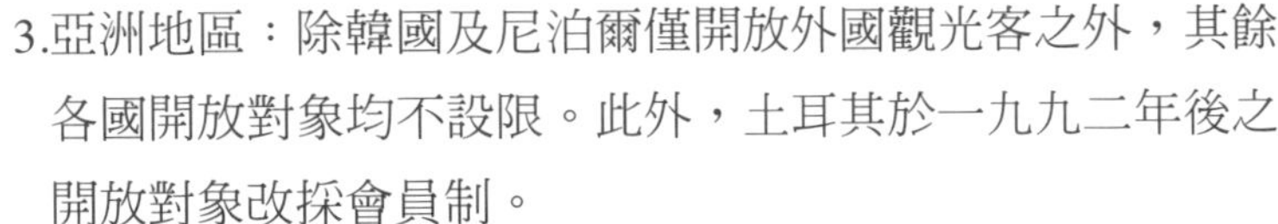

3.亞洲地區：除韓國及尼泊爾僅開放外國觀光客之外，其餘各國開放對象均不設限。此外，土耳其於一九九二年後之開放對象改採會員制。

賭場之開放對象大致依循賭場之設置原因及目的，賭場設置是爲振興經濟籌措財源之目的者，其對開放對象較不設限；而設置的目的是爲了增加外匯、吸引觀光客和促進觀光發展者，其對象通常設限於觀光客。有些地區（如英國和土耳其）賭場則採會員制，以方便管理賭客人數及素質。

■年齡

各國觀光賭場對入場者之年齡限制大多限定需爲成年人。美國對入場者年齡限制在二十一歲以上；歐洲地區除德國（二十一歲）以外，大部分規定在十八歲以上；亞洲地區對於入場者的年齡限制較爲淩亂，澳門規定爲十八歲以上，尼泊爾則規定二十歲以上，而菲律賓限制在二十一歲以上，土耳其則自一九九二年後將入場年齡之限制提高爲二十五歲以上。

■入場限制

入場限制包括著裝的限制、相關文件證明及入場費的索取等項目。有關著裝限制部分，大部分賭場對於入場人員要求穿著正式服裝（如德國、法國、土耳其等），男士須穿西裝打領帶，而女士則穿著小禮服。近年來有些國家爲增加賭場之競爭力，紛紛放寬此項規定，例如德國同意夏天時不必打領帶，澳門僅規定旅館內的賭場有著裝限制。美國和尼泊爾的賭場甚至無著裝的限制。相關文件證明係指觀光客須出示護照，而本國人則需持有身分證方可入場，各國狀況大致相同。除此之外，某些國家如希臘要求入場公民須出示財力證明，土耳其規定本國人需持有居住國外一年以上且收入在美金兩萬元以上之證明文件。此外有關入場費的索取規定，除尼泊爾、美國的紐澤西州及內華達州之外，大部分的賭場皆收取門票。

■廣告

由於賭場僅提供現存對賭博的需要，而非企圖創造需求。因此，除英國與荷蘭嚴格禁止廣告之外，各國政府對於廣告採低調處理態度。以美國的紐澤西州爲例，對於廣告刊登的內容限於營業時間或提供賭博的種類，至於賭場的規模及賭博獲利率一概不能提及或暗示。

■客源

賭場的顧客來源有二，其一是來自本國境內，另一類來自鄰近國家。各賭場的客源狀況請參考**表2-4**。

一般而言，除了以外國觀光客爲主要開放對象的觀光賭場外，賭場的客源主要還是來自當地居民或本國人，其次才是來自鄰近國家的觀光客，而其他地區賭客所占的比例就更低了。

表2-4　各賭場的客源狀況

國家	賭客來源
美 國	賭場所在地的州民為主。
土耳其	客源主要來自中東地區，主要為伊朗、以色列、利比亞等鄰近國家，其次為歐美人士。
韓 國	以日本人占大多數，約為百分之九十。
菲律賓	以菲國人民為主，而日本人為第二來源，其餘為來自香港和台灣的中國人。
澳 門	除香港人外，也吸引許多歐洲人和美國人前往。

資料來源：作者整理。

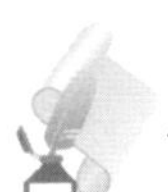

註釋

❶Kathryn Hashimito, Sheryl Fried Kline & George G. Fenich (1996), *Casino Management for The 90's* , Kendall / Hunt Publishing Company.

❷Willoam R. Eadington (1976), *Gambling and Society: Interdisciplinary Studies on the Subject of Gambling*, Springfield, llinois: Charles CThomas Publisher.

❸交通部觀光局（1996），《台w灣地區設置觀光賭場之研究》。

❹同註❸。

❺同註❸。

❻同註❸。

❼Long Rushmore (1986), *Hotel Development or Acquisition*, 2nd ed.

❽Mahmood A. Khan (1993), *Foodservice Operations Management*, 2nd ed.

❾Brymer Lesonsky (1988), *Bar, Tavern / Night Club*, 2nd ed, American Entrepreneurs Association Co.

❿George E. Fogg (1986), *A Site Design Process*, National Rccrcation and Park Association.

⓫Patrick L. Phillips (1995), *Developing with Recreational Amenities*.

⓬〈全球136國有賭場，亞洲有17國〉，資料來源：http://www.libertytimes.com.tw/2007/new/aug/10/today-fo2.htm【2007, AUG 10】。

⓭資料來源：State of New Jersey Casino Control Commission 2005 Annual Report, http://www.njccc.gov/casinos/about/commrepo/。

⓮資料來源：http://www.gaming.nv.gov/gamefact06.htm。

⓯資料來源：http://www.revenue.state.co.us/Gaming/wrap.asp?incl=dogstats。

⓰〈俄羅斯整頓境內賭博業〉，資料來源：http://www.winwins.cn/?/Rectification【2007, JUL 14】。

⓱資料來源：http://www.grandcasinohelsinki.fi/en/grandcasinohelsinki/index.php?flash=no。

⓲〈澳門賭霸全球，拉斯維加斯稱臣〉，資料來源：http://mag.udn.com/mag/world/storypage.jsp?f_ART_ID=57341【2007, JAN 24】。

⓳〈威尼斯人掀賭場爭霸戰〉，資料來源：http://hk.news.yahoo.

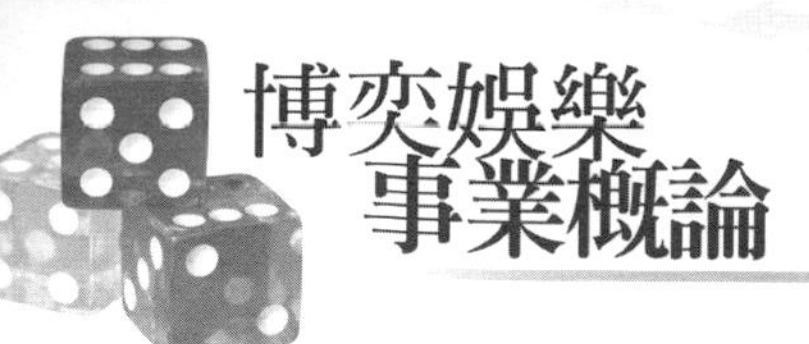

com/070823/12/2e9p6.html【2007, AUG 24】。

⑳〈雲頂娛樂場——成功的歷史軌跡〉，資料來源：http://www.genting.com.my/ch/casino/history.htm【2007, NOV 01】。

第三章

發展博奕娛樂事業之影響

♣ 經濟層面之影響

♣ 社會層面之影響

♣ 發展觀光層面之影響

「觀光賭場」是博奕娛樂事業發展的形式之一，目前國際間因觀光賭場而聞名的城市，如美國的拉斯維加斯（Las Vegas）、雷諾（Reno）、大西洋城（Atlantic city）、歐洲摩洛哥的蒙地卡羅（Monte Carlo）、法國的尼斯（Nice）、韓國的華克山莊（Walker Hill）、馬來西亞的雲頂高原、澳門的威尼斯人賭場等，都爲該國吸引無數觀光客。如同其他的觀光活動一樣，觀光賭場的設立對於觀光目的地會造成某種程度的影響，其影響不僅是多面的，而且是正負兼具[1]。因此，本節將針對經濟層面、社會層面以及觀光發展層面加以探討博奕娛樂事業所帶來的影響。

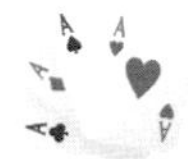

第一節　經濟層面之影響

博奕娛樂事業對地方的經濟影響可分爲正面及負面影響，正面影響部分將以增加政府稅收、改善當地產業、提供工作機會等三方面探討；負面影響則包括局部性經濟發展、通貨膨脹等方面。

一、正面的影響

首先就國外博奕娛樂事業在經濟面的正面影響如增加政府稅收、改善產業結構及增加就業與工作機會等加以說明：

(一)增加政府稅收

博奕娛樂事業增加財源收入、充裕地方建設經費等的正面效益早已受多方的肯定，特別是天然資源不足的地區或面臨財政

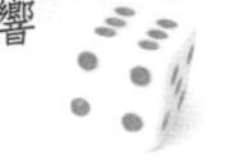

窘困的地方政府，觀光賭場往往成爲解決問題的萬靈丹，以下就國外觀光賭場在稅收方面的情形加以說明[2]：

1.美國：

(1)南達科塔州（South Dakota）：Deadwood市觀光賭場合法化後的第一年，總收入達兩千七百萬美金，其中兩百七十萬元美金爲政府的稅收。

(2)內華達州（Nevada）：拉斯維加斯（Las Vegas）賭城在一九八一年至一九八三年美國經濟衰退之際，各州政府賦稅收入普遍下降，唯獨該州仍以每年平均9%之成長率持續上升。

(3)紐澤西州（New Jersey）：大西洋城（Atlantic City）觀光賭場於二〇〇五繳納給政府的稅收，包括營業稅、立法費、再投資義務費共計四十億美金[3]。

2.澳門：一九八二年到一九八六年的賭場收入占政府公共收支平均四成左右；二〇〇三年澳門博奕收入達到三十六億九千萬美元，繳納政府的觀光賭場稅收約爲十二億八千萬美元，並超過澳門政府財政稅收的一半[4]；二〇〇六年的賭場營收達到六十五億美元，更是一舉超越美國拉斯維加斯。

3.菲律賓：觀光賭場其總收入從一九九一年的五十一億三千六百萬元披索到二〇〇五年的二百五十四億披索，平均每年成長率達14.47%[5]，除了降低政府赤字預算，更減少對國際貸款的依賴。

4.斯洛伐尼亞：自一九九三年獨立以來，賭博及休閒觀光成爲該國兩項成長最快速的經濟活動，目前斯洛伐尼亞有十三家觀光賭場，每年爲該國帶來約爲九千萬美金的稅收。

5.奧地利：距離首都維也納二十五公里的Casino Baden，於一九九五年耗資八百六十萬美金作爲整修費，已成爲歐洲規模最大的觀光賭場。自從整修過後，每年吸引成千上萬的遊客到此遊樂，爲該產業帶來許多收益，但其營收的80%將成爲政府稅收。

博奕娛樂事業的稅收對政府財務有所助益，但也有值得注意的地方，例如政府基於財政急迫需要，因而對觀光賭場課稅節節昇高，但有時反而會適得其反，降低觀光賭場對稅收的貢獻。美國馬里蘭州（Maryland）最高法院主席檢察官Marshall指出，「課稅的力量也正足以毀滅一些東西」，指出不良的稅務結構將使業者爲達到促銷的最高效益，而自賭場最近的地方尋找客源，當地居民便成爲主要的目標市場，如此會造成當地的經濟功能僅由內部運作循環，而非眞正「創造」新的財源。同樣地，博奕娛樂事業可增加政府稅收是毋庸置疑的，但政府稅收的不確定性頗高，有可能淪爲象徵性的賦稅，造成稅收不能平衡預算支出，對於財政疏解的功效有限。有鑑於此，決策者在面對博奕娛樂事業設置與否時，需全盤考慮博奕娛樂事業所扮演的角色，並檢視其經濟功能，不宜過分信仰博奕娛樂事業就是「財政萬靈丹」的說法。

(二)改善產業結構

國外發展博奕娛樂事業的原因很多，有些是基於慈善的需要，如加拿大亞伯省，有些是基於消除非法賭場的生存空間，如英國、荷蘭，部分地區乃因原有產業蕭條或當地經濟發展條件不佳，冀望藉助博奕娛樂事業的設置以改善產業結構。

以美國爲例，內華達州土地資源貧瘠，位於沙漠地帶，在

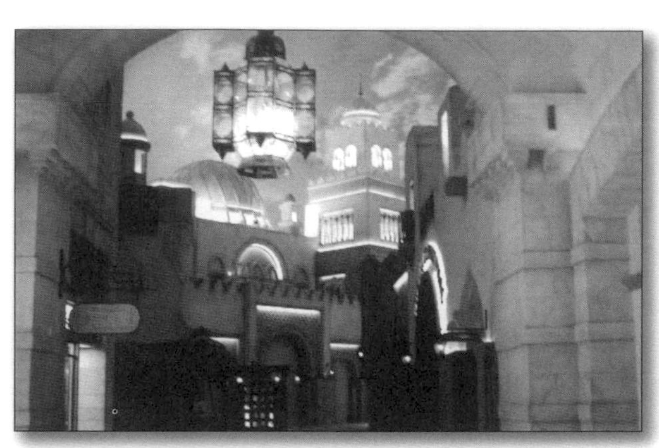

拉斯維加斯的阿拉丁Casino。

發展博奕娛樂事業之前是該國最貧窮的地方之一。成立博奕娛樂事業之後，不僅使內華達州的經濟活動復甦，並成爲產值極高的產業，目前也是內華達州最重要的產業之一。博奕娛樂事業的設置，也提昇了伊利諾州Joilet市的產業，使其不至於造成全面性的衰退。Joilet市距離芝加哥市約四十公里，原本的主要產業是鋼鐵業與農具製造業，自一九八〇年以來產業持續衰退，不僅造成失業率居高不下，社會問題也叢生不斷，如教堂被迫關閉、雇主因財力不足無法支付薪資而入獄等。直到一九九二年Haraah公司投資五萬八千萬於觀光賭場，並吸引大量人潮前來遊樂，使得Joilet市的產業從二級產業升級爲三級產業，發展觀光事業爲該市的經濟重心[6]。相同地，南達科塔州的Deadwood市與科羅拉多州的三小鎮Cripple Creek、Black Hawk、Central City，原本都依賴礦業維生，長期以來礦業蕭條，促使該地區發展觀光賭場；而美國印第安保留區觀光賭場的設置，也是基於降低保留區過度依賴美國聯邦政府的福利資源，以促進保留區的經濟發展。

西歐三小國「盧、比、荷」中的盧森堡，位居內陸，地處山區，無法發展農業或工業產業，故以新的經濟活動——觀光事業為該國的重要產業，因地理位置之便利，使得盧森堡成為鄰近國家如法國、德國、比利時及該國國民周末度假的聖地。此外，位於南韓日本海的小島，距離首爾約一百二十海浬，是地利貧瘠的不毛之地，因而發展觀光賭場，成為南韓第十四處觀光賭場所在地，該小島的發展由加拿大Sungold Gaming Inc.（賭博專業公司）進行投資開發，以兩億五千萬美金為開發基金，公共建設包括河川堤岸、海邊船舶遊艇港。

(三)增加就業與工作機會

觀光事業為一綜合產業，其涵蓋的範圍非常廣泛，包括旅館、餐飲、旅遊業、休閒遊憩業、運輸交通業、娛樂業等。其中博奕娛樂事業是觀光產業活動的一部分，其涉及之相關行業及所提供的工作機會非常多樣化。茲將其整理如**表3-1**所示。

博奕娛樂事業是勞力密集的行業，每個觀光賭場旅館客房平均所需人力約四到五名，高於一般全服務式（full-service）旅館1.5名員工。根據紐澤西州賭博娛樂場控制委員會（State of New Jersey Casino Control Commission）統計，二〇〇五年約有四萬五千人受雇於賭場飯店[7]，另外鄰近城鎮與博奕娛樂事業相關行業也提供了近三萬個工作機會；內華達州的拉斯維加斯賭城於一九九九年提供約十七個萬工作機會[8]。密西西比州的渡輪賭場於二〇〇七年提供約三萬多個工作機會[9]。加拿大Ontario省Windsor賭場為該省提供一萬零七百個工作機會。菲律賓於一九八六年七月實施了「賭博娛樂合作新計畫」（New Philippine Amusement Gaming Cooperation），目前所經營的十三大賭場，提供一萬一千個工作機會，其他相關行業也提供三萬個工作機會[10]。

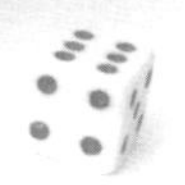

表3-1　博奕娛樂事業的相關行業及提供的工作機會

博奕娛樂事業的相關行業	博奕娛樂事業創造的工作機會
旅館業	專業會計人員
交通運輸業	賭博遊樂器操作員
餐飲業	設備器材維修人員
休閒遊憩業	一般服務生
營造業	專業發牌、擲骰者
電腦軟體業	記分人員
賭場人力訓練學校	代幣製造商
旅遊業	旅遊承攬商
製造業	賭具供應商、制服製作者
保全業	保全人員

資料來源：交通部觀光局（1996），《台灣地區設置觀光賭場之研究》。

二、負面的影響

從上述案例得知，博奕娛樂事業的設置，可能會增加政府稅收、改善產業結構、增加就業機會、提高居民所得水準等，然而，並非所有的博奕娛樂事業都是成功的案例，探其原因，除了市場因素外（市場飽和或市場競爭力較弱），也有因無法符合政府立法規定（如稅制、經營限制等）而失敗者。以美國路易斯安那州紐奧良市爲例，Harrah Jazz公司投資數億美元的大型觀光賭場，因市場定位錯誤（該市係以會議中心聞名，商務客人對賭博活動的投入遠不如一般度假者活躍），加上紐奧良市的交通混亂，相形之下，當地居民寧可選擇鄰近度假區內的觀光賭場，此外，當地政府因財政窘困，對觀光賭場採重稅政策，並規定觀光賭場不得附設住宿設施，以保障住宿業的競爭性，在整體經營環境不善之下，該觀光賭場於短短一年宣告破產倒閉。

同樣地，密西西比州因鄰近的路易斯安那州境內觀光賭場的迅速增加，飽受質與量的威脅，加上「密西西比賭博委員會」

（Mississippi Gaming Commission）的法令規定，提高非賭博性設施投資金額及規模限制，以致部分競爭力或資金不足的觀光賭場倒閉，如Treasure Bay Casino、Splash Casino，Gulf Coast度假區內的Gold Shore Casino，Boloxi市的Palace Casino。科羅拉多州於一九九二年提高觀光賭場的課稅金額，造成部分小規模的觀光賭場因無法負擔稅賦而歇業。

因此，就博奕娛樂事業在經濟面的負面影響而言，大致可分爲地區發展過於集中觀光賭場，以及物價、地價上漲兩部分，以下就局部性的經濟發展、生活費用上漲的壓力說明如下：

(一)局部性的經濟發展

政府與當地居民的大力支持，是博奕娛樂事業快速成長的主要原因。對政府而言，成立博奕娛樂事業是一種「無痛苦」（painless）的經濟發展方式，因爲政府不必加重其他稅賦便有可觀的稅收，而且賭場可爲當地增加工作機會、促進當地經濟發展，如此一來，所有居民均爲贏家。但是觀光賭場所帶來的經濟效益，卻不能平均分配到各個行業或每位當地居民。以南達科塔州（South Dakota）爲例，發展觀光賭場後，躉售業衰退25%，零售業雖然成長率達到35%，但只局限在餐飲業與雜貨業，其他諸如建材行、家具店、汽車工業、蔬果市場等則衰退了85%[11]。

相同地，大西洋城的觀光賭場於一九七八年合法後，雖然帶來了巨額收入，使開業地區因房地產增值而再度興盛起來，但大部分的大西洋城並沒有因此繁榮，贏家只限於在商業區擁有財產的人，造成局部的經濟發展。學者Casey指出大西洋城爲配合觀光賭場之發展，導致許多行業陸續裁員，而觀光賭場業者握有經營大權，往往優先僱用自行訓練的員工，賭場雖然提供許多工作機會，但大部分的工作機會落於非大西洋城居民手中，對當地

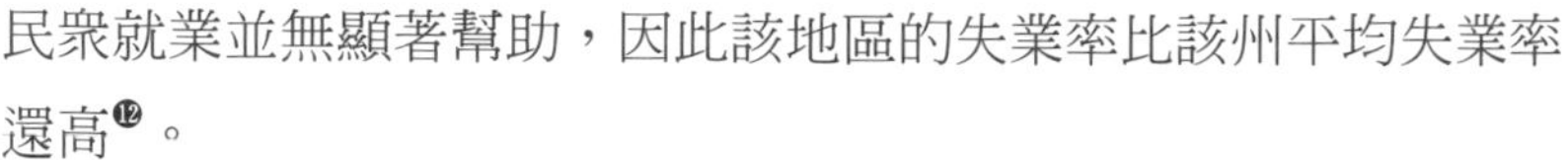

民眾就業並無顯著幫助，因此該地區的失業率比該州平均失業率還高[12]。

雖然內華達州賺取大筆的賭場收入，但這些收入很快地流入其他地區，因爲拉斯維加斯的地方經濟係依賴觀光賭場，缺乏製造業的結果，導致當地居民需湧向加州採購物資，如此一來，賭場的收入對地方的貢獻並不如預期，同樣地，路易斯安那州的紐奧良市（New Orleans）也面臨相同的問題。

(二)生活費用上漲的壓力

一般而言，觀光地區開發後，增加當地的便利性，導致當地的地價會高漲，或因商人炒作地皮，造成通貨膨脹現象。Casey指出大西洋城發展博奕娛樂事業後，造成當地地價高漲，從一九七八年到一九九四年，部分地區的房價膨脹一千九百倍之多，使得地價稅、房屋稅成爲中低收入戶的重擔，此外，惡性循環的通貨膨脹也嚴重影響居民的生活品質[13]。同樣地，澳洲墨爾本市也遭遇相同的問題，市中心一旦被選爲開發觀光賭場之用，周圍地區成爲地皮炒作的黃金地帶，對於賃屋而居的中低收入戶而言，因負擔不起房租被迫遷居到市中心外圍，形成市區中心繁榮，部分鄰近地區淪爲窮人聚集之處。

發展博奕娛樂事業對經濟造成的負面影響，可能導致地方經濟過分依賴少數的企業家，企業經營將直接影響個人生計或地方經濟的運作。以大西洋城（Atlantic City）爲例，房地產大亨Donald Trump的相關事業營運不順利，連帶地影響該市房地產價格，所幸危機已解除，不然將影響依賴觀光賭場維生的員工生計及相關行業的運作。

此外，觀光賭場也可能被黑道分子利用作爲洗錢的工具，造成地下經濟，此爲各國設置觀光賭場之前最關心的課題之一。

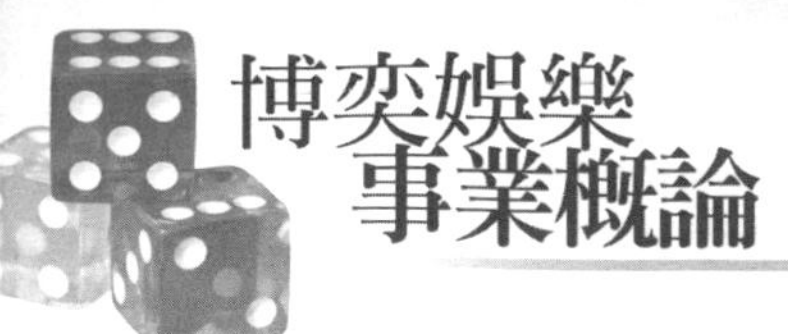

誠如Lord-Wood指出，觀光賭場造成負面影響可歸納爲3C，分別是犯罪（Crime）、貪污（Corruption）及混亂（Congestion），然而這些現象不是絕對性的，是可經由管理（Manageable）加以預防的問題[14]。以大西洋城爲例，爲防止犯罪集團涉入觀光賭場經營，避免政府官員貪污及逃漏稅等問題，紐澤西州政府的法令明文規定，觀光賭場業者必須負擔政府在防止犯罪所花費的成本，故訂立「司法成本規費」（Regulation Fee），所以大西洋城的賭場未受黑道分子所利用，地下經濟的重大事件亦未發生[15]。

綜合上述，博奕娛樂事業的設置，在經濟面的正面貢獻可能會增加政府稅收、增加就業機會、改善產業結構（尤其是針對地力貧瘠或原本產業式微的地區）；在負面影響方面則可能造成局部性的經濟發展（事業獨大，其他行業萎縮）、地皮炒作、物價上漲、造成當地居民生活負擔加重、淪爲洗錢管道等等。

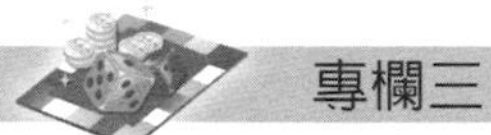
專欄三

大西洋城

大西洋城位於美國東岸的紐澤西州，在尚未成為美國「名城」之前，原只是一個衰落破敗的小鎮，顛峰時期人口也不過六萬多人。直到一九七六年，獲准開設Casino後，大西洋城才開始進入蓬勃發展期，且在短短不到十年時間，就成為拉斯維加斯強而有力的競爭對手，加上每年吸引超過兩千五百萬人次的遊客及賭客，絲毫不比拉斯維加斯遜色，甚至大有後來者居上的氣勢①。如今的大西洋城不僅有Casino，還是一年一度美國小姐選美的地點，附

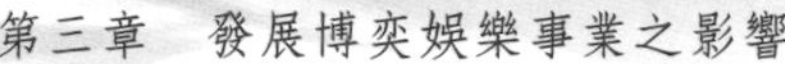

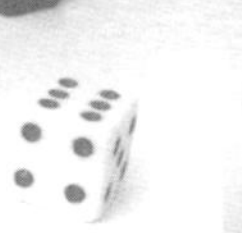

近還有野生動物保護區，更有海濱浴場，再加上該州及當地政府全年都舉辦各種促銷觀光業的活動，已使大西洋城成了一個旅遊度假的好去處。

此外，Casino全部集中在濱海大道上，有四十多座之多，每座都有各自不同的風格吸引著人們駐足觀賞，人們可以邊看海景，邊瀏覽Casino的外部形態。其中又以「泰姬．瑪哈」Casino最富盛名。該酒店為棕紅色，主樓有四十三層，頂部有著伊斯蘭清真寺式的尖塔，並飾滿閃閃發亮的人造寶石，可謂是大西洋城的地標之一。不僅如此，這座建築物耗資了八億美元，結合了阿拉伯與現代建築藝術的風格，並打造出一個賭博、消遣、娛樂、住宿、飲食等功能齊全的旅遊環境。整個Casino光吃角子老虎機就有七千台、大型輪盤賭檯二百五十台，其他的賭博器具也應有盡有[2]。

然而，東岸的大西洋城為何可以在短短時間內，成為僅次於西岸拉斯維加斯的美國第二大Casino呢？其主要原因是美國東北部的幾個大城市，如紐約、費城和華盛頓等，到大西洋城的路程都很近，從紐約去只需約兩個半小時，從華盛頓去約三個半小時 ，從費城去只要一個多小時。加上每日開往大西洋城的所謂「發財巴士」，多到不勝枚舉。像聖誕節和新年的長假期，從紐約市到大西洋城的「發財巴士」就有五、六十輛之多，每輛車如果以五十人來算，就有兩千至三千人了。一年當中，前來大西洋城的遊客賭客最多可達到三千多萬人。甚至有些Casino為了吸引華人，還邀請一些很受華人歡迎的港台歌星來演唱，像已故香港紅星梅艷芳、黎明都曾在這兒登台獻藝。新年

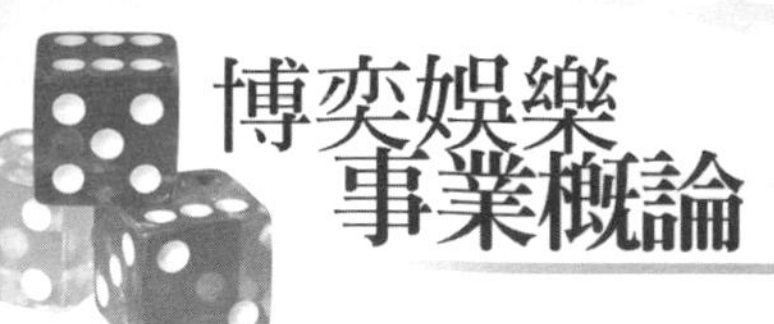

假期時，大西洋城裏的華人賭客也特別多[3]。

①〈美國另個賭博「名城」大西洋城風情萬種〉，資料來源：http://www.chinapress.com.my/topic/series/default.asp?sec=gamble&art=0430gamble.txt。

②〈世界十大賭場之大西洋城：賭王特朗普的發家地〉（2005），資料來源：http://big5.china.com/gate/big5/sports.china.com/zh_cn/lottery/cpzs/11027200/20050705/12456634.html【2005, JUL 05】。

③同註①。

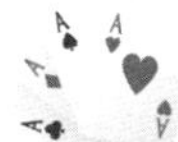

第二節　社會層面之影響

博奕娛樂事業是觀光活動的一種，其對當地的社會影響除了活動本身特性之外，也包含遊客進入觀光賭場後，與當地居民的接觸所產生的影響，以下針對博奕娛樂事業對社會層面的正負面影響加以說明：

一、社會的正面影響

博奕娛樂事業已行之有年，其對社會福利及公共服務的貢獻相當廣泛，接下來將以國外案例加以說明[16]：

(一)美國

1.紐澤西州觀光賭場的8%稅收專款運用於殘障及老年人福利。

2.康乃狄克州的Mashantucket Pequot印地安保留區賭場，是

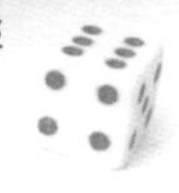

成功經營賭場的良好典範，除了每年提撥公基金一億元美金，拯救其他處境困難的保留區外，還爲族人提供住屋計畫，並成立教育基金，以培育原住民青年升學進修，同時也爲老年的族人設計退休計畫，提供海外度假旅遊的機會，博奕娛樂事業設立後爲該州原住民改善數百年來貧窮、落後的生活品質。

3.明尼蘇達州的Brainerd市，將博奕娛樂事業收入的40%運用於醫學研究，購買醫療設施，設立心理健康中心、緊急救難設施，教育基金，環保再生計畫，以及遊憩設施等方面。

(二)澳門

澳門的博奕娛樂業者與政府簽約，除了繳交稅款之外，還得負擔起重大公共投資及社會服務責任。從一九六二年到一九八二年，博奕業者支援興建五星級酒店，加強港澳兩地海運設施，繳付繁榮費，投資公共醫療及住屋計畫，參與政府重大工程建設，如海運碼頭、塡海計畫、建造政府船塢、興建機場等，設立基金會支持澳門科學、文化、慈善以及學術活動，並資助政府設立學校。

(三)菲律賓

菲國政府利用博奕娛樂事業的稅收，成立社會基金，涵蓋層面包括教育、環境品質、基本生活救助等。在一九九一年，菲國政府花費六億六千萬披索，興建兩千五百所教室解決教室不足的問題，同時也克服菲國國民教育中斷的危機；此外針對偏遠地區，進行供水及衛生系統工程，改善居民生活環境；政府提撥一億六千萬披索協助改善流浪兒童、失業者、窮困者的基本生活。

(四)澳洲

澳洲政府將博奕娛樂事業的稅收轉爲發展觀光之經費，以及作爲市容重整之用。

(五)烏拉圭

烏拉圭政府將博奕娛樂事業的收入，應用於街道與古蹟維修、觀光事業活動的推展、街頭救濟、獎學金、山林保護及奧運選手訓練等經費。

博奕娛樂事業對國家地區的社會正面影響，主要是在於公共服務及社會福利方面，以國外博奕娛樂事業的案例來看，的確可達到其目的，但其效果如何，全賴博奕娛樂事業是否有足夠的稅收。社會福利與公共服務對國家政策而言，是一項長期的使命與任務，必須有充裕穩定的經費來源，而博奕娛樂事業的收入具有不穩定的特性，是否要依賴博奕娛樂事業的收入作爲社會服務與社會福利的主要經費來源，必須仔細考慮博奕娛樂事業的市場潛力大小、外部競爭力等問題。

二、社會成本方面

(一)有形的社會成本

Politzer、Morrow與Leavey於一九八一年針對正在就醫的病理性賭客抽樣調查以進行社會成本的估計，其估計項目及個人成本分述如下[17]：

1.醫療成本：每人每年爲2,016美元。

2.個人收入的減少：每人每年平均減少收入兩萬美元。

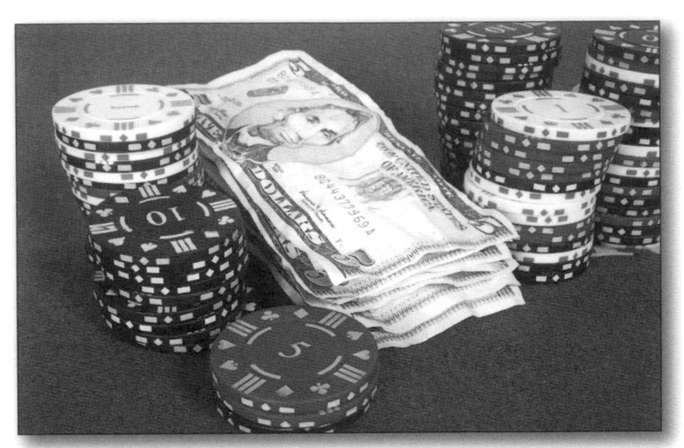

賭客將錢換成籌碼，參與各種賭博遊戲。

3.家庭的破產或傷害：所浪費的社會成本，至少超過家庭主婦生產力的降低部分，例如一九八〇年時市場產值每人每年平均為一萬兩千美元。

4.汲出金（Bailout）：家人及親朋好友為賭徒支付的金錢每人每年為六千美元。

5.個人負債：平均每位病理性賭徒負有九萬兩千美金的債務。

6.違反法律的規定：平均每位賭客違法1.3件，每件社會成本約為1,871美元，亦即是平均每位賭徒多支出社會成本2.432美元。

(二)無形的社會成本

1.賭風猖獗，賭博人口劇增：以內華達州為例，該州約有20%的賭場收入是來自當地居民，當地平均每人花費的賭金是一千美元，比起全國每人平均花費一百美元高出十倍，而且該州失控的賭博行為——病理性賭博（Pathological Gambling），比起其他賭風較不興盛之各州高出許多。

2.青少年受污染：廣告商、賭場業者及州政府的鼓勵，加上業者積極開發各種賭博形式，人們對賭場的接受程度提高，賭博人口逐年遞增，且年齡層有下降的趨勢，這些日益增多的人口裏面，有一部分可能成爲沈溺性賭徒。

3.賭徒個人問題：Toylor Manor醫院長期觀察中，發現病理性賭徒的自殺率比一般民衆高出五到十倍，且容易有酗酒、服禁藥的傾向，導致其經濟生產力降低，甚至經常觸犯法律。

4.家庭問題：病理性賭博爲家庭帶來破產、婚姻暴力，甚至產生問題兒童，有嚴重心理與社會失調的徵兆。

5.價值觀的改變：Thompson指出賭場雖創造工作機會，但大部分都是非技術性、低薪資的工作，這樣的工作環境與條件，並不能刺激居民追求更高學歷的期望，加上高薪的工作，並不需要一般正規教育的背景，如此一來，嚴重影響居民的價值觀，只顧當前的經濟利益，忽略教育的重要性[18]。

6.影響賭場當地人口結構：南達科塔州的Deadwood市與紐澤西州大西洋城的居民，因深受通貨膨脹、房屋租金偏高或地價稅偏重的影響，被迫離開世居的地方，遷移到市區的是投資業者，或從事高薪工作的外來員工，賭場的設立已改變當地的人口結構。

7.生活環境的惡化：Cape code與Deadwood市飽受大批遊客帶來犯罪、交通擁塞、噪音、環境髒亂等影響。

綜合上述，博奕娛樂事業對社會面的影響，包括以博奕娛樂事業稅收作爲社會福利的發展基金，加強公共服務等，但隨著國民對博奕娛樂事業的接受度日漸提高，可能會造成賭風猖獗、社會風氣敗壞、家庭和諧被破壞、戕害青少年身心等問題。

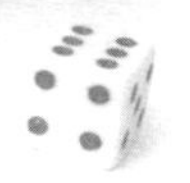

趣聞三

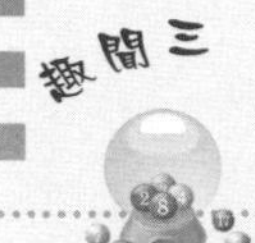

剪刀、石頭、布的技巧

博弈論又稱為對策論，是棋藝、撲克和戰爭遊戲中常用的術語。而時序博弈是指有時間順序的決策博弈過程。簡單來說，就是當你做出決策之時，必須先對對手上一輪的決策和偏好有所瞭解的基礎上，再來做出你的決策；因此，你的決策將受到對手上一輪的影響。同樣地，如果我們把時序博弈的一些技巧用在生活中常見的一些遊戲，會得到意想不到的效果。下面我們將分析一下生活中常見的剪刀、石頭、布遊戲的博弈技巧。

剪刀、石頭、布遊戲的規則是：石頭贏剪刀，剪刀贏布，布贏石頭。在遊戲開始之前，我們要先分析一下對手的出招偏好，如果對手是倔強類型的人，那麼他連出同一招（譬如連出石頭）的概率就大，遊戲中我們就抓他這個弱點，決策是出布，自然我們贏的概率就大了。但是，我們可以觀察到實際生活中連出同一招的人是很少的（也就是遊戲中倔強類型的人是少的）。因此，這時我們的博弈技巧就派上用場囉。

首先一開始，我們還是無法猜出對手第一招出什麼，所以第一招只有靠運氣了。但是大多數人在遊戲中都有出招的偏好，我們只要留心觀察並記住對手習慣出的招（譬如石頭），第一招我們就出對手偏好的剋星（譬如布），贏的概率自然就會大於二分之一。如果第一招雙方出現了和局（也就是雙方出的招相同），遊戲得以繼續進行。依照上述說法，大多數人連出同一招機

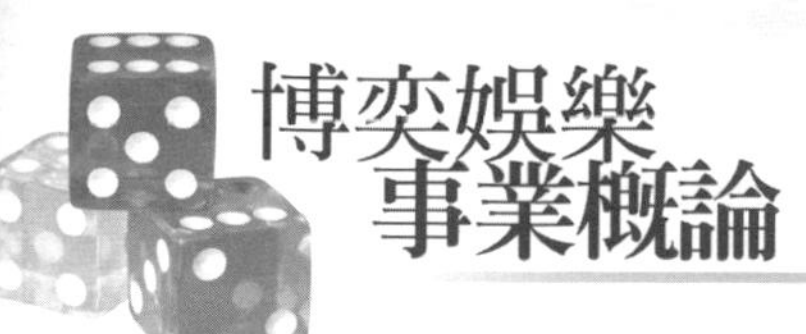

率很小的假定，留給對手出的每二招只有布和剪刀，那麼我們只要出剪刀便可保證不敗。如果對手第二招也出剪刀，按照大多數人不連出同一招的假定，則留給對手第三招可出的只有石頭和布，只要第三招我們出布便可保證不敗。如些循環下去，我們贏的概率將非常大。

同樣的博弈技巧也可以用在另一個遊戲中：棒打老虎雞吃蟲。所不同的是第一招變成了四個，第一招和局的可能性也不僅局限於雙方同出一招，雙方出不同的招也可能和局（譬如出老虎和蟲或者雞和棒子）。第一招和局的機率越大，越有利我們技巧的發揮，因為我們的優勢在第二招及其後面。假如第一招和局，雙方同出老虎和老虎或者老虎（對方）和蟲，按照對手不連出同一招的假定，留給對手可出的招為棒子、蟲、雞中的之一，則第二招我們出雞（老虎的被剋之招）贏的概率最大。假如第二招仍然是和局，則第三招我們仍出對手第二招的被克之招。如此循環下去，我們贏的概率將越大。

資料來源：〈石頭、剪刀、布的技巧〉，http://www.winwins.cn/?/Gameskills，2007-07-01。

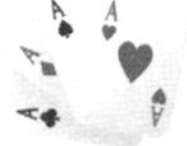第三節　發展觀光層面之影響

博奕娛樂事業發展迅速的原因除了基於經濟效益外，也成爲觀光活動促銷的重要焦點，配合特殊的人文、自然資源、地理位置的優越性或市場獨占性等地方特色，博奕娛樂事業在觀光事

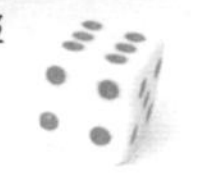

業的發展及國民的休閒活動上扮演著重要的角色。

世界上以結合自然、人文資源而聞名的博奕娛樂事業如摩納哥的蒙地卡羅（Monte Carlo）、希臘的雅典（Athens）、南韓的濟州島、馬來西亞的雲頂高原等，都以海洋、陽光等作爲博奕娛樂事業的配合條件；而美國拉斯維加斯則以主題園、戶外休閒設施見長，美國密西西比河畔的六個州利用人們懷舊心理，設計推出仿十八世紀的渡輪作爲博奕娛樂事業之場所，順便欣賞沿河的水上風光；而奧地利的維也納將博奕娛樂事業與藝術文化結合，除了建物內部以名畫布置外，更以支持音樂的文化活動而著名。

以下就國外博奕娛樂事業如何吸引國際觀光客，及滿足國人休閒需求、刺激相關產業發展與投資的情形，加以說明之：

一、增加國際觀光客及滿足國民休閒需求方面

國家或地區居民對賭博的接受程度將影響博奕娛樂事業的發展，以美國爲例，Harrahs Casino Hotel曾針對十萬個國民所做的調查顯示，約有九成受訪者可以接受觀光賭場，換言之，對博奕娛樂事業愈開放的地區，愈能吸引觀光客，相對地，對國民旅遊及國際觀光也有極大的貢獻。以拉斯維加斯賭城爲例，二〇〇四年便吸引三千七百四十萬人次（較一九九四年二千八百萬人次成長33%）[19]；而大西洋城從二〇〇三年三千二百二十萬旅客人次到二〇〇五年三千四百九十萬人次，成長率高達6.5%[20]；同樣地，學者Loverseed更指出，有愈來愈多的老年人將觀光賭場列入其旅遊行程活動[21]。此外，以陽光聞名的佛羅里達州，除了Disneyland與Busch Garden國際知名的旅遊景點外，也通過博奕娛樂事業的合法化，使博奕娛樂業成爲該州觀光事業發展的另一

個賣點。

另外，加拿大安大略省第三家博奕娛樂事業在尼加拉大瀑布（Niagara Falls）地區設立，成爲該地區新興的觀光賣點。雖然尼加拉大瀑布已是國際知名的旅遊景點，但一直扮演中繼站的角色，遊客停留時間不高於六小時。因此地方政府藉觀光賭場並利用地緣之便，吸引多倫多、漢彌頓都會區以及臨界美國水牛城（Buffalo）、西紐約州等客源。

在亞洲國家方面，南韓是少數只靠國際觀光市場而成功地經營博奕娛樂事業的國家。韓國最大的博奕娛樂事業是位於漢城南方的華克山莊，是一家以經營觀光賭場爲主要目的的旅館，附有拉斯維加斯式秀場及大戲院。而有「東方夏威夷」之稱的濟州島上有七家觀光賭場，並具有海洋博物館、美麗沙灘等景點配合，除了其他資源、設施等配合外，主要是因爲它具有地緣的便利性及東北亞市場的獨占性，主要客源來自鄰近國家地區，如日本、台灣、香港，而且這些國家地區都沒有設置觀光賭場，尤其是只有一海之隔的日本，占了約九成的客源。

而素有東方「蒙地卡羅」之稱的澳門，觀光賭場事業不僅在觀光旅遊有重大貢獻，在整體經濟上更有舉足輕重的份量，澳門的旅遊業主要是依賴賭博業的推動，自從賭博業在一九六一年以專利方式開始合法經營後，隨即帶動旅遊業的迅速發展，前往澳門的旅客多以賭博娛樂爲主要目的，根據資料顯示，二〇〇五年抵達澳門的旅客高達一千八百七十一萬人次，較二〇〇一年的一千萬人次增加87.1%，其中就有一千零四十萬人次是來自中國大陸。同樣地，澳門人民的GDP從一九九九年一萬三千美元上升到二〇〇五年二萬四千二百美元，這在在顯示旅客在澳門的消費金額大幅增加，進而大大提升澳門的經濟地位。觀光賭場是澳門發展觀光旅遊的主力，從二〇〇二年開放賭牌到二〇〇五年四年

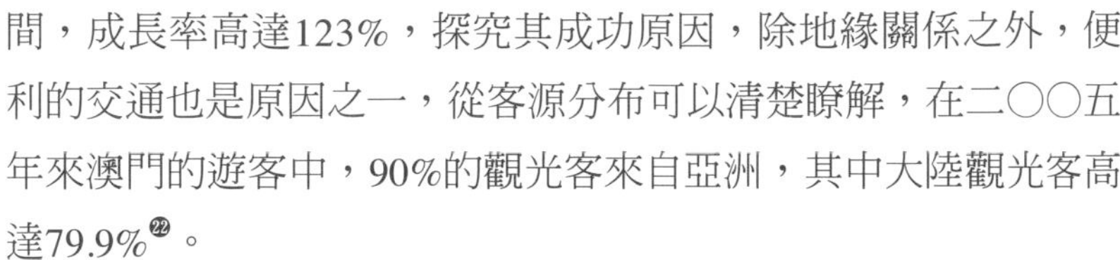

間，成長率高達123%，探究其成功原因，除地緣關係之外，便利的交通也是原因之一，從客源分布可以清楚瞭解，在二〇〇五年來澳門的遊客中，90%的觀光客來自亞洲，其中大陸觀光客高達79.9%[22]。

另外，在九〇年代另類成功發展的博奕娛樂事業，是朝向在都會地區設置綜合娛樂型的觀光賭場旅館（包含賭場、旅館及其他非賭博性的休閒設施）；紐西蘭及澳洲的博奕娛樂事業便屬於此類，澳洲政府爲了防止賭博市場惡性競爭，規定每一省只能有一家觀光賭場，隨著賭博的法制化，觀光賭場已逐漸融入紐澳國民的休閒活動當中。

在歐洲國家方面，義大利阿爾卑斯山區St. Vincent鎮的Casino de Vallees，不論是遊客人次、博奕娛樂事業規模。此外，義大利的San Remo觀光賭場位於富享盛名的海邊度假區，終年氣候宜人，同時配合著音樂節慶、藝文活動，成爲歐洲許多王公貴族所喜愛的度假地點。

法國的Dironne市，以All things to all men爲經營理念，將博奕娛樂事業發展爲旅館、賭場及會議中心的綜合體。其博奕娛樂事業的設施除了旅館與賭場外，還包括餐廳、舞廳、劇院、高爾夫球場、馬場、步道等休閒設施。Dironne市占地利之便，離日內瓦只有十五公里，所以80%的客源來自瑞士，20%爲法國人，其中有一半的客源是商務客人。

奧地利首都維也納郊區的Casino Baden，目前爲歐洲最大的博奕娛樂事業，原爲溫泉度假聖地，建築物仍保持原來外貌，是結合賭博、休閒、會議三大功能爲主的綜合產業，吸引數百萬人次的奧地利國民及鄰近國家旅客。

二、帶動相關事業發展及投資

博奕娛樂事業吸引大批遊客，連帶影響相關行業的發展，並刺激相關行業的投資，國外博奕娛樂事業帶動相關行業的情形如下[23]：

(一)美國

1.南達科塔州（South Dakota）：根據學者Maddern的研究指出，南達科塔州的Deadwood發展賭場後，住宿業成長了175%，餐飲業成長204%，同時鄰近的Lead市在餐飲業方面也成長146%。

2.美國中南部數州：在七〇年代末期及八〇年代初期，飽受天然石油過剩及經濟蕭條的雙重威脅，旅館住宿需求短縮，在一九七八年只達53%，然而在觀光賭場的設置後，該地區的住宿發展有了新的變化。根據學者研究指出，自從發展觀光賭場後，美國中南部八個州的住宿業的營業總收入達全美的12%，且住房率也比以往高出50%。

3.密西西比州（Mississippi）：Biloxi市於一九九三年開放碼頭賭場（Dockside Casino），其住房率比前一年同期成長35%，住宿供給率成長2%，需求率成長26%，整體而言，一九九三年的平均住宿率爲68%，比起前一年同期的53%高出15%。

4.美國紐澤西州（New Jersey）：爲發展其觀光休閒產業，將博奕娛樂事業、會議中心（Convention Center）以及其他休閒地點結合，分成三階段完成該計畫。第一階段是擴建機場，改善行李運輸系統，擴大陸上交通運輸中心，以因應日漸增加的交通運輸量。第二階段花費兩億一千萬發展會議中心，除了會議中心、國際飯店等硬體外，還配合鐵公路交通網路，將賭場及其他休閒據點連接起來。第三階段爲住屋計畫（Housing Project），由「賭場投資發展部門」（Casino Reinvestment Development Authority）投資六億五千萬元美金，興建規劃包括三千七百間房屋、社區購物中心、二十五公畝的公園綠地、遊憩場所。

5.內華達州（Nevada）：Las Vegas賭城大型觀光賭場除了提供賭博活動之外，也提供人們綜合型、家庭式（Family-Oriented）遊憩體驗。其投資的情形，如MGM Grand Hotel將是世界最大的旅館，有五千個房間、三十三英畝的主題園以及一座容納一萬五千個座位的運動場；Circus Enterprises則興建大峽谷主題園（Grand Slam Canyon Theme Park），爲一巨大金字塔形建築物，具有二千五百個房間及一座主題園。雷諾市的Silver Legacy賭場，也增加主題公園（Theme Park），以吸引家庭式旅遊新客源。而麻州除配合當地特色籌建大型原住民博物館，更興建有別於其他地方「好萊塢式」的主題園——中國式主題園。

(二)加拿大

Windsor賭城平均每日吸引一萬七千名遊客，旅館住宿年平均成長率爲60%。

(三)澳門

隨著觀光客的逐年成長，澳門的觀光環境吸引了國際著名的觀光旅館業前往投資，如Hyatt Regency、Westin Resort、Mandarin Oriental、New Century以及Holiday Inn等企業集團。且從一九九五年到二○○二年間，澳門地區的住宿人數增加26.3%[24]。

由此可見，博奕娛樂事業的迅速發展，其周邊的支援設施將隨之增加，博奕娛樂事業據點不但成爲名副其實的綜合休閒場所，也提供人們新形態的休閒方式。但有鑑於「全服務」式（Full-Service）的博奕娛樂事業（包含賭場、餐廳、住宿等設施）對鄰近相關行業造成不公平競爭。因此，有些地方政府便嚴格規定新設的博奕娛樂事業不得附屬大規模的餐廳設備，如紐奧良市（New Orleans）規定博奕娛樂業不得附設住宿設備；加拿大的Windsor賭城規定該市必須平均住宿率達70%才可經營博奕娛樂業。可是在其他產業的推波助瀾之下，博奕娛樂事業的經營規模將愈來愈大，已成爲觀光事業的主力之一[25]。

註釋

❶Lowell Caneday & Jeffrey Zeiger (1991), "The Social, Economic and Environmental Cost of Tourism to a Gaming Community : Perceived by its Resident", *Journal of Travel*, No.3.

❷交通部觀光局（1996），《台灣地區設置觀光賭場之研究》。

❸資料來源：State of New Jersey Casino Control Commission 2005 Annual Report, http://www.njccc.gov/casinos/about/commrepo/。

❹資料來源：黃健謙（2004），〈澎湖觀光博奕事業適宜性之研究——以澳門的經驗為例〉，台灣大學地理系之人文地理研究方法。http://lab.geog.ntu.edu.tw/course/hgr/c3.htm。

❺資料來源：http://www.worldnews.com.ph/1/images/e_images/e03.htm。

❻同註❷。

❼資料來源：State of New Jersey Casino Control Commission 2005 Annual Report, http://www.njccc.gov/casinos/about/commrepo/。

❽資料來源：http://www.mj-king.com/modules.php?name=Content&pa=showpage&pid=447。

❾資料來源：http://www.mgc.state.ms.us/。

❿資料來源：http://en.wikipedia.org/wiki/PAGCOR。

⓫同註❷。

⓬同註❷。

⓭Steven C. Casey (1981), *The Negative Impact of Casino Gambling*, State Capitol CT: Hartford.

⓮同註⓭。

⓯Everett H. Lord-Wood (1982), "The Casino Resort Hotel", *The Cornell H.R.A Quarterly,* Vol.22, No.1.

⓰同註❷。

⓱同註❷。

⓲William N. Thompson (1993), "Legalized Gambling, Tourism, Economic Development: Input and Output, Stupid", *The 38th Annual Conference International Council for Small Business*, Nevada: Bally Hotle and Casino, June.

⓳資料來源：http://www.tcoc.com.tw/newslist/009500/9578.aspx。

⓴資料來源：ACCVA - 2006 Annual Marketing Review, http://www.atlanticcitynj.com/resources.asp。

㉑Helga Loverseed (1995), "Gambling Tourism in North America", *Travel & Tourism Research*, No.3.

㉒資料來源：宋秉忠（2006），〈澳門「賭一把」大膽開放當贏家〉，《遠見雜誌》，2006年10月30日。

㉓同註❷。

㉔資料來源：劉雅煌（2004），〈博彩與旅遊的關係走向〉，博彩產業與公益事業國際學術研討會。

㉕同註❷。

第四章

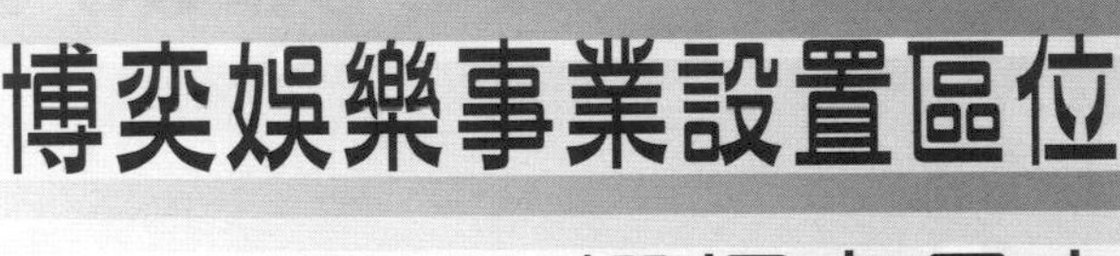

博奕娛樂事業設置區位選擇考量之因素

♣ 地理與交通層面

♣ 觀光資源

♣ 公共設施與社會層面

經由第二、三章的探討發現，設置博奕娛樂事業所帶來的影響及條件甚多。同樣地，就經濟效率而言，如何選擇設置區位也顯得格外的重要。事實上，國外大多數觀光賭場在合法化之前，多數未考慮設置地點在區位上是否具有賭場設置之有利條件，例如：美國內華達州之拉斯維加斯，在博奕娛樂事業設置之初，此地原爲沙漠貧瘠之地，但當地政府卻在決定設置之後，投資龐大經費在公共建設，以創造賭場成功經營的有利條件。又如馬來西亞之雲頂高原，原爲高山不毛之地，但因政府同意開放博奕娛樂事業而興建其公共建設。有鑑於此，如何善用現有的有利條件，以開創出更大的效能，將是我們要探討的課題。因此，本章將依地理、交通、觀光資源、公共設施、社會經濟五個層面來探討其發展之有利條件。

第一節　地理與交通層面

博奕娛樂事業設置條件中，地理與交通層面是重要之考量因素。爲了達到博奕娛樂事業設置所預期之經濟與觀光遊憩之效益，博奕娛樂事業設置所在地點就顯得格外的重要。同時，要如何有效率地將遊客迎入與送出，是當今全球最重視的話題，因此本小節將分地理位置及交通運輸兩層面來探討。

一、地理位置層面

博奕娛樂事業的設置在地理位置層面部分，分爲地理阻隔性、氣候變化適宜性及開發潛能三項條件說明如下：

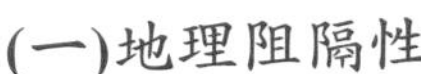

(一)地理阻隔性

博奕娛樂事業之設置雖有創造就業機會、增加政府稅收、促進地方繁榮等正面影響，但亦對社會造成某些負面影響，如造成當地居民價值觀改變、社會道德、民情風俗的影響。因此傳統的博奕娛樂事業設置型態，是遠離人口集中地區為主，以避免對當地造成負面影響。美國聯邦委員會於一九七六年發表的對國家的賭博政策之評論指出：在人口愈稠密之地區，愈難處理博奕娛樂事業帶來之影響。因此建議任何博奕娛樂事業之運作，應由政府限制在一較為獨立之區域，使其對周遭的影響得以減至最低[1]。因此，基於博奕娛樂事業設置後治安管理之需要，其設置區位愈孤立、愈封閉，則愈有利於管理。其原因是賭場與周邊城市的隔絕，如有犯罪發生時，犯罪不易外逃。例如韓國華克山莊、濟州島與馬來西亞雲頂等均是將賭場設立於山上，美國拉斯維加斯則設立於沙漠上，希臘之The Corfu賭場位在Corfu島上，The Rhode賭場位於新英格蘭的Rhode島上。相同地，法國在十九世紀初期明令禁止巴黎市一百公里內設置觀光賭場即此用意。

(二)氣象變化適宜性

氣象包括風向、風速、雨季、降雨量、日照、溫度與濕度等，其變化對於博奕娛樂事業設置有相當之影響。氣候係影響觀光地區是否能夠存在之重要因素，即使一個地區具有其他後天條件配合，但如天候不佳，則一樣無法吸引人們前往。以美國加州海岸沿線的觀光地而言，由於陽光充足，天候良好，每年吸引了上百萬人次的人們開車前往。東岸的佛羅里達，每年吸引美國東北與中北部的人們搭飛機前往，目的就是享受當地的陽光。觀光客活動的區位變化，受自然環境的影響很大。相同地，歐洲的旅遊習性，也常隨氣候的變化而產生改變；當大都會區正值寒冷、

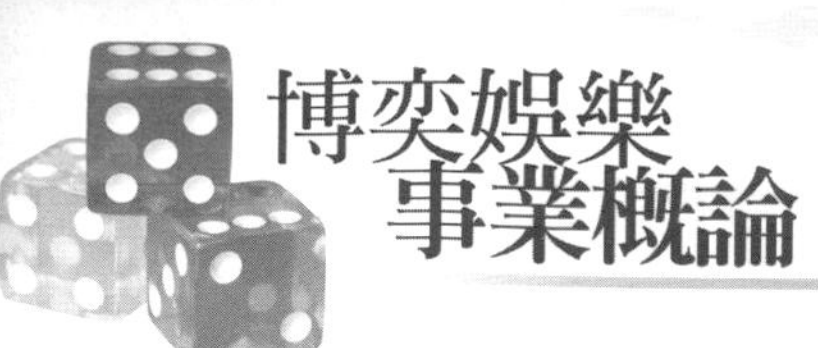

陰霾的季節來時，則多數的觀光客會選擇往溫暖的地中海型氣候區（如義大利、西班牙或東南亞地區等）移動。地中海型氣候的蒙地卡羅（Monte Carlo）及馬來西亞的雲頂高原賭場均以氣候適宜著稱。此外，氣候尚包括季風之影響，季風特別強勁地區常須考慮防風防砂措施；雨量過多之地區亦會降低觀光客之旅遊意願，故氣候適宜性越高則越有利於觀光賭場之設置。

(三)開發潛能

■適當規模之開發面積

博奕娛樂事業之設置規模若僅附屬於現存之觀光旅館內，則屬於旅館內部之設施配置與規劃問題。若其設置爲觀光遊樂特區之規劃方式，則因屬大規模之開發活動而須考慮開發潛能之問題。根據美國都市與土地研究室一九九二年的報告指出，遊憩區開發之大型遊樂場用地應有足夠的面積，一所大型遊樂場至少需要二百英畝的土地[2]。此外，我國森林遊樂區設置管理辦法中第三條第二項規定：「森林遊樂區，以面積不少於二十五公頃，具有發展潛力者爲限。」由於博奕娛樂事業涵蓋甚廣，包含各項設施與遊樂設施，故其面積應有一定之規模才具有開發之潛能。

■良好之地形、地質因素

觀光賭場之開發活動宜比照一般土地開發活動之考慮因素，對於地形、坡度、坡向、高度及特性等資料，都應詳加調查，以作爲規劃之依據；而地質之好壞亦應考量，如是否位於斷層處或地震頻繁處，俾可作爲活動分區功能配置之依據或限制等；而土壤之性質亦會影響建築施工及將來之水土保持工作。

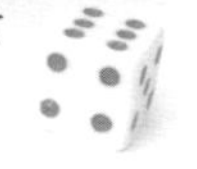

二、交通運輸層面

博奕娛樂事業的設置在交通運輸層面部分，分爲現有交通之便利性及未來交通之發展性兩部分，其條件說明如下：

(一)現有交通之便利性

便利的交通原本是任何觀光勝地不可或缺的重要條件，亦是觀光客在選擇旅遊據點時的重要考慮要素。學者Rose認爲如將觀光賭場當作獨特性產品，則各地賭客將不遠千里而來，但其必須具備便利的交通；反之，如果交通不便利則導致此獨特性的產品失去其觀光吸引力[3]。此外，Thompson也認爲交通便利性是觀光賭場地點選擇之重要因素[4]。如拉斯維加斯爲了讓觀光客到此消費，積極興建鐵路，並於一九九五年完成從拉斯維加斯市到洛杉磯之間的快速火車。同樣地，內華達州擁有完善的公共運輸系統，州府積極爭取航空公司在此設站，亦興建新的機場設備，這一切的目的，均爲便於觀光客前往之，以振興該區觀光與經濟。另外國內學者丁維新在內政部座談會中也指出，加拿大溫沙市位美國底特律市邊界，因與美國有河底隧道相聯繫，故交通方便，因此每天來往兩國之遊客有幾十萬人，故博奕娛樂事業之設置將有充分之潛在顧客[5]。由此可見，任何博奕娛樂事業要經營成功，必須讓大量觀光客能方便到達此地，故是否擁有足夠的各種交通工具設備是很重要的。因爲，交通運輸不夠完善的話，將可能成爲博奕娛樂事業獲得利潤的障礙。此外，交通工具之替代性亦很重要，由於時代的進步，交通事業發達可謂日新月異，因此在水陸空不同交通工具之使用上，如能方便旅客依自己喜好而有更多之選擇，將可增加觀光客前往觀光賭場之機會。故博奕娛樂事業設置地區，若對外聯繫之運輸工具種類越多、速度越快、價格越低廉，則越有利於博奕娛樂事業之設置。

(二)未來交通之發展性

交通對於博奕娛樂事業設置之重要性除需考慮目前之交通狀況外，對於未來交通之發展性亦爲重要之參考條件。未來交通之發展性係指政府相關部門在該地區之重要發展計畫，可以提供博奕娛樂事業設置上之有利條件。如美國紐澤西州（New Jersey）爲發展博奕娛樂事業而劃分二階段完成其交通發展計畫，第一階段是擴建機場，改善行李運輸系統，擴大陸上交通運輸中心，以因應日漸增加的交通運輸量。第二階段除發展會議中心外，還配合鐵公路交通網路，將賭場及其他休閒據點加以連接[6]。此外，根據國外經驗可知，交通建設常爲了配合博奕娛樂事業之發展而受重現。雖然如此，該地仍須有足夠的發展潛力與空間以配合交通建設之完成。例如機場興建必須有足夠之土地面積，機場旅客容納量必須能配合未來旅客量成長之所需，一般道路之興建亦須有土地與財源之配合，此皆爲發展博奕娛樂事業所需考慮的要素之一。

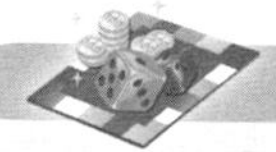

專欄四

蒙地卡羅

在法國的東南方，有一個很小的國家——摩納哥公國，世人稱之為「賭博之國」。而這個由岩礁形成的半島國，原是法國的殖民地，面積只有1.95平方公里的袖珍小國，卻是富人的天堂。這裏的人口只有三萬多人，其中摩

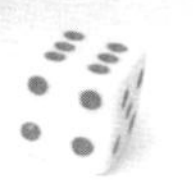

納哥人不到五千人，其餘人口來自法國、義大利等地。由於這裏氣候溫和，交通便利，一直是世上大富豪及歐洲王公貴族消暑避寒的聖地，加上摩納哥免稅及合法賭博，所以這裏也成了暴發户、洗黑錢者的好去處①。

然而，為何說摩納哥是賭博之國呢？因為在摩納哥公國，光單一個賭城——蒙地卡羅，就占掉摩納哥一半以上的國土。且從一八五六年，摩納哥親王夏爾三世為瞭解決財務危機，在蒙地卡羅市的市區內開設首家Casino後，賭博業的收入就一直成為該國經濟的主要來源之一；最高曾占國家年總收入的70%以上，直到如今仍保持在40%左右②。也因為蒙地卡羅的賭博事業如此發達，相對地造就出旅遊業和房地產業的蓬勃發展，使得近年形成寸土寸金局面，土地每平方米價格竟高達八萬至十萬法國法郎，十分可觀③，但儘管如此，來此投資的西方富商仍絡繹不絕。

加上當地最有名的蒙地卡羅Casino出自於與巴黎歌劇院同一設計師之手④，在這山明水秀的背景下，更顯現出這座賭場的尊貴。尤其Casino外牆的精美雕刻，宛如歐洲宮殿，極具有法國巴洛克風格。不僅如此，內部的氣氛更是不同凡響：這裏有如鑽石般閃爍的水晶燈，和紅地毯烘托，以及穿著整齊禮服的侍者，讓整個Casino更顯得金碧輝煌。此外，這座建築物主要分為兩層：第一層以吃角子老虎機為主，另外也有輪盤、紙牌之類的賭博方式；第二層則保持二十世紀初典型社交場合的格局，並設有許多小房間，供一些大銀行家、大企業主等權貴做為社交場地之用⑤。

所以，許多人到這裏不僅僅是賭博娛樂而已，更重要的是到這個地方，有機會結識到上流社會人士，並透過這個交際場所，以博取政界、商界的更大利益。除此之外，這裏還是世界名車的聚集地，賭場門前常可以看到泊滿許多世界頂級名貴房車；當然，這裏更是一年一度F1（一級方程式賽車）的場地之一！因此，蒙地卡羅已成為世界著名的旅遊中心之一，每年都吸引數以萬計的遊客前來遊樂。

①〈建於1856年．歐洲貴族雲集，蒙特卡羅輪盤轉不停〉，資料來源：http://www.chinapress.com.my/topic/series/default.asp?sec=gamble&art=0425gamble.txt。
②〈世界十大賭場之蒙地卡羅：袖珍王國中的賭城〉（2005），資料來源：http://big5.china.com/gate/big5/sports.china.com/zh_cn/lottery/cpzs/11027200/20050705/12456707.html【2005, JUL 05】。
③同註②。
④同註①。
⑤同註①。

第二節　觀光資源

在具有豐富的自然與人文資源地區設置博奕娛樂事業，除可強化該地區的吸引力之外，亦可提供觀光旅客多樣化的遊憩選擇。根據美國TIA調查發現，到觀光賭場旅遊的觀光客，休閒仍然是旅遊的主要目的，且購物行爲也深受此類觀光客的歡迎，故複合式賭博旅遊（含休閒、購物等）人數仍比單一賭博旅遊人數來得多[7]。以全世界最大之飯店米高梅（MGM Grand）而

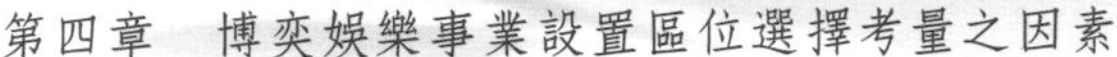

言，其座落於賭城拉斯維加斯大道上，擁有五千零九間客房，在營運規劃上，設計了一個占地達三十三英畝的主題公園（Theme Park）。其主要經營理念，希望將大家對於拉斯維加斯賭的好奇心（Gambling Curiosity），轉換成爲一個家庭式的旅遊聖地（Family Destination Resort）。故若能妥善規劃博奕娛樂事業設置地點，並融合當地之天然、人文資源，及加上具有互補性休閒遊憩設施，必能吸引更多的遊客前往度假旅遊，而非單純只爲賭博而前往。因此，本節將依天然及人文資源的發展性、餐飲住宿之配合度和休閒遊憩設施四個方面來探討。

一、天然資源發展性

雖然博奕娛樂事業大部分活動是在室內進行，但室外的天然遊憩資源則提供觀光客另一種休閒活動的選擇。內華達州的湖泊具有水上運動設施，冬季可享受滑雪之樂。某些博奕娛樂事業以海岸、陽光或其他觀光資源爲配合條件，如地中海的蒙地卡羅（Monte Carlo）、韓國濟州島係以海岸、陽光著稱。美國密西西比河畔的六個州推出十八世紀的渡輪作爲博奕娛樂事業場所，而沿河之水上風光則爲重要之觀光資源。加拿大溫沙市與美國底特律市僅有一條河之隔，由於水上遊樂設施豐富，河畔風景優美，賭客不只可以從事賭博活動，尚可以來此觀光休閒。因此該地區具有越多的天然資源，則越有利於博奕娛樂事業之設置。

二、人文資源發展性

豐富的人文資源可強化該地區博奕娛樂事業的吸引力，提供觀光旅客多樣化的休閒選擇，對整體觀光事業發展始有相輔相成的效果。依「文化資產保存法」之定義，文化資產可包括古物、古蹟、民俗藝術和民俗及有關文物等；日本文化財保護法將文化財分爲五種：

1.有形文化財：如建築物、繪畫、雕刻等。
2.無形文化財：如戲劇、音樂、工藝等。
3.民俗文化財：與衣、食、住、行、信仰等有關之風俗習慣。
4.紀念物：如古墳、城跡、舊宅等。
5.傳統建築物群：周圍整體環境構成一體而具備歷史風貌，且具有高價值之傳統建築物聚集地區。

由於人文資源之種類衆多，而奧地利的維也納則將賭博與藝術文化結合，除了室內以名畫布置外，更以支持音樂的文化活動而著名。威尼斯的窄街小巷保有文藝復興時代的建築特色，金字塔象徵古埃及帝國盛況及其宗教神秘色彩，鹿港古色古香的紅磚街道及雕樑畫棟之舊式店鋪皆爲吸引觀光客前往之因素。因此，設置地區具有豐富之人文資源則有利於博奕娛樂事業之設置。

三、餐飲住宿之配合度

旅客在觀光旅遊地區停留期間，對飲食或住宿的需求極爲殷切，良好的餐飲住宿條件可以延長旅客在旅遊地區的停留時間，並增加其重遊意願。因此，博奕娛樂事業設置地區必須有餐飲及住宿設施之配合。綜觀當今之博奕娛樂事業，大多都具有高品質之住宿設施與各國之美食，其房間數多在二百間以上，亦有高達數千間者，如全世界最大之飯店米高梅（MGM Grand）

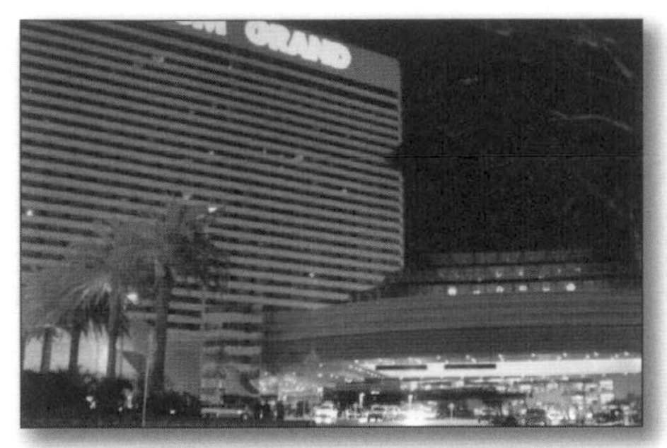
拉斯維加斯的MGM casino。

座落於拉斯維加斯大道上，擁有五千零九間客房。Wynn拉斯維加斯飯店提供極度奢華的全方面服務外，飯店房間融合了藝術與現在的前衛風格，更特別的是飯店還精心提供貼心的紅卡服務，客人可持紅卡到飯店的每一個角落消費，不需當場付費，讓客人擁有極度尊爵般地位的感受。韓國的樂原海濱賭場旅館內設有一流水準的中、日、韓、法、義式及專業的自助餐餐廳，可說應有盡有。

四、休閒遊憩設施

由於旅客在觀光旅遊地區停留的時間往往超過五個小時，因此欲保持旅遊參與者在旅遊地區停留期間適度的刺激或覺醒（Optimal Arousal），僅是提供賭博活動或天然資源並不足夠，還必須有一些互補的休閒遊憩機會。這些互補性的遊憩機會讓旅客有興趣接觸並參與，以滿足遊客多樣的需求，排除在旅遊地區無聊的感覺[8]，並用來增加博奕娛樂事業的吸引力，提供豐富多元化的觀光旅遊體驗。如拉斯維加斯除具有豪華之旅館外，亦提供全天二十四小時的休閒服務，包括高爾夫球場、網球場、會議廳等設施，及具有吸引力之觀光活動或表演節目，如熱鬧秀場、多彩多姿的夜總會等。馬來西亞之雲頂高原具備多種休閒設施，故獲得「東南亞最佳的觀光賭場之美稱」。以下玆將博奕娛樂事業之休閒遊憩設施整理如**表4-1**。

表4-1　博奕娛樂事業之休閒遊憩設施

地區	休閒遊憩設施
拉斯維加斯	米高梅探險遊樂園、馬戲團大泛谷樂園、凱薩宮立體動感電影院、金銀島賭場、海戰賭場、火山秀、石中劍動感電影院、賭場秀、Forum商店街、Fashion購物中心、Boulervard商城。
韓國	樂原海濱賭場旅館內設有一流水準的中、日、韓、法、義式及專門的自助餐餐廳，又有戶外溫泉池、溫泉三溫暖設備。
澳門	豪華的賭場也提供住宿、餐廳和各種娛樂設施，如葡京酒店的瘋狂巴黎舞團，以及特別聘請來自歐洲、澳洲的表演秀等。
馬來西亞	有一千個房間數以上的旅館、酒吧、舞場、餐廳、健身房、游泳池、網球場、高爾夫球場、一個十公畝的划船區、會議中心及戲院。
南非太陽城	傳說中的失落之城、時光之橋、野生動物的接觸等。

資料來源：作者整理。

第三節　公共設施與社會層面

公共設施之質與量，乃關係到博奕娛樂事業是否能永續經營之成敗關鍵，良好的公共建設，除了可爲博奕娛樂事業省卻不少不必要的開銷，還相對能提供前往之遊客較佳之服務品質，更能提供一個較佳的旅遊休憩的環境。然而，博奕娛樂事業之設置，或多或少會對社會造成一些負面的影響，但爲將其負面影響降至最小，警力的配合及治安條件是最爲重要的。除此之外，當地的社會環境（如就業率、社會福利等）與經濟架構（稅賦、產業類比等）都有很大的關係，因此本小節將分公共設施及社會經濟兩層面來探討。

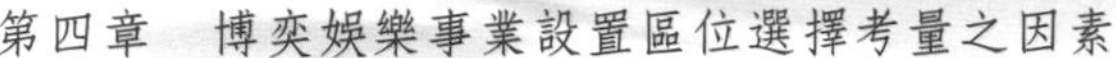

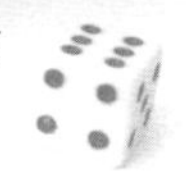

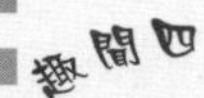

賭場賭客迷信花招多

說到風水，相信很多華人都有一些見解。雖然有人覺得那只是一種迷信，但有時它就是這麼邪門，讓你不得不去相信。包括現在連賭場都講究方位與氣運了。因此，每名進賭場賭博的賭客，更是有說不完的迷信及改運方法。

尤其拉斯維加斯在賭場內服務的人員，都知道華裔賭客最多「改運」的花招，例如有人會帶著「開光」過的小飾物，每拿一副牌，口中念念有詞，才去看牌，如果老是拿壞牌，就把小飾物翻轉，壓住霉運。其中玉雕菩薩、發財樹、玉如意等都是常見的華人賭客攜帶的「贏錢寶物」。最誇張的是，有人還曾看過有賭客帶來一個小香爐，每拿一副牌，他都拿牌先向香爐「叩首」之後才掀開。

此外，也有不少華裔賭客相信「熱牌」一定好，所以拿到牌時，會先用打火機在牌上點火繞一下，做個加熱的樣子，口中一直喊叫「熱熱熱」，再翻牌。雖然這些賭客花招很多，但只要不是作弊詐賭，同桌的賭客幾乎都能夠容忍其他人的怪癖，所以儘管有不少華裔賭客賭博時怪招百出，賭場也不加以干涉。但偶爾還是會遇上脾氣不好的賭客，手風不順時，會藉題發揮，找發牌員的碴，嫌發牌員動作太慢，或者有向賭場領班抱怨發牌員講的英語他聽不懂，要求領班換人等小動作。

但一般而言，亞裔賭客都要比歐美賭客更相信賭運，很多亞裔賭客相信賭博有贏錢的時辰，所以很多人都只在某個時段內才下注。而歐美賭客通常不太有這種舉止，要是老拿壞牌，頂多只是換個位子坐或改玩別種賭戲而已。然而，這對發牌員而言，不管賭客什麼時段來，他們都沒有輸贏的壓力，因為他們很清楚賭場勝算大過賭客，只要賭的時間久，賭客總是輸家。

另外，在這麼多的賭客當中，難免會有不肖之徒。因此發牌員有責任看管賭客的籌碼，當賭客暫時離坐時，任何人都不能動他留在賭桌上的籌碼，包括賭客的友人或另一半都不能去動他的籌碼。要是發牌員發現賭客詐賭或是有偷竊行為，通常都會請賭場經理調閱錄影帶來處理。

由於賭場瞭解賭客迷信的心理，如拉斯維加斯的凱撒宮，在賭場前面的羅馬廣場，就保留了一個「四面神佛」像，隨時供亞洲人上香膜拜，目的就是為了讓相信賭運的人可先求好運。許多華裔賭客來賭城會去凱撒宮前廣場，先膜拜四面神佛像，祈望好賭運。

資料來源：〈賭場賭客賭運迷信花招多〉，《世界日報》，2006-5-10。

一、公共設施層面

公共設施之質與量攸關到博奕娛樂事業之成敗關鍵。在公共設施層面部分，分為通訊、電力、垃圾、污水及醫療五項因素，其說明如下：

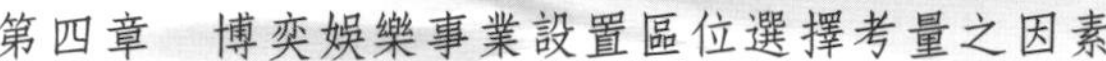

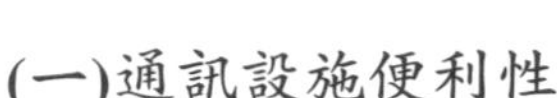

(一)通訊設施便利性

電信通訊設施系統之普遍及便利性，爲發展博奕娛樂事業基礎條件之一，尤其位置處於較具阻隔性地點的時候，通訊設施的便利性更顯得重要許多，如遇到緊急災難時，通訊系統要是不夠普遍或便利，將會延誤救援時間。因此，評估當地的電信供應情況是否足夠、方便，或是未來之擴展計畫能否提供博奕娛樂事業營運發展所需，均應在博奕娛樂事業設置前予以考量。因爲電信通訊設施越方便，則越有利於博奕娛樂事業之設置。

(二)水電力之供應能力

由於博奕娛樂事業整體規劃之用水、用電量很大，如美國拉斯維加斯每日需要有一萬四千個霓虹燈招牌的用電量，以及每月三億二千萬加侖的用水量，因此，博奕娛樂事業在開發前應考量水電之供應是否足夠[9]。一般水、電供應設施，通常由各公用事業機構統籌興建，因此在設置博奕娛樂事業時需與公用事業機構協調，確定可否配合提供。如馬來西亞之雲頂高原位於海拔兩千英呎上，當時無道路、無電力，亦沒有自來水系統，但如今已成爲東南亞最好的觀光賭場，主要因素爲政府支持博奕娛樂事業之設置，而配合其公共設施之興建。

(三)垃圾處理能力

由於博奕娛樂事業的設置，勢必帶來大量的觀光客湧入，相對地，這些觀光客的湧入，也會產生大量的垃圾問題。而這些垃圾，勢必會對當地環境造成頗大影響，如餐飲業每日經營所產生之垃圾，包括塑膠袋、保麗龍（免洗碗、免洗杯）等問題。因此，博奕娛樂事業所在地如何能有效且迅速地解決垃圾問題，則是博奕娛樂事業開發前需要考慮的。當地的垃圾處理能力，應包括垃圾處理場、焚化爐數量是否足夠，及未來垃圾處理之提供能力。

(四)污水處理能力

博奕娛樂事業因經營所需的用水量大，相對地，也會產生大量的污水，而這些污水若沒有妥善處理，將會對當地環境造成相當嚴重影響。因此，博奕娛樂事業所在地是否有能力處理污水問題，則是設置博奕娛樂事業所必須考量的條件之一。污水處理能力係指設置地區的下水道的設施是否合乎標準，及其未來污水之處理能力。

(五)醫療設施充足性

完備之醫療體系原爲地方重要的福利項目，但一般較爲偏遠之觀光遊憩據點常因醫療設施不夠完善，而影響遊客意外送醫的處理能力。爲能減低旅遊意外或疾病發生時之傷害，博奕娛樂事業設置地區應提供完善的醫療設施，管理單位應配置良好之醫護人員，讓遊客或賭客在發生意外時，可以得到適當的急救與照顧。醫療設施充足性係指設置地區醫療機構數量、分布、設施之品質及醫護人員數量之充足性。

二、社會經濟層面

博奕娛樂事業的設置地點，與當地的社會環境和經濟架構有很大的關係，因此，在社會經濟層面部分，能否提供足夠之勞動人力，以及周邊相關產業可否達到程度上的配合，這些均是設置博奕娛樂事業需考量之因素。其說明如下：

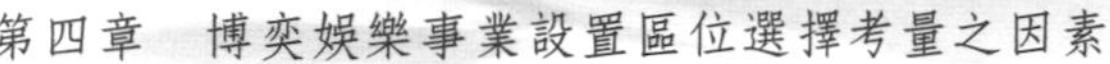
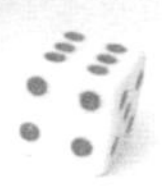

(一)治安條件配合度

一般博奕娛樂事業均受當地政府之保護及規範，而經營業者爲了業務需要亦規劃有專屬之保護安全措施，以遏止犯罪行爲發生，如此遊客才能在安全無虞的環境中從事休閒活動。內華達州賭博委員會暨州政府賭博控制局（Nevada Gaming Commission and State Gaming Control Board）針對賭場執照之申請部分，明顯指出，若賭場當地警力缺乏或警方難到達之地區，不適合設置博奕娛樂事業[10]。同樣地，芝加哥市區賭博委員會（City of Chicago Gaming Commission）也指出博奕娛樂事業需有安全人員以減少犯罪行爲[11]。台灣省交通處的報告中，也指出良好的治安爲設置觀光娛樂特定區之條件[12]。因此，博奕娛樂事業設置的地區，治安條件配合性越高，則越有利於博奕娛樂事業之設置。

(二)勞動力來源之足夠性

由於博奕娛樂事業設置後，將會爲當地帶來更多的工作機會（如旅館業、餐飲業、保全業等），然而，當地的可從事勞動的人數，及是否能有足夠的能力配合，都是博奕娛樂事業設置前需要考慮的因素。內華達州賭博委員會暨州政府賭博控制局針對賭場執照之申請，指出若無法穩定提供勞動力之地區，不適合設置觀光賭場[13]。勞動力來源之足夠性，係指當地所能提供博奕娛樂事業及其周邊產業所需之勞動力資源（如住宿、餐飲、運輸、旅遊業等從業者），且其配合度、專業度及數量皆可達到博奕娛樂事業設置的需求。博奕娛樂事業的相關行業及提供的工作機會。

(三)周邊產業之配合性

博奕娛樂事業若視爲觀光事業的一環，則其範圍頗爲複雜，因爲觀光事業是一項綜合性事業，代表整個社會經濟之結構，如觀光事業之上、中、下游（如航空公司、飯店、旅行社）應互相配合，如此旅客才能圓滿到達目的地，且享受其遊程。因此，博奕娛樂事業之周邊產業，如旅館、餐廳、酒吧、交通、停車場、零售業、金融業、育樂遊憩、資訊業等。因此，設置地點的周邊產業越多，且其配合性越高，則越有利於博奕娛樂事業之設置。

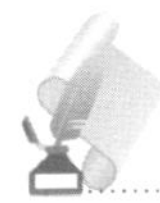

註釋

❶郭春敏（1996），《觀光賭場設置區位條件之研究》，中國文化大學觀光研究所碩士論文。

❷美國都市與土地研究室（The Urban Land Institute）著，劉麗卿譯（1992），《遊憩區開發——主題園、遊樂園》。台北：創興。

❸靜宜大學觀光事業學系（1994），《賭博性娛樂事業的發展趨勢及階段性策略之研究》，交通部觀光局委託研究報告。

❹同註❶。

❺內政部（1994），〈台灣地區應否設立觀光賭場座談會參考資料〉，台北：刑事警察局。

❻同註❶。

❼TIA Edition (2000), *Profile of Travelers Who Participate in Gambling*, Traveler Industry Association, Executive Summaries.

❽高俊雄（1995），〈休閒參與體驗形成之分析〉，《戶外遊憩研究》，第四卷，第六期。

❾同註❶。

❿State of Nevada (1992), Regulations of the Nevada Gaming Commission and State Gaming Control Board.

⓫同註❶。

⓬交通部旅遊事業管理局（1995），〈澎湖設置觀光娛樂特定區可行性與觀光發展之關係初探〉，台中省旅遊局。

⓭同註❽。

第五章
博奕娛樂事業的營運組織

- ♣ 飯店管理組織
- ♣ 賭場管理組織
- ♣ 娛樂經營管理組織

博奕娛樂業是一種綜合性的娛樂事業，是一個集賭場、秀場、餐飲、高品質度假住宿及其他娛樂設施的休閒遊戲場所。這裏除了設置一個至多個賭場大廳，提供各式各樣的賭具來吸引及娛樂遊客跟賭徒外，還需備有多種民族口味的精緻美食餐館及全方位服務的住宿服務來滿足遊客。除此之外，周邊的娛樂活動安排更是不能少，包括美容SPA、遊憩設施、精品百貨、會議展覽、現場娛樂秀等。也因爲其服務範圍甚廣，包含飯店營運、餐飲規劃、會議展覽策劃、娛樂節目安排、商店經營、遊憩設施維護、各式各樣的活動以及賭場管理等。因此，本章將以飯店、賭場及娛樂三方面，來做爲博奕娛樂事業的營運組織介紹。

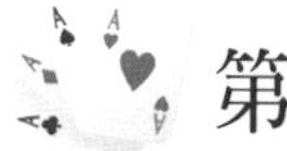

第一節　飯店管理組織

在博奕娛樂業的飯店工作就像是在全方位服務的飯店工作一樣，但由於其規模遠較一般飯店還要龐大，所以需要更多的人員來協助。因此本節將以飯店主要組織架構的客房部門及餐飲部門兩部分來作介紹。

一、客房部門

飯店的最重要商品就是客房。因此客房部門要如何以最快速的時間，提供給旅客最高品質的房間，將是每一位客房人員的職責。而這一個關係到企業收入及形象的部門，又可細分爲客務及房務兩大部分，其介紹如下：

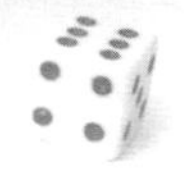

(一)客務部

客務部（Front Office）又稱前檯，在飯店中扮演著極爲重要的角色。因爲它是每位旅客在抵達或離開旅館時，都會直接接觸的部門，是旅客第一印象與最後印象之主軸部門。也因此該部門顯得格外重要，其組織又可細分爲訂房組、服務中心、櫃檯接待、總機、商務中心、櫃檯出納等，以下將針對上述之工作進一步說明❶。

■訂房組

訂房組是客人尚未抵達旅館前首先接觸的單位，所以訂房人員之優劣攸關旅館之房間收入與旅館整體之服務形象。因此，成爲一位稱職的訂房人員，必須瞭解飯店本身的房間型態與各項設備，進而利用熟練的銷售技巧，將旅館本身的特色介紹給客人，此外亦須熟練其作業流程，如訂房之取消、延期或確認等動作亦須注意，勿因個人之疏忽造成客人至旅館卻無房間之困擾等。

■服務中心

服務中心是飯店的重要部門，因爲它服務對象並非只單單針對來館住宿之旅客，而是只要是來館之旅客，不管用餐、使用健身房等等，都是其服務之對象。所以服務中心非僅與房客有直接關係，與來旅館使用公共設施的消費客人也關係密切。其職務可細分爲門衛、機場代表、行李員及停車員等。由於他們是旅客來館住宿期間第一位和最後一位接觸的服務人員，可說是站在業務的最前線，其言行舉止都代表著旅館，關係著客人對旅館的評價。所以在執行服務工作時要符合飯店的要求，以任勞任怨的精神，爲來到旅館的客人提供完善的服務。

■櫃檯（Front Desk）或稱接待（Reception）

櫃檯是旅館對外之代表單位，除住宿客人外，其他與旅館有關之詢問與交涉事宜，亦皆以櫃檯爲對象。櫃檯又是旅館對內之連絡之重要管道，因此它是旅館的神經中樞，櫃檯職員站在旅館的最前線，擔任代表性的服務工作，故本身需隨時提高警覺，保持最佳之狀態替客人服務。

■總機人員

總機人員的主要工作包括轉接電話、爲住客做來電留言、回答電話詢問有關旅館活動之訊息、館內外緊急和意外事件的通知，以及提供叫醒服務（Wake-Up Call）、音響器材的保管與操作等。雖然是沒有直接與客人面對面接觸的單位，然而在整體旅館的運作中，確扮演著重要的角色。因爲優良的總機人員會讓客人留下深刻印象，進而對旅館有良好的印象；反之則有可能產生顧客抱怨且對旅館留下不好之評價。因此，總機人員的說話禮儀及專業訓練不得不讓飯店業者重視。

■商務中心

商務中心主要是提供商務客人在商務上的協助與服務等。除此之外，商務中心也是住房客人舒適的休憩與會客空間；在這裏，可提供旅客商務資訊、預約及確認國內及國際航班機位、影印、傳眞、打字等服務，並備有個人電腦、雷射印表機、網際網路連線、傳眞機等設備。另外，商務中心也設有書報瀏覽區，放置多種語言雜誌、期刊及報紙等，供房客瀏覽閱讀等。

■旅館出納

旅館出納是住宿客人接觸飯店的最後關卡，因此，它扮演很重要的角色，因爲如果退房結帳的工作沒有做好，可能使客人

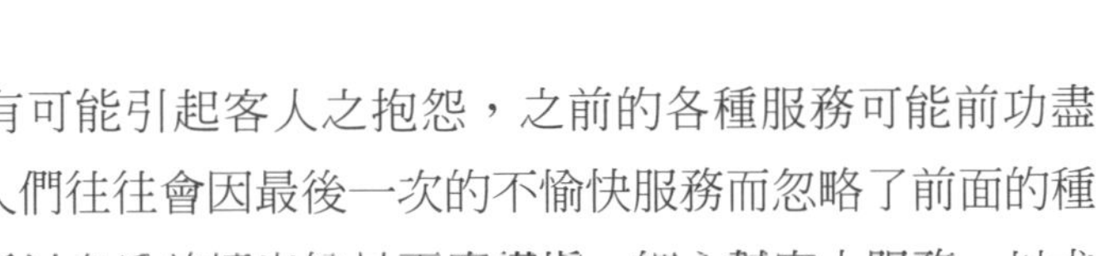

不悅，則有可能引起客人之抱怨，之前的各種服務可能前功盡棄，因爲人們往往會因最後一次的不愉快服務而忽略了前面的種種服務，所以身爲前檯出納員更應謹慎，細心幫客人服務，以求整體完美服務。

(二)房務部

房務部是飯店內專門負責房務之部門，也可說是最繁忙與最重要之核心部門。除了提供住客一個清潔、舒適及安全的客房，讓顧客有家外之家（Home Away From Home）的獨特溫馨感覺外，更提供一切有關於客房重要服務事宜，例如洗衣服務、失物招領、擦鞋服務及房間整理等。因此，它需要有不同單位部門之支援和各層級職員之通力合作，並透過健全的組織與工作流程，方能達到滿足顧客的任務，進而使飯店獲得最高的效能與收益。其部門職務如下[2]：

1.經理（Executive Housekeeper）：爲房務部中最高的管理者，上對總經理或客務部經理負責，下直接管理房務部副理。

2.副理（Assistant Executive Housekeeper）：爲房務部中地位僅次於經理的管理者，對房務部經理負責，亦是經理不在時的職務代理人。

3.公清主管（Housekeeper Public Area Manager）：負責全館內外之清潔及飯店設備之採購等職務。

4.主任（Head Supervisor）：協助副理並接受主管交辦事項，是副理不在時的職務代理人。

5.領班（Floor Captain）：負責監督檢查與協助房務員之清潔工作，其跟房務員的接觸最爲密切與直接，常爲新進房務員工作學習的對象，且房間的清潔與否，領班爲重要關鍵人物之一。

6.房務辦事員（Records and Payroll Clerk / Office Clerk）：其爲房務部之心臟場所，負責接聽客人直接的來電以及櫃檯等各部門一切電話服務之要求，並適時與各樓服務人員連繫。

7.房務員（Room Maid / Chamber Maid / Room Attendant）：在房務部中與客人直接接觸最頻繁，進出客房次數最多的也非他莫屬。負責整個客房的清潔以及保養工作，在整個飯店中沒有其他人會比房務員更瞭解客人的一些習慣以及作息等。雖然房務員屬最基層人員，但卻是不可或缺的角色之一。

8.公清人員（Public Area Cleaner / Public Space Attendants）：在整個飯店中公共區域的清潔工作，須仰賴公清人員來打掃維護，與房務員屬同等階層。

二、餐飲部門

博奕娛樂業的餐飲服務，比一般的飯店、餐館都來得大很多且豐富，在這裏除了有各式各樣的餐館外，還提供吧台服務、客房餐飲服務、宴會服務、會議服務等等，可說是應有盡有。但由於其涉及的範圍甚廣，且管理的環節繁多，因此在此將以宴會服務和客房餐飲服務兩部分來做介紹。

(一)宴會服務（Banquet）

宴席收入在某些飯店中，可以占飯店餐飲總收入的50%以上。因此，承辦宴會對大部分飯店而言，是被視爲高度競爭的挑戰，也是提升飯店收益的最好方法[3]。同樣地，在博奕娛樂業

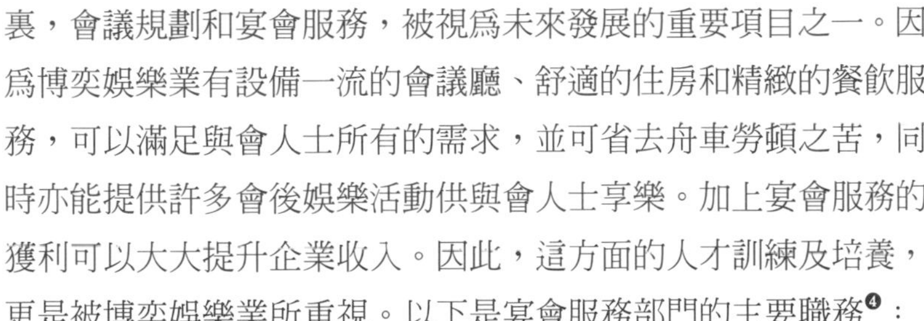

裏，會議規劃和宴會服務，被視爲未來發展的重要項目之一。因爲博奕娛樂業有設備一流的會議廳、舒適的住房和精緻的餐飲服務，可以滿足與會人士所有的需求，並可省去舟車勞頓之苦，同時亦能提供許多會後娛樂活動供與會人士享樂。加上宴會服務的獲利可以大大提升企業收入。因此，這方面的人才訓練及培養，更是被博奕娛樂業所重視。以下是宴會服務部門的主要職務[4]：

1.宴席總監（Director of Catering）：對外主要負責招攬國際會議、宴會等。對內則要訂定出部門的管理理念與目標，並領導全部門員工，以確保宴會順利運作。
2.宴席服務經理（Catering Service Manager）：負責與客戶聯絡並指揮所有宴會的服務工作，包括菜單安排、節目規劃、客房布置等，以便讓與會賓客感到飯店的服務熱忱。
3.宴席聯絡員（Catering Coordinator）：管理宴席的任何相關資訊，並負責繕寫合約及確認，同時協助宴席服務經理至宴會現場確認工作事宜。

(二)客房餐飲服務（Room Service）

博奕娛樂業是個二十四小時營業的行業，所以在餐飲服務方面更是如此。但在衆多的餐飲服務中，以客房餐飲服務的難度最高，也是餐飲部門最難經營的部分之一。因爲這項服務並沒有爲飯店帶來多大的收益，甚至還可能造成虧損，但爲何大多數的飯店都還繼續保有提供餐飲送到顧客房間的服務呢？其實理由很簡單，就是爲了滿足客人的期待與需求。因此，在有虧損的風險下，又要滿足顧客的需求，客房餐飲服務管理就變得非常重要。以下是客房餐飲服務管理時應注意的管理細節[5]：

1.事前評估客房餐飲需求的種類與數量。

2.在人員編排時，應謹慎考量工作人員的數量，力求以最適當人力，達到最大效率。

3.菜單規劃方面，需考量到食物的新鮮度及保存性。

4.客人點菜時，要確認其需求，並將點菜單正確、迅速地傳遞給廚房。

5.送餐時，應備有專用動線，以避免傳送過程中遭到汙染或冷卻，如可設有專用電梯或行動廚房等。

6.服務人員的訓練要符合國際餐飲禮儀，不可因客房服務就失去餐飲應有的服務態度。

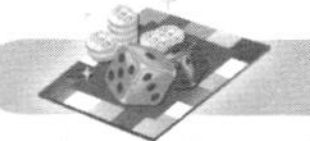

專欄五

南非太陽城

美國拉斯維加斯因為Casino的設立，而成為揚名國際的娛樂之城。同樣地，位於南非約翰尼斯堡西北方的太陽城（Sun City），也因豪華的設備及渾然天成的自然美景，吸引不少世人的目光。這裏除了有南非最大的Casino外，還有創意獨特的人造海灘、唯妙唯肖的地震橋及優美的人工湖，甚至這裏還曾經連續舉辦過五屆的世界小姐選美①。也因為如此，這裏已成為南非著名的旅遊勝地之一，也是到南非旅遊不可錯過的好地方。

然而說到太陽城，也就不得不提到南非的億萬富翁——梭爾·科斯納（Sol Kerzner）的夢想。科斯納在七〇年代中期，就希望能夠在非洲叢林內，建造一個如美國拉斯維加斯般的豪華娛樂區。果不其然，太陽城終於在一九七九年十二月七日正式開幕，並且造成巨大的轟動，

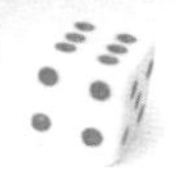

吸引世界遊客蜂擁而至。但隨著太陽城的名氣逐漸打開，太陽城酒店的三百四十個房間根本不敷使用，加上太陽城的遊客逐年以驚人速度在成長，在這種情況下，一九九〇年，科斯納開始打造傳奇的城中之城，也就是傳說中的失落之城（The Lost City）[②]。

關於失落之城，傳說在南非古老的叢林中，曾經有個類似古羅馬的文明種族，在太陽之谷（Valley of Sun）建造了一座空前偉大的城市，後來經歷一場毀滅性的大地震，使得該城市被熔漿所掩，成為傳說中的失落之城。為了讓傳說中的失落之城重現世上，科斯納不惜巨資，共移植一百二十萬株各式的樹木和植物，建造出一座人工雨林公園，且在每日固定的時間，有逼真模仿失落之城毀滅時的地震[③]。此外，談到失落之城，就不能不介紹被列入世界十大酒店之一的皇宮大酒店（The Palace Hotel）。這間擁有三百三十八間房間的六星級皇宮大酒店是太陽城的第四座酒店，也是最高級、房價最昂貴的酒店[④]。

因此，在這個被稱為世界上最大的「叢林賭場」，除了擁有一千二百九十六台吃角子老虎機、Black Jack、輪盤、電子賽馬機等其他玩意外，這裏還有迪斯可、電影院、遊樂場、餐廳、飯店及一個可容納六千個座位的多功能超級大劇場[⑤]。加上失落之城在一九九二年開幕後，這裏已成為世界各國遊客紛紛造訪太陽城的目的之一。而太陽城也與娛樂、美食、賭博、舒適、浪漫及驚奇畫上等號了。

① 〈賭業與美景結合，太陽城遊南非必到〉，資料來源：http://www.chinapress.com.my/topic/series/default.

asp?sec=gamble&art=0426gamble.txt。
②〈世界十大賭場之南非太陽城：充滿幻想的世外桃源〉（2005），資料來源：http://big5.china.com/gate/big5/sports.china.com/zh_cn/lottery/cpzs/11027200/20050705/12456729.html【2005, JUL 05】。
③同註①。
④同註②。
⑤同註①。

第二節　賭場管理組織

博奕娛樂事業涵蓋範圍非常大，其中賭場是吸引遊客前來遊樂的重要項目之一。也因為如此，賭場內的成員及管理就顯得格外重要了。尤其是人員管理部分，是當前賭場需求量最大，也是最為困擾的部分。就目前賭場管理而言，賭場的工作主要分成下列五個部分[6]：

1.博奕操作員：負責賭場內的賭戲操作及監督。主要包括[7]：
  (1)吃角子老虎技師：負責機台設定及修護，大致上一個技師得負責四十台吃角子老虎機器。
  (2)吃角子老虎機部門經理：負責管理整個吃角子老虎機的部門經理。
  (3)發牌員：又稱為荷官，其主要工作是負責每張賭桌的運作及秩序，基本上每張牌桌有四個發牌員。
  (4)發牌員主管：監督發牌員，看發牌員是否有出錯或是監守自盜的行為，基本上每位主管要負責兩至三張的賭桌。

(5)賭區主任：又稱爲站台，較發牌員主管高級，負責賭場內一個區域的賭桌。

(6)賭場經理：負責賭場的日常運作，兼顧賭桌及角子老虎機兩大部門。

(7)行政總裁：賭場行政的最高負責人。

2.賭場服務人員：負責賭場內的安全、餐飲及設備服務。主要包括：

(1)保安經理：保安對賭場來說極爲重要，每間賭場均有自己獨有一套的保安設計，且設計絕對保密，外人難以猜測箇中奧秘。保安經理就是率領保安隊負責賭場內的秩序工作[8]。

(2)採購人員：負責採買賭場內所需之用品及器具，包括採購新型遊戲電玩、吃角子老虎等博奕機台[9]。

(3)設施維護人員：負責賭場內所有設施之維護，以確保整個賭場環境內的設施能充分發揮應有功能，以達致最佳的效率及成本效益[10]。

(4)服務生：負責提供飲料給賭場客人飲用。

3.行銷處人員：負責博奕市場調查、推廣及行銷。主要包括：

(1)公關人員：負責接待全世界各地接觸的豪客，或者潛在的豪客；公關的工作是從機場接送到安排房間都要一手包辦，甚至有些公關還有特殊任務，就是陪富豪的家人如太太、小孩去逛街，以滿足客人的需求[11]。

(2)市調人員：負責調查市場走向及市場趨勢，以做爲行銷方法的考量。

(3)廣告人員：負責賭場宣傳事宜，但有些國家嚴禁或是有條件性地限制賭場廣告。

4.人力資源處人員：負責人員召募、人力訓練及錢幣兌換事宜。主要包括：

(1)人事專員：負責人員召募、績效評估及薪資福利等行政和總務性工作。

(2)出納人員：負責兌換籌碼給賭客，並協助賭客辦理開戶手續。

(3)出納主任：負責監督出納員，並核對帳務及負責製作報表。

(4)訓練人員：負責員工的教育訓練、生涯規劃、組織發展規劃和業務開發等相關事宜[12]。

5.財務行政處人員：負責整個賭場的帳款，包括收入及支出等作業。主要包括：

(1)法務人員：負責帳款催收、法律行動、談判等相關工作。

(2)會計人員：負責管理應付款明細及固定資產項目。

(3)稽核人員：負責蒐集完整博奕娛樂場操作形式，包括整理出賭場營運規程，及進行例行性設備檢查等。

(4)財務管理人員：主要負責所有的財政報告和分析財政結果，並要隨時更新賭博市場情報及協助行政總裁以擬定經營計畫[13]。

而這些工作中，又以博奕操作員及賭場服務人員的需求量最大，尤其是發牌員及服務生的需求，更是近年來博奕娛樂事業急需的人才。因為發牌員的人事訓練，需要一段時間，加上這幾十年來博奕娛樂業成長迅速，賭具的種類也越來越多樣化，因此現在發牌員的工作更趨複雜，除了得熟悉二十一點（Black Jack）、擲骰子（Craps）、百家樂（Baccarat）、撲克（Poker）、

趣聞五

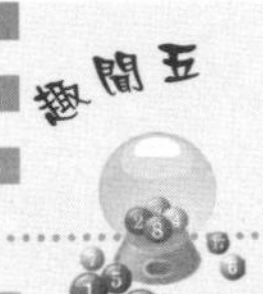

賭場禮儀

世界上的觀光賭場何其多，每一個觀光賭場都有其特別的規定。而這些規則都是為了讓賭客可以安心、愉快地玩樂而訂定的。因此，初進賭場的你，不得不事先瞭解一些賭場的基本禮儀規矩，否則，不僅無法享受到賭場娛樂的效果，甚至可能還惹了一肚子氣或是貽笑大方。以下是一些賭場中的規矩：

1.在你玩任何遊戲之前，一定要先弄清楚這些遊戲的規則。賭場裏有各種免費小冊子教你如何玩各種遊戲，你可以向賭場裏的任何工作人員索取。
2.儘量不要打斷正在進行的遊戲，如果你要買籌碼，等這手牌結束以後再買。
3.買籌碼時，告訴發牌員你所要籌碼的面值。大部分賭場裏，$1籌碼為白色（或銀色），$5籌碼為紅色，$25籌碼為綠色，$100籌碼為黑色，$500籌碼為紫色，$1,000籌碼為橙色，當然許多賭場還有更大面值的籌碼，像$5,000、$10,000、$100,000，但這些籌碼不是普通賭客能夠見到的了。
4.在牌桌上喝酒不要過量，當然更不能喝醉。抽煙時，吐出的煙霧不要對著發牌員或其他賭客，煙灰儘量不要落到賭桌上。不抽時要將煙完全掐滅，不要讓剩下的煙蒂在煙灰缸裏冒煙。賭桌上除抽煙喝酒之外，一般不允許吃零食。

5.如果你想加入一張正在進行的二十一點賭桌，最好有禮貌地的問一下其他賭客是否介意你現在加入，或者耐心等下一付牌。如果你貿然加入恰好大家都輸錢的話，你很容易成為其他賭客怪罪的目標，這是二十一點賭桌上最常發生的事情。

6.不要對同桌的賭客或發派員指手畫腳。善意的忠告和幫助每個人都樂於接受，但過分的指手畫腳卻會讓人討厭。

7.玩骨牌牌九或牌九撲克（兩種華人喜歡的賭場遊戲），碰到一些特殊的牌型，自己不知道該怎麼擺，可以問發牌員，不要問同桌的賭客。因為玩這兩種遊戲時，賭場不允許賭客之間交流牌的資訊。

8.要飲料的時候，先準備好一點小費。贏錢的時候，不要忘記說聲謝謝，並給發牌員小費。給小費，不應視乎你是否贏錢，而應根據服務態度而定。一位友好的賭場服務員應該得到獎勵。小費沒有具體數字或百分比之說，但不要太小氣，要知道，發牌員只有微薄底薪，並且依靠小費維生。

9.發牌員開始發牌時，便不要碰你的賭注，直到整個牌局程序完成，否則被視為暗自加減籌碼，那就違反規則了。如果牌運不好，不要怪罪發牌員，發牌員都希望賭客贏錢。牌的好壞誰也控制不了，否則就不是賭博了，最好的方法是換張賭桌，休息一會或乾脆回家。

10.到賭場娛樂，最好隨身攜帶有照片的證件，如駕駛執照、公民卡、護照等。這有兩個原因：第一，如果你看起來很年輕，賭場一定會查驗你的

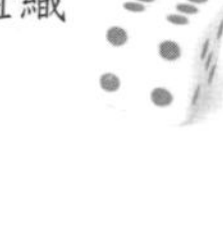

證件，確定你達到合法賭博年齡，才會允許你進賭場，加拿大的合法賭博年齡為十九周歲，美國的合法賭博年齡為二十一周歲。第二，如果你運氣好，在賭場中了大獎，一般都要求你出示附有照片的證件才可以領取。

謹記：大部分賭場，除了賭博遊戲之外，還有許多其他的娛樂活動。因此，不要沈迷於吃角子老虎機或賭桌遊戲，而忽略了其他娛樂活動喔！

資料來源：〈現代商業賭場禮儀〉，http://winwins.cn/?/Etiquette，2007-07-04。

對號樂透（Keno）、牌九撲克（Pai Gow Poker）、輪盤（Roulette）的操作等，還必須學習如何使用電腦螢幕來計分等事宜。 此外，服務生的禮儀訓練更是不容忽視。尤其，博奕娛樂事業已成爲國際性的觀光旅遊娛樂行業，賭場服務生在賭場內的服務細節及禮儀，是代表賭場的門面及國家的形象。因此，這方面的訓練及培養，可能得仰賴未來的大專院校或是專門培訓的單位才行。

第三節　娛樂經營管理組織

博奕娛樂事業的收入可分爲賭金收入及非賭金收入，由於現今的博奕娛樂事業發展概念已不僅於賭博而已，因此非賭金的收入也就日趨重要。以拉斯維加斯爲例，近二十年以來，賭金的收入已經漸趨下降，飯店房間的收入占了總收入的20%，其他的非賭金的收入則占了總收入的11%[14]。因此，現在的博奕娛樂事業經營，有別於一般賭場、飯店；除了提供各式各樣的賭具、豪華舒適的住宿及精緻美食的餐飲服務外，博奕娛樂事業的服務還包括專人管家服務、會議展覽、宴會服務等。不僅如此，現在的博奕娛樂事業的發展，已成爲一個多元化的娛樂活動中心；在這裏有主題公園、冒險之旅、博物館及藝術文化中心等，還有全球知名藝人的現場娛樂秀，以及最新科技的舞台燈光效果，極盡聲色之娛。除此之外，廣受貴婦喜愛的SPA中心、精品百貨，在這裏可說是應有盡有。本小節在其他收入管理方面，將以商店經營及秀場經營作爲代表。茲整理如下：

一、商店經營

由於博奕娛樂事業的收入越來越仰仗非賭博性利益，所以有很多博奕娛樂公司都努力在各方面下功夫，希望藉此來滿足顧客的需求，以增加整個產業的收入。其中，設置商店就是一個增加產業收入的不錯考量，除了可以滿足客人購物、逛街的需求，還可以讓飯店的服務更加齊全，同時，亦可大幅增加博奕娛樂事業收入。尤其在一個具有國際性的娛樂中心，設置商店賣場，更能吸引附近住家及遊客。

也因爲博奕娛樂場具有國際性，其商場所陳列出的商品及設計，皆代表整個博奕娛樂事業的形象。尤其現代商店經營講求差異化，產品要有特別感或新鮮性，以利創造行銷優勢；並且在服務方面，要達到顧客滿意，有賓至如歸的感覺。因此，在商店經營方面需要仰賴更多經營專才，包含店鋪設計、貨品選擇、商品陳列、貨色採購以及銷售控制等[15]。在管理制度上，要建立制

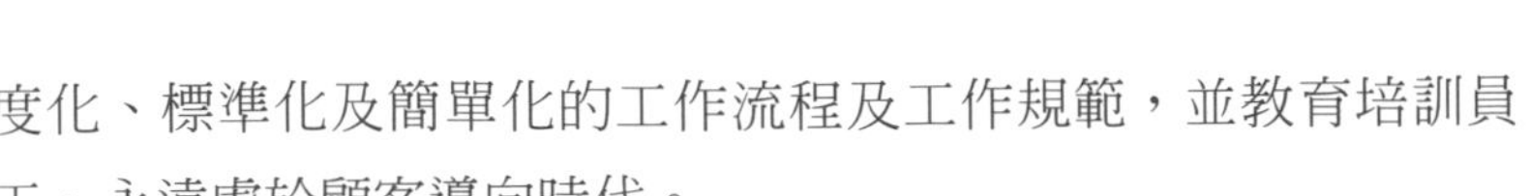

度化、標準化及簡單化的工作流程及工作規範，並教育培訓員工，永遠處於顧客導向時代。

因爲，顧客滿意是目前流行的管理策略，經營商店必須衡量顧客滿意點，如結帳時間長、店內管理差、商品陳列亂、商品未標價、服務態度差、拒答顧客問題、店內無音樂、冷氣調太強、尖峰時補貨、結帳時社交。這些都應每日檢核各項缺失，並及時改善[16]。同時，爲使顧客感受到親切，店員必須從推銷原點做起，除了儀容整潔、制服整齊、應對有禮外，工作時更要輕言細語來面對顧客，並以欣賞角度去讚美顧客的眼光，使其感受到被尊敬，且隨時要以親切誠懇的服務態度，迎接每一位客人。

此外，爲獲得顧客好感，言行舉止都有加分的效用，如眼視對方、微笑點頭、應聲道謝、跟顧客請安問好、讚美顧客，都是建立良好人際關係的準則。同樣地，亦可透過顧客管理系統，瞭解商圈消費族群。對於經常消費的顧客，應記住其姓名，並登錄相關資料，建立顧客卡。甚至可將顧客分級管理，以做爲未來促銷活動的依據。如此一來，才能有效掌握主力顧客需求，才不至於浪費不必要的人力、物力及金錢。

二、秀場經營

博奕娛樂事業的娛樂節目安排，關係到博奕娛樂事業的發展，因爲節目安排是否夠精彩、夠吸引人，會影響到遊客是否前來遊玩的意願。也就是說，有很多遊客不光是爲了賭博而到博奕娛樂場來玩，而是爲了一睹巨星的風采，才到這裏來度假娛樂的。加上這些娛樂節目的安排，不僅可滿足住在賭場飯店的旅客及賭客，還能吸引到在附近遊玩的遊客，甚至還可變相地幫博奕娛樂事業做宣傳（有些國家嚴禁或是有條件地限制賭場廣告）。

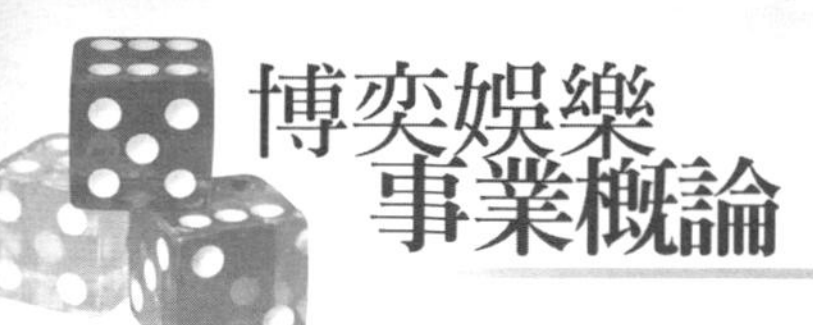

因此，這也是為何博奕娛樂公司願意不惜重金邀請巨星藝人登台作秀的原因。尤其現在市場競爭激烈，藉由這些娛樂表演的方式，的確可為博奕娛樂公司吸引不少遊客前來遊玩。

也因為如此的競爭，各家的博奕娛樂公司無不挖空心思，努力做好節目的規劃與安排。以美國拉斯維加斯的MGM Grand為例，光娛樂表演廳的場地就有三個，包括擁有一萬五千個座位的超級舞台，可以作為職業拳擊比賽場地或是舉辦搖滾巨星的演唱會，另有一千七百個座位的小型高科技燈光音響特效表演秀場，及一個七百個座位的表演場地[17]。因此，要如何讓這些表演廳座位客滿，遊客願意掏錢購票欣賞節目表演，就有賴整個博奕娛樂公司的娛樂經營功力。因為整個娛樂經營需要有更多的專業人士來負責營運管理，才能設計出一連串的精彩表演，以滿足遊客及賭客的需求。其營運人才包括[18]：

1.藝人聯絡協調員：負責安排演出者的所有交通、食宿及簽證事宜，包括行李、設備的運輸及申請，還有記者會及排演場所等細節。
2.服裝部主管：負責服裝安排及所有衣櫥規劃及要求，以確保演出者可順利換裝等事宜。
3.營運主任：負責協助規劃節目安排，以確保節目的專業性及合適性。
4.舞台總技師：負責監督舞台的設備安裝，以確保表演者及工作人員的安全，並檢視員工工作品質。

因此，對於有志從事娛樂經紀工作的人，也可以在博奕娛樂事業找到棲身之所，如何讓表演廳滿座，將是這份工作的最大挑戰。

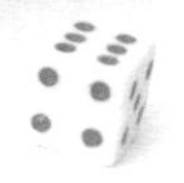

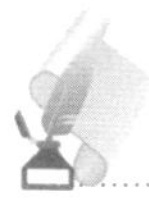

註釋

❶郭春敏（2003），《旅館前檯作業管理》，台北：揚智文化。

❷郭春敏（2003），《房務作業管理》，台北：揚智文化。

❸周明智（2003），《餐館與旅館投資經營》，台北：華泰文化事業股份有限公司。

❹鄭建瑋（2004）譯，《餐旅管理概論》，台北：桂魯有限公司。

❺同註❹。

❻同註❹。

❼〈賭場風雲——賭趣學院〉（2007），資料來源：http://tvcity.tvb.com/drama/dicey_business/info/index.html。

❽同註❼。

❾〈鉅亨網——博弈產業 遊戲動畫好手〉（2007），資料來源：http://money.cnyes.com/mag/dsprsh_tw.asp?file=\Research\20070706\M76_07062.HTM&magtitle=博弈產業%20遊戲動畫好手&CNDate=20070706%20%20&prov=M76【2007, JUL 06】。

❿〈澳門凸區論壇——設施管理認證課程報名〉（2007），資料來源：http://www.MacauBBS.com【2007, AUG 07】。

⓫〈賭場浮世繪：一個發牌員的見證〉（2007），資料來源：http://magazine.sina.com/winmoney/369/2007-09-19/ba39971.shtml【2007, SEP 19】。

⓬趙婧如（2004），〈博彩人力資源管理與博彩業可持續發展〉，博彩產業與公益事業國際學術研討會。

⓭銀河娛樂集團——職位空缺（2007），資料來源：http://dimension.jobsdb.com/career/Default.asp?PID=1&AC=GALX&EC=001&GC=&LID=2&GID=&ALZA55285280942917。

⓮同註❹。

⓯同註❹。

⓰王義信（2000），〈經營商店賺錢新觀念〉，《文化交流道》，第63期。

⓱同註❹。

⓲澳門威尼斯人度假酒店——職位空缺（2007），資料來源：http://hr.venetian.com.mo/hronline/JobBoard/ListJobs.aspx?Location=Venetian&TS=1。

第六章

博奕娛樂事業與中國文化的關係

- ♣ 中國博奕史及行爲的演變
- ♣ 中國賭客和現今博奕市場
- ♣ 中國賭場禁忌與迷信

賭博在中國是個源遠流長的活動，好賭、愛賭已成中華民族的特性[1]，然而，在悠久的賭博歷史背景下，中國人由對博奕的觀念以至當權者對民間賭博行爲的管理方法，都有一定的承傳和演變關係；現在的西方財團要在這個以中國賭客爲主的市場分一杯羹，就不得不先瞭解中國人的博奕觀念和行爲，再制定切合當地的管理模式。本章擬以中國的博奕歷史發展來探討中國賭客的賭博行爲模式，以窺探適合中國人的博奕經營。

第一節　中國博奕史及行爲的演變

中華民族有著源遠流長的歷史，我們的民族史可追溯至五千年前，然而說及賭博史，其歷史背景也不惶多讓。根據史書的記載，中國人在三千五百年前就開始有賭博的事蹟，就算是經過改朝換代，賭博的習性也從未間斷過。所以有人形容「賭博」是人類社會病態的畸形文化[2]，也是中華民族的陋習之一。由於數千年的延續，賭博的習性已儼然成爲民族的劣根[3]。這種劣根性伴隨著我們的民族成長，更潛移默化我們思想數千年，並融入所有中國人與生俱來的民族特性，使其成爲我們固有文化之一。如果說經世致用是儒家思想的重點思想，講求實際效益和物質回報俱是儒家思想，那麼也就不難理解事事由現實著眼的中國人，爲什麼有愛賭、好賭的習慣了。

話說中國的賭博史，大抵可追溯到三千五百年前，相傳在夏朝末期，夏桀的臣子烏巢發明了賭博，戲稱爲六博。「六博」中有「梟」棋與「散」棋的區別，在下博時，「梟」可以殺「散」，而「散」不能直接殺「梟」，這說明了「梟」的地位高貴，有如當時的君王、貴族之意，而「散」就較爲低賤，有如

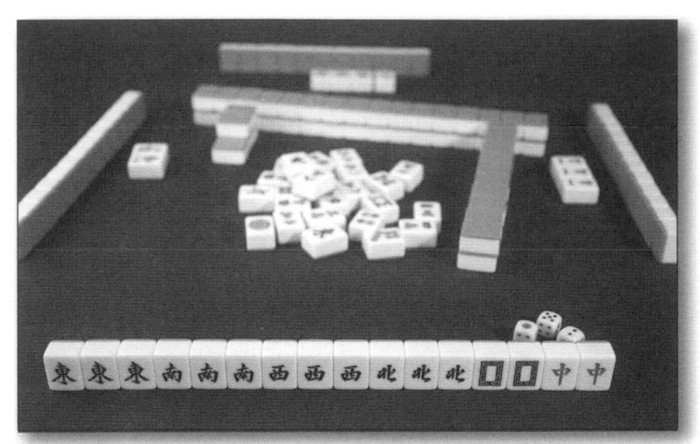

麻將是在唐宋時期即十分風行的賭博遊戲，當時稱為馬吊。

一般平民百姓，這也道出了當時封建制度的思想意識[4]。到了春秋戰國時期，賭博的行爲在當時的社會已較爲普遍。據《古今圖書集成・博戲部雜錄》記載，當時將賭博行爲通稱爲「博」、博戲、博揜或博弈。而圍棋在目前雖被視爲中國國技，但在當時卻只是娛樂博校的主要項目[5]。這是由於與夏朝時隔數百年，六博早已失傳，而圍棋則順理成章成爲較爲普遍的一種博奕遊戲。

後來到了秦漢時期，賭博的種類逐漸增多了，而且性質也有所不同。如果說，先秦博戲除了賭錢外還蘊涵有某種娛樂成份的話，那麼時至漢代，博戲則已蛻變成「戲而取人財」的賭博活動了。而到了唐宋時期，隨著經濟的發展，賭風更盛，賭博現象幾乎滲入社會各個階層。在明朝中晚期，賭博的活動更是興盛，這一時期的賭博形式方面主要有馬吊、葉子戲等賭博遊戲。到了晚清時期，賭博之風更爲之猖獗，加上當時社會上重利、奢侈消費的世風下，許多腰纏萬貫的商賈已成爲賭場上的常客[6]。然而，自清末鴉片戰敗後，列強也開始不斷地在中國開劃租界，讓外國人可以在當地居住，相對地，一些西洋賭術諸如跑馬、輪盤

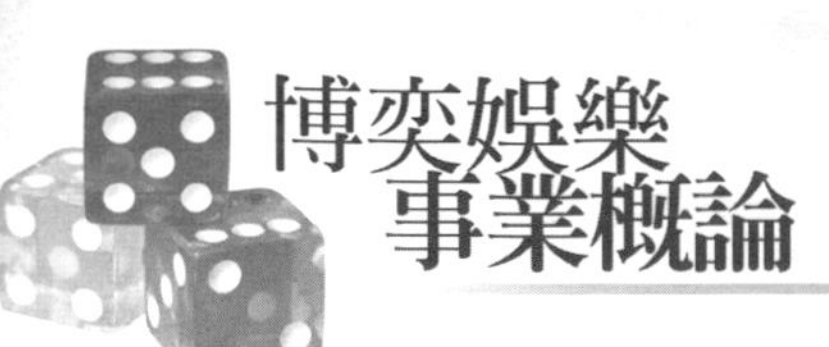

和撲克牌等，也在這一個時期開始引入中國，使得中國的賭博文化開始加入西洋文化的因素。

中國的博奕史已存在三千多年，可謂源遠流長，在這麼悠長的歷史中，我們不否認賭博在中國社會的出現，從一開始，博弈只是人類社會活動中競技、校量的一種，是正常的社會行爲，所以古書才將之稱爲博、戲，因爲嬉戲娛樂是人的天性，人皆有之，並無不妥。這和縱觀古今的中國的思想家、哲學家，他們對博奕的行爲及看法也有密切的關係。以影響中國人行爲思想五千年的儒家爲例，當時萬世師表——孔子對賭博也有過一番使人詫異的評論；孔子對先秦時期大行其道的博弈項目圍棋有以下的說法：「飽食終日，無所用心，難矣哉！不有博弈者乎？爲之猶賢乎已[7]。」可見得這位中國的聖人也對博奕抱著肯用腦總比終日無所事事、遊手好閒來得好，雖然「戲」的行爲意義大於「博」的結果，但相較之下，其賭博行爲還是勝過不思進取，因此，也無可奈何地採取不太反感的態度。而亞聖——孟子對博奕的闡述就更有意思了；有一次，學生公都子問孟子，人們都指匡章不孝，然而孟子爲什麼對他這樣好。孟子回答：世俗認爲不孝的行爲有五種，匡章一種也沒有，怎算得不孝呢？孟子接著引述「博弈好飲酒，不顧父母之養」謂之不孝，而匡章只是「博弈」，並非罪過，得加上好飲酒和不供養父母，才是不孝。

只是到了後來「博弈」的嬉戲娛樂的成份變少了，取而代之的博反而增多；本來弈是下棋，博是以擲采以定行棋。清人焦循《孟子正義》說：後人不行棋而專擲采，遂稱擲采爲博，博與弈益遠矣。於是博便由棋局演化爲專指擲采以定輸贏的賭局了。然而一旦涉及輸贏，或有玩物喪志、損害德行之嫌時，博奕活動就顯得越來越不健康，甚至禍及到個人、家庭以至社會。爲此，儒生們也曾堅決地反對博奕活動，如韓非子就說過：「儒者博

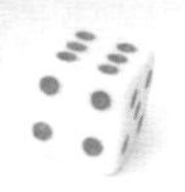

乎？曰：不也。何故？因為博貴梟，勝者必殺，是殺所貴也，儒者以為害義，故不博也[8]。」除了「害義」，賭博的行為已觸犯了儒家「仁」的思想；因為「仁」是儒家對人格的最基本要求原則。他們認為博奕除了有玩樂的壞處外，還是用計謀、策劃的行為，會影響個人價值觀。此外，韋弘嗣：「（博奕者）考之於道藝，則非孔氏之門也。以變詐為務，則非忠信之事也。以劫殺為名，則非仁者者之意也[9]。」同樣地，孔子家鄉魯國的君王魯哀公也曾問這位大聖人立身之道，問做一個君子是否「不博」，孔子斬釘截鐵地回答「是」，為何？為其有二乘（輸贏），魯哀公又問道：有二乘則為何不博也？孔子簡單而直接概括：「為行惡道也」[10]。

綜合上述所言，可見正統思想對博弈行為的讚許與否，與這種行為的性質有莫大關係。戲只是一種消遣方法，如果可以在戲中有所得益，例如圍棋可以訓練頭腦，還在正統價值觀許可的範圍以內，也就有繼續被認可的空間；然而戲從遊樂而轉為博，甚至賭，就危害整個社群的正確生活姿態，遭到禁制和排斥，似乎是理所當然的了。

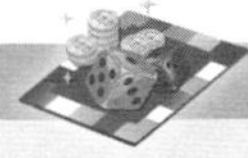

專欄六

澳洲賭場

說起澳洲的Casino，就不得不提到澳洲人對賭博的熱衷，他們平均每年要花一百億澳元在賭博上[1]。也因為如此，自從一九七三年侯巴特首家Casino開張，到一九九七年最氣派的雪梨Casino落成後，直到目前為止的短短三十餘年間，整個澳洲已有十四家Casino，且至少有五

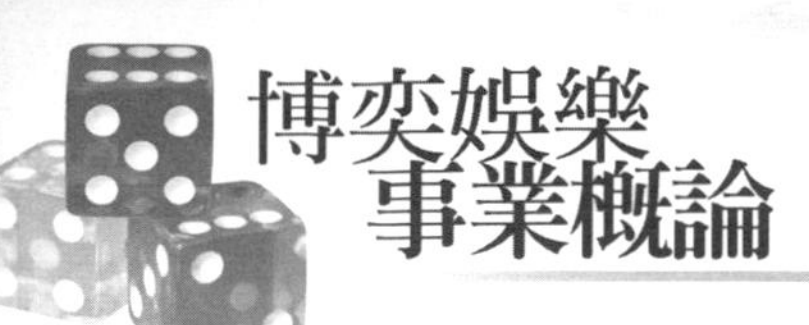

家Casino在澳洲證券交易所上市[2]。其中又以墨爾本的皇冠賭場（Crown Casino）和雪梨的新港城賭場（Sydney Harbor Casino）最具代表性。

墨爾本的皇冠賭場（Crown Casino）位在亞拉河南岸旁，是全澳洲規模最大的Casino，也是個名副其實的娛樂世界。這裏除了擁有三百五十張賭台和兩千五百部老虎機之外，還有五百間超五星級的客房、四十多家餐廳、十九間酒吧、三個夜總會、十四個電影院場及一條僅出售名牌的購物街[3]。此外，Casino為了迎合亞裔豪客講究「好彩頭」的習慣，酒店貴賓廳裏的房號，甚至接送貴賓的高級轎車，都有數字「8」的號碼[4]。

另外，位於雪梨市中心皮爾蒙特海灣之上的新港城賭場（Sydney Harbor Casino），是澳洲最氣派的Casino。這座耗資八億多澳元的新港城賭場，目前位於五星級飯店Star City中，除了擁有將近一千五百台的吃角子老虎機與兩百張賭桌外[5]，Casino更設有專門為VIP服務的私人賭間（Endeavour Room）。此外，Star City飯店本身也是一個大型綜合旅遊點，加上靠近達令港的優勢，飯店住房率始終居高不下，尤其周末時更是一房難求。不僅如此，Star City飯店還擁有雪梨最大的劇場舞臺（Lyrie Theater），以及另一個Showroom Theater。另外，飯店內有著許多不同國家口味的餐廳，以滿足前來遊玩的旅客與賭客，若是預算有限者，只要花十八元澳幣就可在Garden Buffet享用吃到飽自助餐[6]。

然而，雖說澳洲人好賭，但澳洲人認為，賭博如喝酒一樣，絕不是壞事，只在喝多喝少而已，而且覺得「賭」

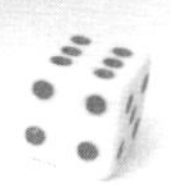

是一種娛樂，是在輕鬆愉快的氣氛下，用錢買一份享受、買一份驚喜。但是小賭可怡情，大賭則亂性；如果「賭」不受理性的控制，後果將不言而喻。因此，澳洲政府為了防止病態賭徒增加，所以提倡負責任的博奕事業，要求一些Casino二十四小時都派駐心理醫生，隨時接受賭徒求援，並設立一份「黑名單」，供賭徒自願列入其中。只要加入到這個黑名單，從此將不能涉足Casino，以達到戒賭目的⑦。

①〈14家賭場5家上市，澳洲豪客天天來〉，資料來源：http://www.chinapress.com.my/topic/series/default.asp?sec=gamble&art=0428gamble.txt。
②〈世界十大賭場之澳洲：賭場覆蓋率最廣的大陸〉（2005），資料來源：http://big5.china.com/gate/big5/sports.china.com/zh_cn/lottery/cpzs/11027200/20050705/12456785.html【2005, JUL 05】。
③〈皇冠賭場〉（2005），資料來源：http://blog.yam.com/melbourne/article/5519187【2005, DEC 17】。
④同註①。
⑤同註①。
⑥同註②。
⑦同註①。

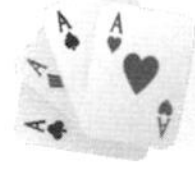

第二節　中國賭客和現今博奕市場

「賭博」會危害人類的思想，破壞社會秩序；所以，在封建時代的初期，儒家就瞭解到賭博的嚴重性，提出了「君子不博」的思想，且從戰國時期到清末民初，歷代的統治者爲了維護國家安定，對以營利爲目的的聚衆賭博行爲，都採取一些嚴厲的禁賭措施，予以制止打擊。然而到了二十一世紀的今天，賭博行爲仍然是禁之不絕，各處可見。到底「賭博」有何魅力，讓歷朝以來，上至王公貴族、文人墨客，下至販夫走卒、平民百姓，無不爲之風靡。因此，本節將藉由這些賭客的角色，來看現今的博奕市場。

一、王公貴族

歷代王公貴族中，不少人喜歡賭博；有人因爲擅長賭博而得高官，也有不少貴族因賭博而喪命的。例如，北魏末年，爾朱世隆與吏部尚書元雋在前方軍事形勢緊張之際，仍不忘在吃喝玩樂中，進行「握塑」賭博。此外，北齊之末，陳朝吳明徹北伐，攻下壽陽，盡取淮南之地時，齊的佞變之臣、掌權人物「穆提婆、韓長鸞聞壽陽陷，仍『握塑』不輟，曰：本是彼物，從其取去[11]。」這些人，可說是爲了賭博，連國家的命運都可不顧了。

但是在官吏參賭者之中，有些是別有用心的，如劉宋顏師伯與武帝劉駿進行「樗蒲」賭博，其是醉翁之意不在酒，透過賭博中故意輸錢的手段，取得皇帝的信任，以求官祿[12]。當然也有些官僚是利用賭博進行敲詐。宣宗時，簡州刺史安重霸有次故意召一個富裕的賣油客人前來下圍棋賭博，每天下棋不超過十數子，使油客不堪奔命，只得向重霸獻上重金，方才放免。另外也有些官僚士子把賭博當作占卜工具。以前有個叫房千里的，從水上北行，舟船停在洞庭湖的北面，由於風急浪高，繫船暫住三日。這時他看到幾個稱進士的人用擲骰子的方法，預測仕途之順逆。擲骰當然不能算出命運，也不能用來判斷是非，但當時竟有個糊塗官，昏庸無能，卻用這種方法來「決獄」，越州刺史董

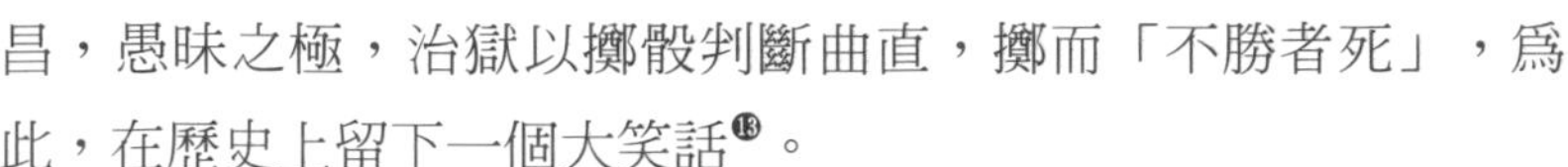

昌，愚昧之極，治獄以擲骰判斷曲直，擲而「不勝者死」，為此，在歷史上留下一個大笑話[13]。

然而，這些王公貴族的賭博，其特點是賭注大，花上千金萬金也不在乎。由於勢力大、地位高，往往成為賭徒的靠山、地方上賭博的後臺老闆。他們「依恃」的就是地方政府。在廣東一帶，「博徒以賂遺紳士者，亦間索陋規於博徒，不應，則告官懲之，故博徒懼之如虎」[14]。官僚士紳成為賭博的保護傘，趁機敲詐發財。

二、文人墨客

賭博是具有強烈的刺激性，與一些文人富於想像、豪放不羈的性格很契合，因此有些文人喜歡賭博，也就很自然了。傳說，唐朝文人賭風甚烈。人詩人李白在〈少年行〉詩中，也說自己「呼盧百萬終不惜」。杜甫在〈今夕行〉一詩，也直言不諱說：「相與博塞為歡娛，憑陵大叫呼五白。」而古文運動的創始人韓愈喜好「為博塞之戲，與人競財」。此外，著有〈觀博〉一文的劉禹錫在〈論書〉一文中提到，一個文人的書法寫不好，人們頂多一笑置之，若被譏為博弈不在行，就會「赧然而愧，或艴然而色」。這說明文人的賭博遊戲，是當時一種社會風尚。

當然，不是只有唐朝文人喜歡賭博，宋朝的一些文人學士也迷戀賭博遊戲，宋朝著名女詞人李清照就寫了〈打馬圖經並序〉，此文對「打馬」作了精深的研究，並具體介紹了「打馬」（骰棋戲的一種）的方法與步驟，才使我們後人懂得「打馬」是這麼一回事，也因這樣有了古今第一女賭徒的稱號[15]。相同地，與唐宋文人一樣，明清文人縱博者也不在少數，在〈列朝詩集傳〉一文中提到，長州的皇甫沖是一個全面發展的文人，為青年所推崇，其突出的技藝中就有「博弈」一項。而在清朝也有一個小知識分子蔣寅生，自稱「非好賭之徒」，但在同治元年因避戰亂，來到母親避難的地方橫涇後，卻賭了起來。起初只是到廟裏賭場中看看，偶然參加一兩次壓寶賭博，最後不僅自己每天必去，而且還替母親、姨媽押寶，變成了一賭博迷[16]。

然而這些文人賭博的特點是，由於讀書太多，不諳世事，更不熟悉賭博中的騙局，所以輸者常有而贏者並不多。其次，文人具有豐富的知識和較高的文化修養，他們喜歡創製賭具，彙集博奕中的經驗，而編寫了大量的著作。再次，由於氣質的接近和思維的定勢，特別喜歡知識性、技藝類的賭博，如麻將、燈謎、詩寶、棋類等[17]。

三、流氓惡丐

自古至今，中國的賭博與流氓有不解之緣。在西漢時期，有個名叫桓發的人，就是利用賭博惡業而暴發，成爲全國著名的富人，可以說是流氓賭徒的典型。在唐朝也有所謂賭博豪客，他們賭時不惜錢財，爲逞一時之快，不惜血本，縱情濫賭。到了宋朝時期，流氓活動非常猖獗，他們到處作惡，小則賭博，大則屠牛馬，輸錢無以償還，則劫盜縱火，行奸殺人。明朝時，賭風蔓延各地，汙染整個杜會；在《李笠翁小說十五種》也提到這類事：有個流氓王小山「自小在賭場走動走動，替頭家分分籌，記記帳」，到後來人頭熟了，本事強了，久而久之，名聲越來越大，「竟做了個賭場經紀」。他見了富家子弟，千方百計引誘他賭博，一旦那些富家子弟下了賭場，「又要串通慣家弄他一個，不輸個乾淨，不放出門」。他開了二十年賭坊，被他坑害的人家不計其數[18]。

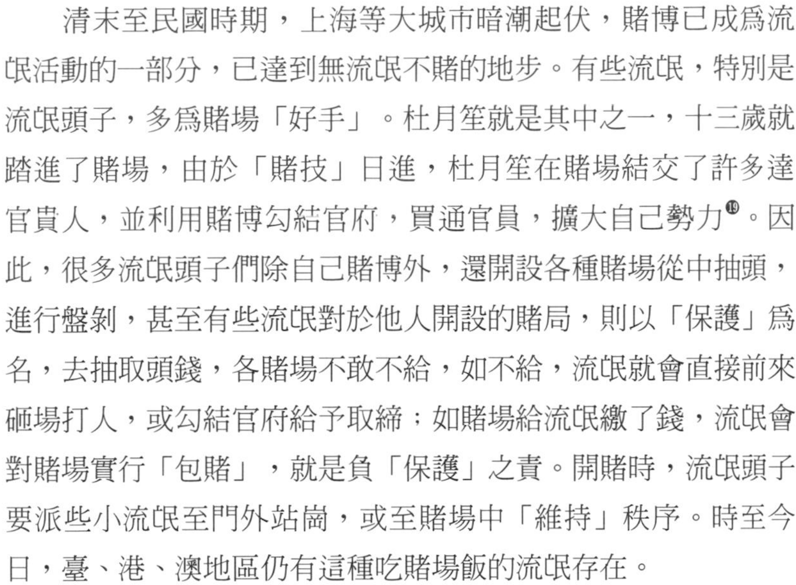

清末至民國時期，上海等大城市暗潮起伏，賭博已成爲流氓活動的一部分，已達到無流氓不賭的地步。有些流氓，特別是流氓頭子，多爲賭場「好手」。杜月笙就是其中之一，十三歲就踏進了賭場，由於「賭技」日進，杜月笙在賭場結交了許多達官貴人，並利用賭博勾結官府，買通官員，擴大自己勢力[19]。因此，很多流氓頭子們除自己賭博外，還開設各種賭場從中抽頭，進行盤剝，甚至有些流氓對於他人開設的賭局，則以「保護」爲名，去抽取頭錢，各賭場不敢不給，如不給，流氓就會直接前來砸場打人，或勾結官府給予取締；如賭場給流氓繳了錢，流氓會對賭場實行「包賭」，就是負「保護」之責。開賭時，流氓頭子要派些小流氓至門外站崗，或至賭場中「維持」秩序。時至今日，臺、港、澳地區仍有這種吃賭場飯的流氓存在。

除此之外，流氓賭博，危害極大。他們開設賭場，多施用賭博騙術，客人一旦進入賭場，輸個精光是常有的事。如要借貸，賭場的高利貸又高得驚人，利上滾利，往往讓賭客們無法還清。而流氓們又與官匪勾結，有恃無恐，不怕你不還，因爲一旦你被找到，一定先來個拳腳伺候，再來對你敲骨吸髓，直到榨乾爲止。也難怪社會上有那麼多被賭債逼上絕路的人。加上有些新生流氓，看到某一賭局獲利豐厚而眼紅，或自己輸急了眼，便會以武力或與其他流氓聯合，逼使其他賭徒吐出到手的金錢，或是直接夥同一些亡命之徒，進入賭場，以暴力掠奪賭客及賭場的賭資，嚴重地擾亂了社會秩序。

四、平民百姓

平民百姓中既有富人也有貧民，其中不乏嗜賭之人。相傳在戰國時代的魏國大梁有個富人「有虞氏」，很喜歡賭，他在大路旁的高樓上設樂陳酒，放置枰局，叫過路人上樓擊博。如有人博得勝彩，他便會笑逐顏開。這個人可以說是好賭成性，以「觀博」作爲一大樂事了。此外，在唐朝喜歡賭博的人也不少，有人甚至在溺海掙扎時，還緊抓賭具不放，可見此人對賭博迷戀之深了[20]。同樣地，在北宋時期，不少農民連「青苗錢」都輸光了。而這個「青苗錢」，原本是宋朝王安石對政治進行改革，在每年青黃不接、莊稼未成熟時，怕農民被高利貸所盤剝，預先貸給農民一部分錢，待秋天莊稼成熟，收穫後歸還。但有些官吏便利用發放青苗錢的時候，利用「賭博」、「喝酒」的辦法，誘取農民所借的錢。到了清末民初時，像「花會」一類的賭博，簡直是「家喻戶曉，舉國若狂」，幾乎是人人都參加賭博。甚至連一些勞動婦女也大上其當，把辛苦勞動賺來的錢投入這種騙人的賭博中[21]。

雖然一般人民參加賭博經常上當受騙，陷入泥淖而不能自拔，甚至被搞得傾家蕩產，亦時有所聞。但是仍然有一些有錢的人，特別是一些商人，參加賭博卻是另外一回事。有些商人賭博是爲了勾結官府，促使官府加強對商業的「保護」；也有的是爲了與國家做「買賣」，從中撈好處。另外也有一些工商業者，他們與流氓頭子鬼混賭博，甚至自己也入了幫，目的是爲了營業上的「安全」，防止流氓前來鬧事。還有的商人是用「賭博」作爲做生意的交際手段，以便做好生意，發財致富。直到今天，使用這些手段的商人，還是大有人在。

五、貴婦娼妓

賭博是否是男人們的特權呢？其實應該不盡然吧！至少在民國以前有兩種婦女除外，一是貴婦，一是娼妓。民國以後，男女平等之門大大開放，禁區逐步打開，不管何種婦女，都有了參賭的可能性。古時候，除了女皇、太后等經常賭博外，在貴族婦女中，一些貴妃、貴夫人、公主也有參加賭博的遊戲。如西漢的皇家公主似乎很愛賭博遊戲，武帝時公主細君遠嫁烏孫王，陪嫁不少，但一時疏忽，缺了一副賭具。後來宣帝上臺，還特地送一副賭具給公主，以投公主所好。同樣地，在明清時代，很多貴婦人沉迷賭博遊戲，幾乎達到天天博奕的程度。甚至在光緒末年，上海的婦女設立了所謂「女總會」的賭場，這些貴婦們的賭博，往往動輒千金，且常常一賭就賭到天明，可見當時是多麼瘋狂。到了民國以後，婦女不必整天躲在家中，一些貴婦們公開到賭場賭博，已不足爲奇[22]。

然而，這些貴族婦女參加賭博，主要是爲了消磨孤愁無聊的光陰，塡補心靈的空虛，並不完全爲輸贏；且賭博方式也多以室內的棋牌類賭博遊戲爲主。當然也有些婦女學習打麻將等賭博，其主要的目的是替丈夫做些公關交際的工作。除此之外，一些貴族官僚的夫人、小姐也經常在家打牌，特別是逢年過節時，打牌已成了「規定」的節目。這也正符合咱們中國人過年必賭的精神。

至於娼妓參加賭博的事例，更是不勝枚舉。在晚清至民初，妓院往往兼作賭場。如有一種妓院叫「碰和臺子」，是不掛牌的「住家」妓女的宅院，也叫「半開門」、「私窩子」，名義上供人打牌，實際上可以叫局、吃酒、住夜。嫖客可借用這種妓院打牌、設宴，這叫「做花頭」。「做花頭」時，嫖客一定會先到妓院，招待來賓；待來賓到齊後，開局打牌。照民國初年通例，妓院可對每桌麻將抽頭[23]。此外，就妓女本身而言，都要學會賭博，懂一些賭博技巧。有些賭博遊戲項目，如「打彈子」等，幾乎成了每個妓女的必修項目[24]。

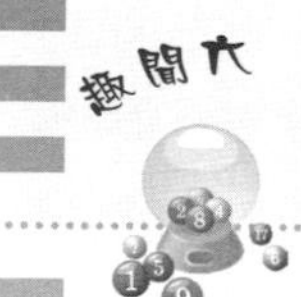

四四麻將操，健康大贏家

現在有很多人，運動怕流汗，出門怕塞車，因此在家裏的桌上運動就成為他們的最佳消遣選擇。的確，有時在家裏打打小麻將，對一些人而言，是一個可鍛鍊腦力又可賺外快的不錯選擇。只是玩歸玩，但千萬別玩太久，否則長久坐下來，可能會賠上了健康、還換來了腰酸背痛。

因此，就有人發明了一個四四麻將操，希望每位打麻將的朋友除了贏錢外，還可以贏得健康。首先打麻將要「四四如意」：

1.舒服自然的姿勢：即肘有撐、背有靠、腳有踏。
2.供應充足的茶水：淡茶即可，最好開水，不但可解口乾舌燥，並且逼你勤上廁所，走動走動。
3.祥和清新的情境：即好牌品的對手和好的空調，以免嘔氣和悶氣。
4.不可過久的時間：打前先講明，最長四小時即要暫停，全體算清帳，讓激情冷卻一下，筋骨伸展一下，吃吃東西、聊聊天，要戰再來。

再來就是四四麻將操，其既簡短又簡單，是賽前的儀式、賽中的伸展，也可以是自摸後的舞蹈，四人一起來更添同心的歡樂。其口訣如下：

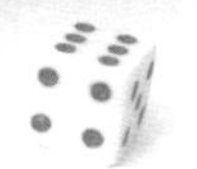

一拜上天賜好牌，不要只聽摸不到。

做法：雙掌合十，雙肘伸直，雙肩高舉過頭，頭向後仰，向天前後拜四下，左右扭身拜四下。

二來拜託給我碰，不要暗槓呼攏我。

做法：雙掌胸前合十，手腕翹起九十度，前後旋轉拜四下，左右推掌到兩邊。

三家烤肉一家香，啊無你是未安怎。

做法：十指張開，掌心向下，雙手向前劃大圓，做勢通吃；雙手背向後腰，抬頭挺胸，雙肩向後動四次。

四健同樂自家人，先禮後兵明算帳。

做法：雙手平伸兩側與肩同高，掌心向後向上舉；雙肘彎向前，手背相向，指尖指向胸骨，縮胸彎腰，再三鞠躬。

打麻將最常見肩頸腰背部痠痛，若能熟練四四操，配合口訣的節奏施法，不但可贏得友誼歡樂，贏得幸運健康，還可能贏得四健會會長的榮銜呢！（本篇文章作者簡文仁為國泰醫院復健科組長）

資料來源：http://www.mj-king.com/modules.php?name=Content&pa=showpage&pid=92

自清朝同治、光緒時期以來，多數的妓女們為了多抽取嫖客的賭資，並打發自己的時間，通常都會積極參賭，因此娼妓賭錢比比皆是。這些娼妓除了淫業以外，還辦賭場、辦花會，從中贏利。主要的原因是，娼妓賭博永遠處於保贏不輸的地位。賭客在嬌聲雜遝、香澤微聞的環境下，錢往往會不知不覺地轉移到妓女手中。但這些錢不是妓女所得，大部分要上繳妓院，所以最大的得益者是那些老鴇。這也就是為何老鴇強迫妓女去引誘嫖客「做花頭」的緣由，也是妓院賭博活動十分猖獗的原因[25]。

第三節　中國賭場禁忌與迷信

中國的傳統文化，講究的是「天人合一」，主張人與自然相輔相成，所以風水之說，正符合人們基本之生活要求，如背山而居，能避風又有屏障；臨河而居，取水方便等等。在古代農業社會時，人們相信風水，主要是求生活安定，一年四季有其時序和定規，他們看風水是希望生活安定，並未思及將來庇蔭子孫。然而，現代人們為求大發利市、趨吉避凶等，開始藉由風水來為自己帶來好運。同樣地，在中國的賭場裏，其設置與管理等方面都具有傳統的封建色彩，處處也都存在了風水之說，因此也開始有賭場的迷信與禁忌的流傳。

關於賭博禁忌方面，每個地區的規定、標準不一。例如，在某些地方就規定打牌時，不許旁人肩靠背，因為這樣代表運氣會背。也有地方打麻將時，不能硬敲麻將牌，否則會觸犯牌神生氣。此外，也有的地方，在賭場中不許講「十三點」，因「十三點」在牌九賭博中是由「么五」、「么六」兩張牌組成，而這兩張點數小，很可能會輸；也不許講「十」，因為十點在牌九中最小，如打牌時得到這個「斃十」，就等於是輸定了[26]。甚至，有些賭場規定賭場裏面不能照相，理由是有賭客迷信被照相拍到會倒楣。當然，年紀未達當地賭場規定之法定年齡是不可入場賭博的，這是被嚴格執行的法律。此外，傅老隆將常人易犯的賭博禁忌整理如下[27]：

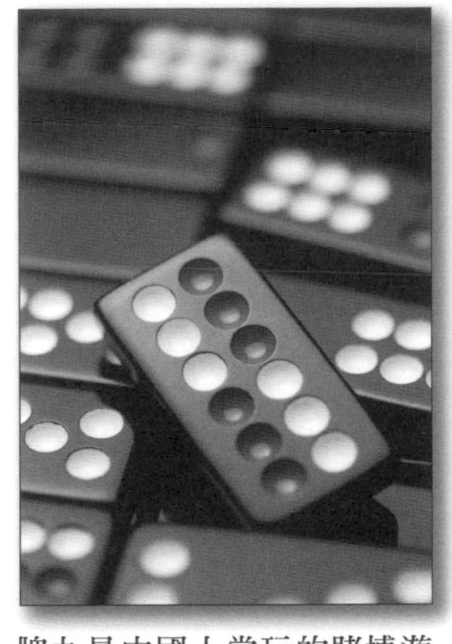

牌九是中國人常玩的賭博遊戲之一。

1.喝醉酒不賭——未能冷靜投注。
2.精神不足不賭——欠缺分析能力。
3.帶病未癒不賭——影響運氣。
4.心情煩躁不賭——容易衝動。
5.失業失戀不賭——情緒難以集中。
6.與人爭執不賭——未能冷靜，影響決定。
7.趕時間及趕注不賭——財不入急門。
8.有親人、情人在旁不賭——影響注碼及下注決定。
9.不熟識的遊戲不賭——不瞭解，實仆街。
10.賭本是借回來的不賭——借錢翻身，例必追殺。
11.贏了，再折返賭場不賭——老雞翻鬥，切忌回頭。
12.同桌有討厭的人不賭——期望對方輸錢，會影響投注決定。
13.輸冤家牌不賭——今天運氣已盡，不宜久留。

其實賭博的行為就好像在跟自己賭運氣一樣。因此，無論賭頭與賭徒都希望有神的幫助而贏錢，這是賭博中存在迷信的根源。所以，就有些賭頭故意製造靠迷信活動而得彩的神話。如上海花會，印有一種叫《致富全書》的書，「有教人打花會的門檻」，並附有「詳夢指示」，教人根據什麼夢，打什麼花彩，這完全是騙人的鬼話。這是賭博中存在迷信的又一根源。這跟早期台灣社會瘋六合彩的行為類似。同樣地，關於賭博的迷信活動亦不少。例如，天津賭場為了乞求神的保護，在密室內特設神堂，兩側貼上「殺、殺、殺」的字條，每到農曆初一、十五，除燒香、放炮、上供外，還要殺一隻大公雞致祭，並在神案前懸一張用紅紙寫的大殺三方的長條。雖然不知他們究竟在祭祀什麼牛鬼蛇神，但至於「大殺三方」，應該就是「莊家統贏三方」之意[28]。另外，也有人說，澳門葡京賭場的設計，暗藏了很多玄機。因為其中一個門造型像獅子口，另一個門像虎口，而且兩個門前就是停車站，賭客由此進入賭場，就好像掉進獅子、老虎的口裏，形同羊入虎口。且在風水上，獅子是萬獸之王，有吸財的作用；老虎是凶猛之獸，有守財看屋的作用。相同地，其建築物像鳥籠，入場的每一個賭客，都好像成為籠中鳥。而且其頂部的四周有很多類似鐮刀狀的利器，刺向四面八方，賭客就好比是籠中鳥，任由賭場宰割，賭客幾乎不可能從這裏撈到什麼錢。所以，就有人建議，改走賭場兩邊旁門，可破解此一風水[29]。

回顧中國近代的賭場，明顯地打著半殖民地半封建社會的印記。一些較具規模的大型賭場，其權利均被洋行老闆、殖民主義者、買辦、軍閥、幫會大亨所控制。同樣地，在內地及邊遠地區，控制賭場的，也是一些霸頭、地痞、地主、財主、本地鄉紳等[30]。賭博項目也是中西合併，包括「跑馬」、「賽狗」、「撲克」、「賭輪盤」等從西方傳入的賭博，當然也有傳統的麻將、牌九、壓寶、番攤等。就賭場管理方面，大多數的賭場仍實行封

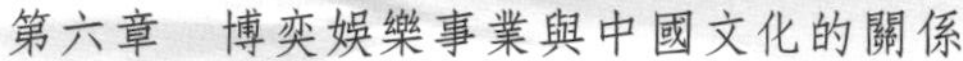

建式管理方式，雇員與場主的關係，多爲戚誼、師徒、主僕，存在相當濃厚的依附關係。至於賭場外治安，也多與當地軍警部門有相互照會。然而，不管大小賭場，這些的禁忌與迷信都仍然存在著。有鑑於此，一些在中國投資新賭場的外國企業們（威尼斯人集團的威尼斯人賭場、金沙賭場及美國永利集團的永利賭場），在賭場規劃設計上，皆或多或少必須考量到中國文化的習俗及人民的生活習慣。因此，筆者建議未來欲興建博奕娛樂事業的業主，在賭場的規劃設計方面，應考量到該國的習俗及文化，方可獲得當地民衆的支持。

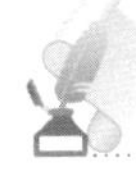

註釋

❶黃雁鴻、余達緯（2006），《由中國賭博觀念的演變看現代博彩管理》，澳門研討會。

❷戈春原（2004），《賭博史》，台北市：華成圖書出版股份有限公司。

❸〈賭博惡習也能拉動經濟？〉，《中國財經報》，2004年12月29日。

❹同註❷。

❺博，局戲；校，較量。《孟子》一書就有過關於圍棋的記載，指「博法，二人相對坐向局」，這種較量是有輸贏獎罰之分，故春秋時的圍棋與賭博相近。節錄自註❶。

❻〈中國歷代嚴刑禁賭揭秘〉（2006），資料來源：http://big5.chinabroadcast.cn/gate/big5/gb.cri.cn/9223/2006/09/28/1266@1238239.htm【2006, SEP 28】。

❼《論語．陽貨》，節錄自註❶。

❽《韓非子．外諸》，節錄自註❶。

❾韋弘嗣，〈博弈論〉，選自《昭明文選．卷五十二》。

❿劉向，《說苑．君道》，節錄自註❶。

⓫同註❷。

⓬《南史》卷三十四〈顏師伯傳〉，節錄自註❷。

⓭《新唐書》卷二二五下〈董昌傳〉，節錄自註❷。

⓮《清稗類鈔．賭博類》，節錄自註❷。

⓯〈古今第一女賭徒李清照〉（2007），資料來源：http://www.winwins.cn/?/Womangambler【2007, SEP 27】。

⓰《蔣寅生日報》，節錄自註❷。

⓱同註❷。

⓲同註❷。

⓳同註❷。

⓴同註❷。

㉑同註❷。

㉒同註❷。

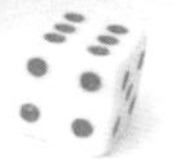

㉓《舊上海的煙賭娼》，第160、161頁，節錄自註❷。

㉔同註❷。

㉕同註❷。

㉖同註❷。

㉗〈賭博〉（2004），資料來源：http://hk.geocities.com/ainojonai94/gamble2【2004, DEC 10】。

㉘《舊上海的黑社會》，第238、239頁，節錄自註❷。

㉙〈破解葡京賭場風水法〉（2000），資料來源：http://www.fonghoiyue.com.hk/FungShui/new_page_102.htm【2000, OCT 23】。

㉚同註❷。

第七章 博奕賭戲的種類

- ♣ 賭場中的賭戲
- ♣ 非賭場中的賭戲
- ♣ 中國傳統賭戲

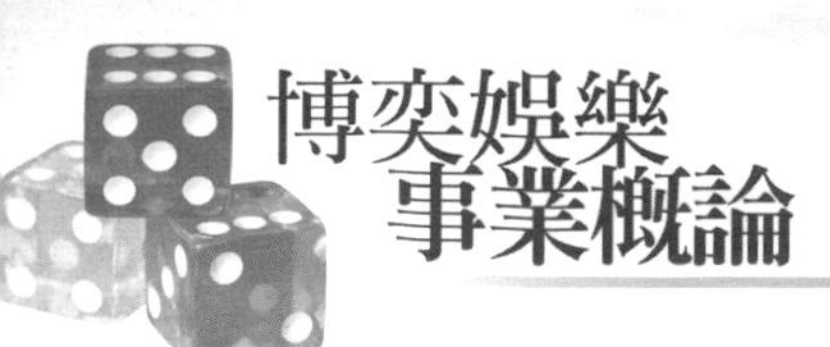

賭博的產生是與人類的心理刺激需要有關。而把遊戲注入了競賽與功利後，便成為一種賭博的遊戲。同樣地，從古至今，賭博遊戲也一直在我們的生活周遭不斷地上演著。從古時候的鬥蟋蟀，到現在的生小孩的性別，任何遊戲、任何事情都可拿來當作賭博的工具。然而，隨著時代的變遷，加上近些年來博奕娛樂事業的興起，賭博遊戲的種類及工具也變得越來越創新，因此，本章將介紹賭場內、外的賭戲種類與中國傳統賭戲。

第一節　賭場中的賭戲

全球一百九十七個國家中，有高達一百三十六個國家設有賭場。而在這麼多的賭場中，賭博的遊戲也會因客源層及國情、文化不同而有所不同，所以每個賭場的賭戲都會略有差異。因此，本節將以現今賭場內較為普遍的賭戲做介紹，這些賭戲包括：二十一點、百家樂、骰寶、輪盤、吃角子老虎機等等。其介紹如下：

一、二十一點

二十一點是一種甚受歡迎的撲克牌遊戲之一，英文名稱叫"Black Jack"，玩法簡單又刺激，以最接近二十一點而不超過二十一點者贏，若與莊家平點算和局。點數計法為：Ace作一點或十一點，J、Q、K皆算做十點，2至10作該牌之點數。只要不超過二十一點，可任意加牌，閒家如「爆牌」（即超過二十一點）時莊家即贏。此外，尚有加注、分牌、五龍及同花順等變通玩法。

首先一開始由莊家（開賭者）負責發牌，其餘賭客爲閒家（參與者）。閒家會向莊家投下一定注碼，莊家會以順時鐘方向向閒家派發一張暗牌（即不掀開的牌），最後向自己派發一張暗牌，接著再以順時鐘方向向閒家派發一張明牌（即掀開的牌），之後又向自己派發一張明牌。當閒家手上各擁一張暗牌和一張明牌，莊家就以順時鐘方向詢問閒家是否再要牌（以明牌方式派發），閒家此時要計算點數大小（明牌點數加上暗牌點數），然後決定是否要牌。當一位閒家決定不再要牌後，莊家才向下一位閒家詢問是否再要牌。若閒家要牌後，其手上的牌總點數超過二十一點，便要揭開手上所擁有的牌，俗稱爆牌，該閒家的注碼便會歸莊家。反之，若其手上擁有的牌的總點數不超過二十一點，該閒家可決定是否繼續要牌。當最後一位閒家決定不再要牌後，莊家就必須揭開自己所有手上的牌，若總點數少於十七點，就必須繼續要牌；如果莊家爆牌的話，便要向沒有爆牌的閒家，賠出該閒家所投出的同等的注碼。反之，莊家若沒有爆牌的話，原來沒有爆牌的閒家便要揭開手上所有的牌，比較點數看誰達到二十一點（或最接近又小於二十一點），點數較大的獲勝。

此外，也有一些特別規例，如閒家首兩張牌點數相同，可以選擇「分牌」，但分牌後必須加注，且下注金額須與原注相同。如閒家首兩張牌點數之和爲十一點，可以選擇加倍投注，但加注後僅獲發一張牌。如閒家手中的一張暗牌和一張明牌分別是一張

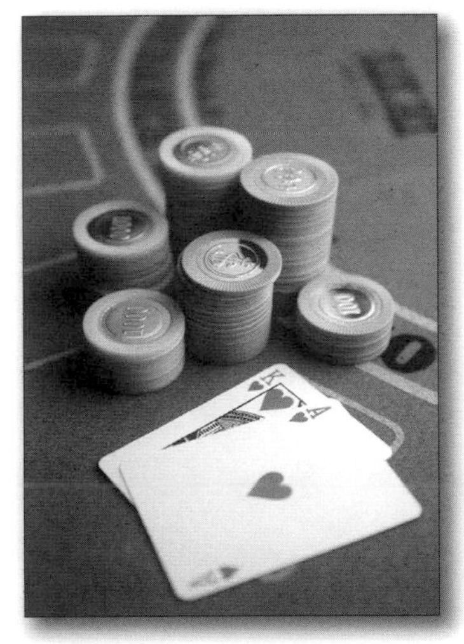

二十一點。

Ace牌（可作十一點）和一張十點牌（K、Q、J、10），這副牌叫做二十一點（Black Jack），該閒家可向莊家報到，莊家須向該閒家賠上一倍注碼。如閒家要牌直至手上有五張牌而又沒有爆牌，這副牌叫做「五龍」，該閒家可向莊家報到，莊家須向該閒家賠上兩倍注碼。另外，也有些賭場會加設這一賠彩規例，即玩家的牌面是同樣花色的「6、7、8」，俗稱「同花順」，便可收取三倍的彩金[1]。

二、百家樂

百家樂是撲克遊戲，源自於中世紀的義大利，其名字取自於義大利語中的「零」，因為在大部分撲克牌遊戲中的人面牌及10點牌，在百家樂遊戲中都算作零。後來到了十五世紀時期，百家樂遊戲流傳到法國，並廣受豪門貴族歡迎[2]。玩法分為莊家和閒家兩方，玩家藉由兩者持牌點數的大小，來決定押注輸贏，越靠近九點者即為贏家，若玩家認為莊閒開出點數一樣，不能分出勝負，亦可押注和局（Tie）。

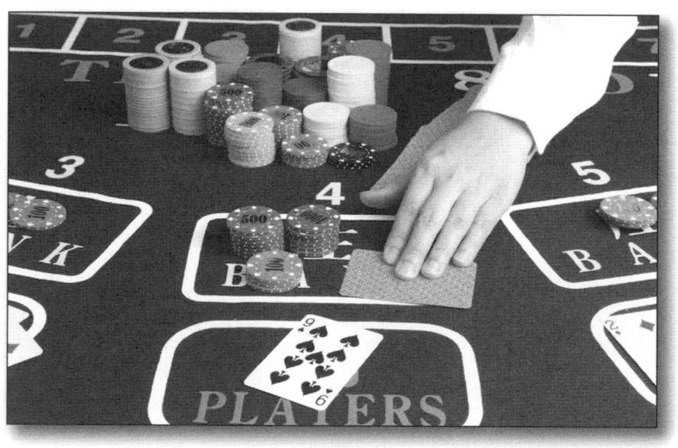

百家樂。

在百家樂中，Ace的撲克牌被算作一點；從2到9的撲克牌依點數不變，均依照其顯示的點數計算；10、J、Q及K的撲克牌則被算作零點（有些賭場以十點計）。其賭戲通常是將八副牌經過洗牌後放在發派箱內，然後由荷官先派牌給閒家，再派牌給莊家，莊家與閒家雙方每局均會收到至少兩張牌，但不超過三張。第一及第三張牌發給「閒家」，第二及第四張牌則發給「莊家」。最後莊閒兩家以持牌總點數的大小來決定勝負；當所有牌的點數總和超過九時，則只算總數中的個位。因此，九點為最大，零點為最小，點數相同為和[3]。

此外，在判定勝負時，首兩張牌決定是否為對子，然後根據最後結果（包含若有第三張牌發牌的情況），以點數多寡決定莊、閒獲勝，獲勝者可得一倍的賠率，若點數相同和局時，下注和者賠率為八倍。若玩家認為莊、閒任一方（或兩方同時）所獲發的牌會出現一對，如兩張牌為同數字或同英文字母者，亦可押注對子（Pair），其賠率為十一倍[4]。若莊閒任何一方兩牌合計為8或9點時為例牌（Natural），對方不須補牌，即定勝負（雙方同持8或9點話為和）。另外莊閒兩方各持6、7點的話亦為即定勝負（雙方同持6或7點的話為和）。

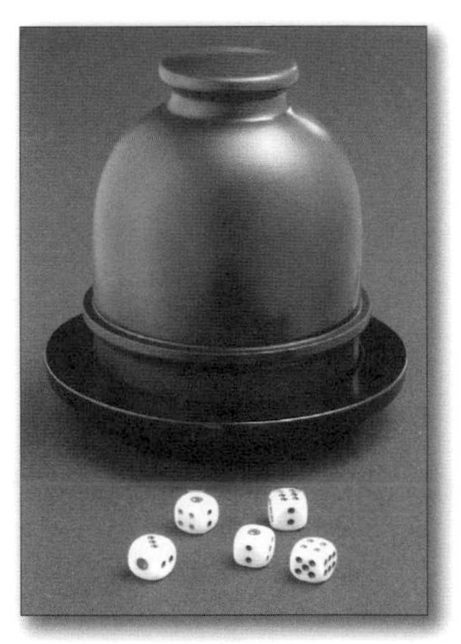

骰寶。

三、骰寶

一般稱為賭大小，是一種用骰子賭博的方法。骰寶是由閒家向莊家下注。每次下注前，莊家先把三顆骰子放在骰盅內搖晃。當閒家下注完畢，莊家便打開骰盅並看這三顆骰子的總點數合來決定輸贏。其下注的方式甚多，但最常見的賭注是買骰子點數的大小（總點數爲四至十稱作小，十一至十七爲大），故也常被稱爲買大小。此外還有其他的下注的方式，但是莊家永遠處於有利的位置。閒家無法以技術提高得勝的機會，長遠來說莊家永遠是站在勝方。**表5-1**爲骰寶一般的賠率和勝出機會[5]。

表5-1　骰寶賠率和勝出機會表

下注	閒家勝出方法	賠率	出現機會
大	總點數為十一至十七（遇圍骰莊家通吃）	1賠1	48.61%
小	總點數為四至十（遇圍骰莊家通吃）	1賠1	48.61%
兩顆骰子	猜中兩顆骰子的組合（共有十五種組合）	1賠5	13.89%
雙骰	兩顆或以上點數相同，並為指定之點數（如最少二顆骰為一）	1賠10	7.41%
全圍	圍一至圍六任何一種	1賠30	2.78%
圍骰	點數全同，並為指定之點數（如三顆骰皆為一，稱圍一）	1賠180	0.463%

資料來源：維基百科（2007），骰寶。

四、輪盤

輪盤（Roulette）是一種機械裝置的賭具，也是賭場常見到的遊戲之一。Roulette一詞在法語的意思是小圓輪。輪盤一般會有三十七或三十八個數字，分別是歐洲式輪盤及美式輪盤，輪盤上的數字會以紅、黑兩色間隔，但數字的排列並非順序而至。當截止投注時，輪盤開始轉動，並由荷官（dealer）負責將一圓珠擲入輪盤上，當圓珠落定於某一號碼時，該號碼便是得獎號碼。但由於輪盤投注方式多樣，賭客可單一押於一個號碼、亦可押於一組號碼組合，故美式輪盤賭桌多以其特有的顏色籌碼（Colour

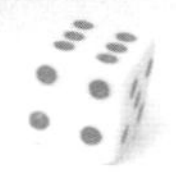

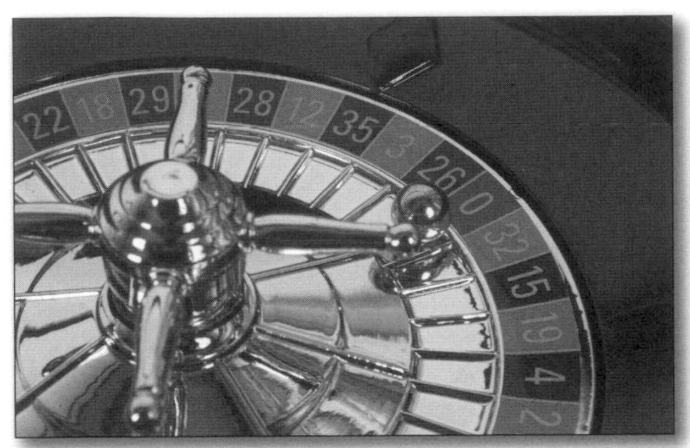

輪盤。

Chips），以區別該投注屬於哪位客人[6]。

輪盤有多種投注方式，其投注方式介紹如下[7]：

1.依顏色（紅或黑色號碼）投注，其賠率1:1。

2.依數字單雙投注，其賠率1:1。

3.依開出號碼屬上半段或下半段投注，其賠率1:1。

4.依開出號碼屬於前、中或後十二個號碼投注，其賠率1:2。

5.依開出號碼屬之行數（第一、二或三直行）投注，其賠率1:2。

6.六個數字組合，投注於兩行橫行數字與外圍投注區的交接點上，賠率1:5。

7.四個數字組合：投注於四個數字交接之間的點上，其賠率1:8。

8.三個數字組合：投注於橫行三個數字與外圍投注區的線上，其賠率1:11。

9.兩個數字組合：投注於兩個數字之間的線上，其賠率

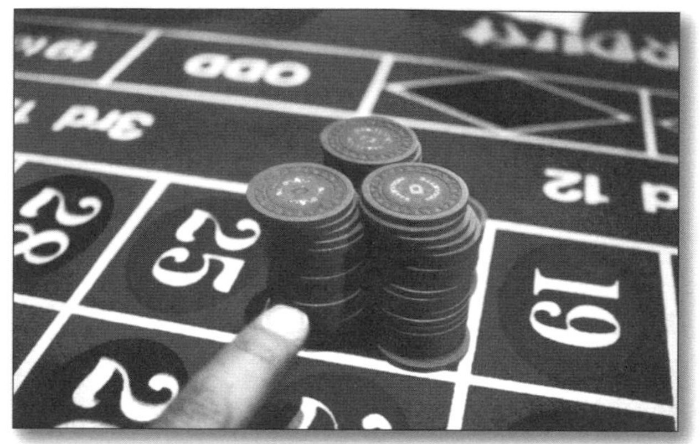

玩輪盤時選號投注。

1:17。

10.投注於一個數字上，其賠率1:35。

五、吃角子老虎機

老虎機、角子機或全名吃角子老虎機（Slot Machine）是在賭場中經常見到的一種賭博機器，甚至有專玩角子機的娛樂場所。相傳大約在一八九六年時，一位名叫查爾斯・菲（Charles Fey）的男子，在他舊金山的機械店成功研發第一台商業用途的吃角子老虎機。其機身由鑄鐵製成，內部有三根捲軸，外部則有一個投幣孔以及一個啓動機器的操縱桿。它很快便成爲沙龍、賭坊，甚至很多零售店的必備品[8]。

在現今的賭場裏，這些吃角子老虎機通常會互相聯網，並透過特大螢幕來顯示大獎（Jackpot）金額，以吸引賭客加碼投注。其玩法很簡單，只要將角子（硬幣）投入，接著再按下按鈕或拉下操縱桿，老虎機便開始轉動，轉動停止後，會隨機出現不同圖案或數字組合，如停定時出現符合相同或特定相同圖案連線

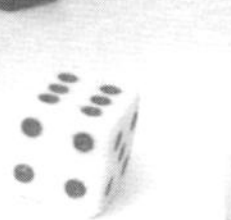

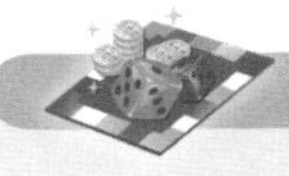

專欄七

德國巴登巴登

說起德國巴登巴登這座城市的命名，是源自於德語裏的Baden，即是沐浴或游泳的意思[①]。因此，自然有許多人對這個地方的第一個聯想，就是溫泉療養勝地。然而，這裏不光只有溫泉而已，這裏還有歐洲的拉斯維加斯之稱。因為這裏的巴登巴登賭場，是德國最大、最古老的Casino，也是世界上最漂亮的賭場之一。其建築風格屬於巴洛克式，外觀雖然端莊簡潔，但內部許多廳堂都是按照法國十八世紀時巴洛克城堡的式樣布置的，天花板上、牆壁上，到處都是油畫彩飾。加上精緻的古典式吊燈映襯著金碧輝煌的房間，處處表現出其極致富麗奢華的一面，每年可吸引六十多萬富豪從世界各地飛來這裏豪賭[②]。

不僅如此而已，巴登巴登賭場從一八二四年成立到現在，這個Casino就從未中斷過營業，即使在兩次世界大戰中也照常開放。甚至在一九三三年，還得到希特勒的特許，成為當時第三帝國唯一的Casino[③]。但很有意思的是，根據歐洲社會研究機構對西方國家百姓賭博狀況的調查發現，瑞典、英國等嗜賭人口名列前茅的國家中，德國的賭場數量最少[④]。其實，這與德國政府嚴禁國人賭博有直接關係；在德國的Casino絕不允許公務員、未成年人入內，並且對於德國人採取高價會員制的方式加以限制。此外，德國還制定了很多相關法律，以約束當地人進入Casino。例如，一些學校、企業，甚至Casino內部都有明文規定，嚴禁工作人員平時參與博彩活動，否則將予以除名。因此，在這裏很少看得到普通百姓到這裏來賭博，有的頂多也都是陪外國客户或朋友來的。

另一項較特別的是，巴登巴登賭場的取名也和一般的Casino不同，它不叫卡西諾（Casino），它有個優雅的名字叫做「休閒宮」（Kurhaus）⑤，而這個休閒宮，除了提供賭博遊戲外，還提供了音樂廳、舞廳等供遊客及賭客在此享樂。一般的民眾或遊客亦可白天付費參觀有導遊帶領的講解活動，但最有趣的經歷，當然是親自參與開賭的盛況。可是賭場對客人的衣著要求也很高，男士們必須穿西裝打領帶，女士們更須衣著得體，穿戴整齊，方可入場。此外，賭場大門外的六盞煤氣路燈，是德國現今唯一保留的舊式路燈，已有一百四十多年的歷史。每晚這些路燈都是由賭場的工作人員負責點燃它們，為衣冠錦簇的遊客們照亮。而這六盞煤氣路燈現在更是巴登巴登的城市標誌⑥。

①〈戰爭期間照常開放，巴登巴登富人賭場〉，資料來源：http://www.chinapress.com.my/topic/series/default.asp?sec=gamble&art=0427gamble.txt。

②〈世界十大賭場之德國巴登：歐洲最美麗的賭城〉（2005），資料來源：http://big5.china.com/gate/big5/sports.china.com/zh_cn/lottery/cpzs/11027200/20050705/12456847.html【2005, JUL 05】。

③同註②。

④同註①。

⑤同註①。

⑥同註①。

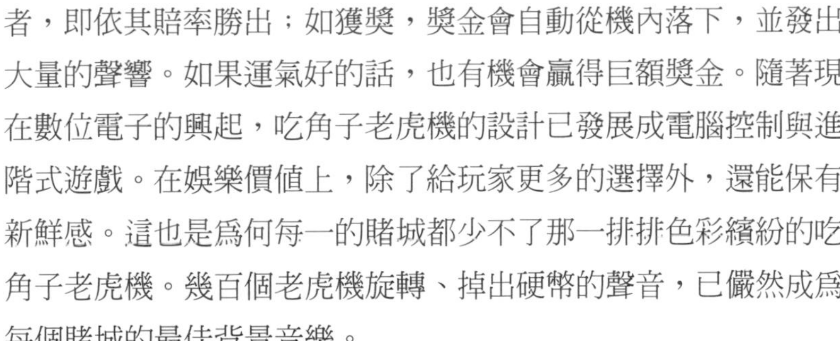

者，即依其賠率勝出；如獲獎，獎金會自動從機內落下，並發出大量的聲響。如果運氣好的話，也有機會贏得巨額獎金。隨著現在數位電子的興起，吃角子老虎機的設計已發展成電腦控制與進階式遊戲。在娛樂價值上，除了給玩家更多的選擇外，還能保有新鮮感。這也是爲何每一的賭城都少不了那一排排色彩繽紛的吃角子老虎機。幾百個老虎機旋轉、掉出硬幣的聲音，已儼然成爲每個賭城的最佳背景音樂。

第二節　非賭場中的賭戲

由於多種因素的需求，現在的博奕娛樂事業如雨後春筍般的蓬勃發展。但是這麼多的賭場，卻爲何還是無法滿足賭客的需求呢？其實說來簡單，從古至今，賭博遊戲一直是一個十分迷人的東西，它沒有場地的限制，也沒有種族的問題，任何人、事、物皆可當作賭博的工具，加上人們喜新厭舊的心態，光只有賭場內的賭具，當然無法滿足所有的賭客。因此，本節將介紹現今賭場外較風行的賭博遊戲。

一、彩票

彩票即「博彩」，又稱爲「彩券或獎券」，是一種靠運氣的猜射類的賭博。其賭法是：每人買若干彩票，票上都印有號碼、圖形或文字及對獎日期，且購買後，彩票不返還本金，也不記名、亦不可掛失，並在公衆監視、由法律機關公證之下，透過抽籤、摸彩、搖獎等辦法，開出號碼；如開出號碼與彩票上的編號相符，便可得彩。目前世界上共有一百一十多個國家發行彩

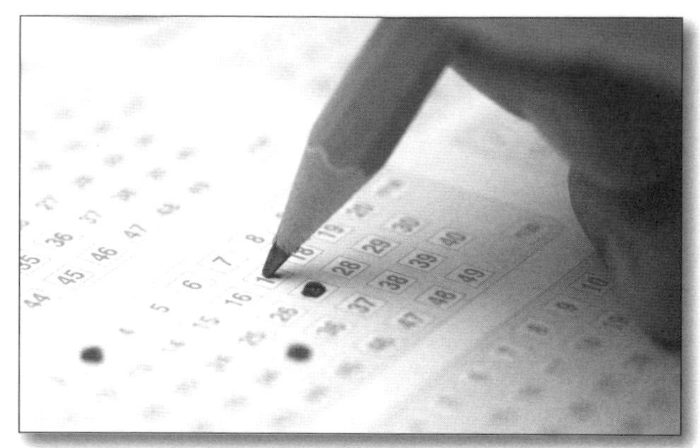

購買彩票前先選號下注。

票，主要由政府當局或機構組織兩種形式專營，並透過法律保護，進行公衆監督。若按其特徵分類主要有傳統型彩票、即開型彩票、樂透型彩票、數字型彩票和透透型彩票[9]。近年來網路技術的迅猛發展，使樂透型和數字型電腦彩票脫穎而出，一舉成爲當今世界彩票業的主流。以下將針對這幾種類型的彩票做介紹[10]：

(一)傳統型

這種彩票上面有事先印製號碼，一般是五至七位元數字，買家購買後要等待公開搖獎的結果才能知道自己是否中獎。這類型的彩票有著悠久的歷史，遍布全球。

(二)即開型

彩票票面上的號碼或圖案被一層紙或特殊塗膜覆蓋，買家購買後可馬上揭開或刮開覆蓋物，即可判斷自己是否中獎。由於即開型彩票的節奏快，無需等待開獎時間，所以一出現就引起了人們極大的興趣，產生了轟動的效應，並得到迅速的發展。傳統型和即開型彩票的號碼或圖案都是事先印製在彩票上的，購買者

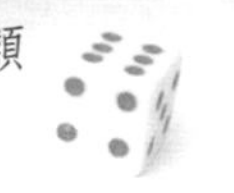

無法自主選擇，所以它們又被稱爲被動式彩票。

(三)樂透型

「樂透」一詞來自外文“lotto”的譯音，原意爲「分享」，最初是一種紙牌遊戲。現在樂透型彩票代表著目前世界彩票業的主流。它可以由買家自主選號，所以樂透型彩票具有即開型彩票和傳統型彩票所沒有的靈活性和娛樂性。

(四)數字型彩票

這種彩票有三位數和四位數的玩法，通常是每天開獎，購買者選取一個三位或四位元數的組合。組合方式的不同，中獎的彩金也會不同。其最基本的分別是排列和組合兩種，前者要求所預測的號碼必須與開獎的號碼在順序和數位上完全一致，而後者則無順序要求，只要數位相符即可。數字型最流行的地區是美國，已有二十多個州發行這種彩票。其他國家也有不同的數字型彩票。

(五)透透型彩票

這實際是一種體育運動型彩票，亦稱足球彩票。該彩票是體育比賽和彩票的結合，要求參與者預測體育比賽的結果，通常是預測足球比賽的結果。透透型彩票首次出現於一九二三年的英國，後來遍及歐洲和南美許多對足球狂熱的國家。

二、賽馬

現代賽馬活動起源於英格蘭，相傳英國最早的一次賽馬就是英格蘭國王理查德一世在位期間（1189~1199）舉行的。而一七八〇年的英格蘭的比馬賽，被認爲是現代賽馬的開端。相對地，有比賽就一定會有輸贏，因此，對比賽結果的打賭活動，很自然地跟賽馬聯繫在一起。起初，打賭是騎手與騎手、馬主與馬主之間的較量，賭資也通常是一瓶香檳酒或一頓晚餐，基本只屬於娛樂性質。到了一八七〇年，法國巴黎實業家奧萊發明了賭馬彩票，很快地，賽馬活動就成爲世界流行的賭博方式之一。由於賭馬彩票成效很好，一八九一年，法國成立全國性的賽馬彩票總部，並在各地廣設分支機構。二十世紀六〇年代開始，電子科技的發達，賭馬活動也被運用到電腦遊戲裏，賭馬方式也日趨現代化[11]。

基本上賭馬就如同買彩票一樣，投注者在開賽前，根據自己的判斷，將心目中「優勝者」（馬匹的背號）的號碼填入馬票，並填上一定數額的賭金，然後一併交付給服務櫃檯進行電腦記錄。等比賽結束後，實際結果與投注者猜測的馬匹名次相符的，就可以按相應的倍數兌獎。此外，賽馬的賭法還有很多種，例如可買「獨贏」，即猜某一場比賽中跑第一的馬號；也有買「位置」，也就是說猜某一場比賽中跑入前三名的任意一匹馬號，只要猜中一個號碼，便可得獎。另外，也有「連贏位」、「雙獨贏」跟「單T」與「三T」等，「連贏位」是指猜某一場比賽中跑第一和第二的兩匹馬號。「雙獨贏」是指所買馬號的馬，在一天的兩場比賽中都獲得勝利，相對地得獎彩金也會比較高。「單T」即猜某一場比賽中跑前三名的馬號，但排列次序不限。「三T」即要猜中指定的第三、四、六這三場比賽的前三名，而且馬票要在第三場開賽前就填好買定。由於中獎機率很低，所以回報倍數特別高，一般來說都有幾十萬倍。如果這次比賽沒人買中的話，那麼投注的資金就會累積到下一次比賽使用[12]。

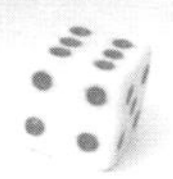

三、網路賭場

網路賭場是近年來竄紅的網路博奕娛樂，是一些賭博集團藉由網路科技的發達，將電子商務和賭場結合在一起。其賭戲內容多樣化，有網上足球、籃球博彩，也有電子賽馬、百家樂、骰子、輪盤、吃角子老虎及撲克牌等網路賭博遊戲。玩家只要上網登入，將自己的信用卡資料輸入或借款號碼後，便可以從銀行戶頭或是信用卡帳號支付賭金。如果贏錢，獎金會自動轉進帳戶，相對地，輸錢也會從你的帳戶扣除。

但網路賭場是否合法，的確惹人爭議。以目前世界幾個開放賭博的國家，對於線上賭博方面的規範可說是相當分歧。例如，韓國與澳洲都是禁止的；而華人地區如香港及澳門，則是遊走於法律邊緣；網路賭場在英國目前是非法的，但正在考慮是否鬆綁法令；至於美國，則是依照各州不同的法律來規範。根據《遠東經濟評論》的報導，目前世界各國中，只有五十個國家允許線上賭博事業，全球一千四百個線上賭場，多半都設置在管制寬鬆的加勒比海島國[13]。

目前姑且不論網路賭場是否合法，但沃頓法學教授凱文·韋巴赫（Kevin Werbach）指出，從商業角度看，線上賭博網站的確具有成功的電子商務特徵。因爲「賭博」採用電子商務形式，可以將玩家和非實物聚集在一起，這正是現在網路賭場的最大優勢。這與現實生活中的賭場相比，線上賭博的管理費用微乎其微，原因是網路賭場不需要任何場地、服務人員和保安措施[14]。相對地，這也大大提升業者的收入，這也難怪會有這麼多的大型投資公司，紛紛地投入網路賭博事業。

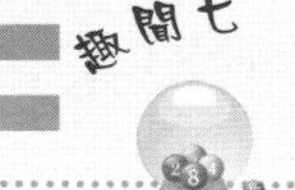

頂尖職業賭徒是什麼人

在衆多賭博項目中，最多職業賭徒投身其中的，不外三大種類的博彩，首先是賽馬，其次是撲克牌（Poker），再其次便應該是體育博彩。以香港及澳門的情況，即是指賭波，當中主要又包括賭足球及賭NBA。

而最多職業賭徒投身參與這三種博彩遊戲的原因，除了參與人很多，且彩金夠龐大外，最重要還是因為這種賭博可以憑聰明才智而贏錢，並非如一般賭場遊戲，是純靠運氣的猜估遊戲（Guessing Game）。

中國人好賭，但很少賭術高手，甚至在香港、澳門活躍的職業賭徒中，卻沒有什麼是屬於華籍的，為什麼頂尖高手中鮮少見到中國人在其中呢？有人曾拿這個問題與一些職業賭徒朋友談論。令我們華人忿忿不平及氣餒的是，外國賭徒原來真的認定，中國人因為文化及性格問題，很難成為頂尖賭術高手。

外國的頂尖職業賭徒，通常都是什麼人呢？其主要有三類：

1.智商特別高，曾受過專業統計及數學科教育的高材生；每年都有不少來自美國頂尖學府，包括麻省理工學院、普林斯頓大學等的學校統計系畢業生，被招聘加入一些二十一點數牌隊伍。且不少受過這類團隊訓練而從賭場中賺過甜頭的高材生，都會紛紛加入職業賭徒行列，有些後來成

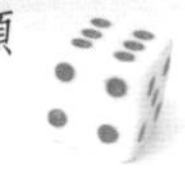

功賺得大錢後，更會轉聘當日教授自己的專家學者，作為自己賭術研究及數據分析的夥伴。

2.多來自一些IQ特高，曾在各種棋賽、牌賽上脫穎而出的高手。這類高手先憑著自己的技術，在橋牌賽、雙陸棋賽（Backgammon）、撲克牌賽（Poker）等遊戲中贏得大賽及獲得為數不菲的獎金或彩金，然後再與一些職業賭團合作，憑著他們對棋賽或牌賽的經驗，及能掌握對手心理的能力，加上熟悉於各種賭博「哲學性規例」，令其在賽馬、股票投資及體育博彩項目上大放異彩。

3.自幼已與賭博分割不開，加上自己經歷過失敗後，在自我控制方面忽然頓悟的高手。

這三類中，華人勉強還可以見於第三類，但中國人在數學上向來比不上其他西方國家，亦少有橋牌文化，只有靠運氣的麻雀文化，因此，外國賭徒認為中國人中不易出現頂尖賭術高手。

資料來源：〈頂尖職業賭徒什麼人〉，http://winwins.cn/?/Professionalgambler，2007-08-07。

第三節　中國傳統賭戲

根據史書的記載，中國人在三千五百年前就開始有賭博的事蹟，就算是經過改朝換代，賭博的習性也從未間斷過。也正因爲有這麼長遠的歷史，所衍生出來的賭博遊戲也不下數百種。因此本節將針對幾個中國較著名的賭戲，如鬥雞、牌九、麻將、白鴿票做介紹，其介紹如下：

一、鬥雞

相傳鬥雞在春秋戰國時代已盛行，後來到唐朝時，可以說是鬥雞的全盛時期，不僅在民間設有鬥雞場，讓群雞相互攻鬥，就連唐玄宗也十分喜愛鬥雞。據說唐玄宗十分喜愛鬥雞，曾經不惜重金，在宮廷中設置一個豪華的雞坊，還派人專門養雞，作爲鬥雞之用。此外一些百姓養不起雞的，也會用木雞來鬥，可見唐代鬥雞風氣之盛。至宋朝之後，鬥雞的風俗才逐漸式微[15]。

鬥雞屬於家禽，與一般雞種習性類似，是合群的動物。通常在繁殖期間，成熟的公雞們會爲了爭取與母雞的交配權，而彼此相互爭鬥。由於爭鬥過程十分激烈、又富有消遣娛樂的效果，也因此成爲農閒時的一種遊戲。但自從加入了賭注後，便有人開始豢養鬥雞，進而培養更具有戰鬥性、更有技巧的雞種來當選手，以贏得比賽的彩金，目前鬥雞流行的地區有中國、菲律賓、泰國等東亞地區[16]。

鬥雞出賽時，豢主會先挑釁鬥雞，以致雞毛立豎，增加自己的氣勢，並在鬥雞的第五爪上，綁上鋒利的尖刀。當兩隻鬥雞

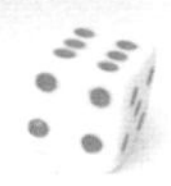

在打鬥時，雞隻會習慣性地跳飛起來，並將雙爪由上往下抓來攻擊對方，此時綁在爪上的尖刀，就猶如武士刀似地由上往下砍，被刀劃到的雞隻，便立即鮮血直流，雙方的激鬥，直至其中一隻不敵倒地為止。但是愛護動物人士抨擊，認為鬥雞為一種虐待雞隻的行為，因此鬥雞的活動也慢慢地變少了。除此之外，鬥雞除了是一項賭博活動，也是某些地區的民俗活動。臺灣民間飼養一種黑色而體大的鬥雞，俗稱「軍雞」，這種雞原產於印度及馬來西亞，曾在臺灣掀起一陣豢養鬥雞的風氣，現今每逢清明、端午，中南部地區鄉間亦有進行鬥雞比賽的民間習俗[17]。

二、牌九

「牌九」是中國傳統骨牌遊戲的一種，又稱為「小方子」（其外型的關係）。據說牌九始於宋徽宗宣和年間，是宣和牌演化而成的，與天九牌相似，只是玩法和骨牌的厚薄差異（天九用的較厚，而牌九用的則較薄），是一種非常大眾化的賭博遊戲[18]。原因在於牌九的玩法是骰子玩法的變形，容易掌握，參與人數的彈性也大，且牌九的牌數較少，便於攜帶，在各種場地和酒樓、茶館、居室、旅舍中，凡有一些空間可掩蔽的地方均可開賭[19]。也因為其開賭方便，所以無論是社會上那一階層的人，都容易醉心此種遊戲。因此，也有句俗語形容牌九「一翻兩瞪眼」，牌一揭

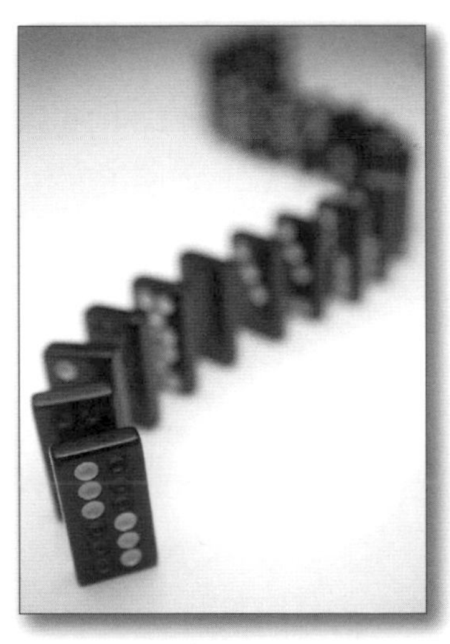

牌九。

開，輸贏立判，贏得快，輸得也乾脆。

主要賭具爲三十二張骨牌，有二十一種組合牌式；其中分爲「文子」（二十二張骨牌，有十一款不同的牌，每款兩張）及「武子」（十張骨牌，每張圖案皆不同，但有四對點數相同的對應牌，及兩張單獨不同圖案、不同點數的骨牌）。其玩法是依據兩扇骨牌組合來決定勝負；首先看有無配成對牌（即兩扇骨牌同樣的花色），若沒有對牌時，以兩扇骨牌點數之和的個位數來比較大小；最大是九點，最小是零點。這也是牌九的名稱由來，即排出九的數目之意[20]。此外牌九又分大牌九與小牌九，大牌九是每人四張牌，分爲大小兩組，分別與莊家對牌，全勝全敗爲勝負，一勝一敗爲和局；小牌九是每人兩張牌，勝負立現，由於乾脆利落，小牌九流行較廣。近代有人將牌九這遊戲演化，以撲克牌來玩，百家樂的玩法就與牌九相仿。

三、麻將

麻將，又名「麻雀」（據說是來源於麻將洗牌的聲音，當一張張牌碰到一起時，那聲音就像是幾隻麻雀在爭吃散落的食物）[21]。是流行於華人文化圈中的四人骰牌遊戲，也是賭博工具之一。其牌式主要有「餅（文錢、筒子）」、「條（索子）」、「萬（萬貫、萬子）」等；每一類從「一」到「九」各四張，共二十七種一百零八張牌。加上七種番子牌，每種各四張，有風牌「東、南、西、北」、箭牌「中、發、白」（其中箭牌與箭術有關，「紅中」表示箭靶，古代射箭，靶上常用一個紅色的中字，「發」本來不是發財之意，而是發箭的意思，「白板」則表示不中，但是逐漸流傳演變，原來的箭術含義消失了，只剩下牌種類還叫箭牌）[22]，共計二十八張牌。另外還有花牌，一般有八張

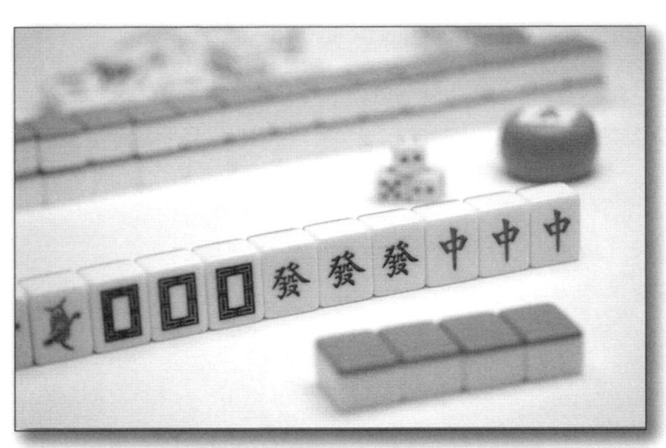

麻將被稱爲中國國粹，流行於華人地區。

「春、夏、秋、冬、梅、蘭、竹、菊」，總共一百四十四張牌。

其玩法需四個人才能進行；遊戲開始時，由一名玩家起莊。莊家的意義在於他一開始可以拿十四（或十七）張牌，其他玩者只能取十三（廣東麻將）或十六（臺灣麻將）張牌。然後再將手中的十四或十七張牌湊成四組或五組順子（由三張連續的數字所組成，例如三萬、四萬、五萬）或刻子（由三張同樣的牌所組成），再加上一對將（由兩張相同的牌組成），即可胡牌[23]。莊家如果胡牌，則下一把可繼續連莊，否則即由莊家的下家做莊。牌局通常在四位玩家輪流做過四次莊後結束。

雖然現在各地區的麻將玩法都會略有不同，但其玩法與基本規則都是差不多，只是在記分規則、牌面圖案和特殊玩法的方式上有所差別而已。

四、白鴿票

白鴿票又叫做鵓鴿票，是清朝流行於廣東等地的民間雜賭[24]。一開始這種賭博遊戲是玩家下注猜哪隻賽鴿得勝，來決定勝負。比賽時，人們用〈千字文〉中的「天、地、玄、黃、宇、宙、洪、荒」來作爲賽鴿的編號，然後把鴿子放飛，讓玩家去猜哪隻賽鴿會獲勝。後來隨著時間的演變，白鴿票的玩法逐漸產生了變化，即由彩票公司將〈千字文〉前面的八十個字印在票上，讓每個投注的彩民在票上各圈十個字，然後彩票公司再從這八十個字中挑出二十個字當底字開出，相當於中獎號碼。彩民所圈的十個字中，有五字以上相符，便是中彩[25]。

由於過去的開彩都是以人手攪珠開彩，但隨著科技的進步，現在的開彩方式已改爲由電腦攪珠開出，防止作弊行爲發生，而過去使用的千字文也改由阿拉伯數字替代，以方便彩迷圈選。故現在的白鴿票改稱爲電腦白鴿票[26]。如今澳門仍有白鴿票的經營，世界各國也有類似的玩法，只是名稱不一樣而已，美國的樂透彩就是其中之一。

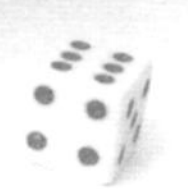

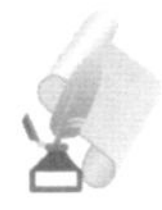

註釋

❶〈維基百科——二十一點〉（2007），資料來源：http://zh.wikipedia.org/w/index.php?title=%E5%BB%BF%E4%B8%80%E9%BB%9E&variant=zh-tw#.E9.96.92.E5.AE.B6.E4.BE.8B.E7.89.8C.E5.85.88.E5.A0.B1.E5.88.B0【2007, OCT 8】。

❷〈賓果遊戲網——百家樂遊戲簡介〉（2005），資料來源：http://www.bingoking.com.tw/game-explain11.htm。

❸〈維基百科——百家樂〉（2007），資料來源：http://zh.wikipedia.org/w/index.php?title=%E7%99%BE%E5%AE%B6%E6%A8%82&variant=zh-tw【2007, NOV 03】。

❹同註❸。

❺〈維基百科——骰寶〉（2007），資料來源：http://zh.wikipedia.org/w/index.php?title=%E9%AA%B0%E5%AF%B6&variant=zh-tw【2007, OCT 13】。

❻〈維基百科　　輪盤〉（2007），資料來源：http://zh.wikipedia.org/w/index.php?title=%E8%BC%AA%E7%9B%A4&variant=zh-tw【2007, NOV 03】。

❼Jim Kilby & Jim Fox (1997), *Casino Operation Management*, John Wiley & Sons, Inc.

❽〈維基百科——角子老虎機〉（2007），資料來源：http://zh.wikipedia.org/w/index.php?title=%E8%A7%92%E5%AD%90%E8%80%81%E8%99%8E%E6%A9%9F&variant=zh-tw【2007, AUG 29】。

❾〈維基百科——彩票〉（2007），資料來源：http://zh.wikipedia.org/w/index.php?title=%E5%BD%A9%E7%A5%A8&variant=zh-tw【2007, NOV 01】。

❿〈電腦彩票簡介〉（2007），資料來源：http://www.bwlc.net/changshi/【2007, NOV 13】。

⓫〈賽馬〉（2004），資料來源：http://www.huaxia.com/gd/csdh/xg/00265127.html【2004, NOV 24】。

⓬同註⓫。

⓭〈網路賭博〉（2002），資料來源：http://www.bonny.idv.tw/www/

internet/0708_2.htm【2002, FEB】。

⓮〈網路賭博很可能會繼續走紅——但代價幾何？〉（2005），資料來源：http://www.knowledgeatwharton.com.cn//index.cfm?fa=viewArticle&Articleid=1186【2005, JUL 26】。

⓯〈鬥雞〉（2005），資料來源：http://www.secret.fju.edu.tw/web/bbs/Topic.asp?Topic_id=3283&forum_id=138&cat_id=18【2005, MAY 11】。

⓰〈維基百科——雞〉（2007），資料來源：http://zh.wikipedia.org/wiki/%E9%B8%A1【2007, NOV 09】。

⓱同註⓯。

⓲〈最富中華韻味的游戲——牌九【天九】〉（2007），資料來源：http://touja.org/bbs/viewtopic.php?t=13333&start=0&postdays=0&postorder=asc&highlight=【2007, MAR 02】。

⓳戈春原（2004），《賭博史》，台北市：華成圖書出版股份有限公司。

⓴〈維基百科——牌九〉（2007），資料來源：http://zh.wikipedia.org/w/index.php?title=%E7%89%8C%E4%B9%9D&variant=zh-tw#.E9.AA.A8.E7.89.8C.E7.89.8C.E4.B9.9D【2007, OCT 16】。

㉑〈麻將遊戲歷史〉（2007），資料來源：http://www.mahjongtime.com/chinese/Traditional/Mahjong-Game-History.html。

㉒〈維基百科——麻將〉（2007），資料來源：http://zh.wikipedia.org/w/index.php?title=%E9%BA%BB%E5%B0%86&variant=zh-tw#.E9.BA.BB.E5.B0.87.E7.89.8C【2007, NOV 4】。

㉓〈麻將基礎與規則〉（2005），資料來源：http://www.mj-king.com/modules.php?name=Content&pa=showpage&pid=2【2005, OCT 14】。

㉔同註⓳。

㉕〈彩票歷史回顧：晚清時期我國發行的白鴿彩票〉（2005），資料來源：http://lottery.sports.cn/library/lishi/2005-05-16/563970.html【2005, MAY 16】。

㉖〈電腦白鴿票〉，資料來源：http://www.macau.idv.hm/tourist/happy/pacapio.htm。

第八章 博奕娛樂事業與相關事業之關係

♣ 博奕娛樂事業與相關行業之分析

♣ 博奕娛樂事業的客源市場與客源結構

♣ 博奕娛樂事業未來市場開發之重點

近些年來，美國拉斯維加斯以賭場及其周邊觀光產業，爲內華達州帶來巨大的經濟效益；澳門也因爲引進拉斯維加斯的綜合性觀光休閒模式，在賭博之餘，提供遊客娛樂表演和美食佳餚，吸引了大量的觀光客，讓澳門的整體經濟獲得巨額的獲利。綜觀目前全球的旅遊型態，世界各國受到拉斯維加斯及澳門成功發展博奕娛樂事業的影響，幾乎都以結合遊憩（Recreation）、觀光（Tourism）、休閒（Leisure）、購物（Shopping）、遊樂場（Playground）及賭場（Casino）爲主要發展形式。因此，本章希望藉由這些旅遊相關行業，瞭解博奕娛樂事業與其之關係及相關法令政策，並透過分析得知博奕娛樂事業的客源市場與客源結構，以作爲未來博奕娛樂事業行銷之參考。

第一節　博奕娛樂事業與相關行業之分析

現今的博奕娛樂事業已與旅遊成爲環環相扣的事業，是一個包括賭博、秀場、餐飲、高品質度假住宿及其他娛樂設施的休閒遊戲場所，如同國際觀光旅館內可設立夜總會、會議中心等。其可帶動的產業也極爲廣泛，包括旅館業、旅遊業、餐飲業、科技業（設備）、會議展覽服務業（MICE）、百貨業、運動休閒業、SPA美容業等。相同地，博奕娛樂事業也是目前旅遊產品中，較熱門也較具有特色的產品之一。但反之，博奕娛樂事業亦需要靠旅遊業的包裝與配合，才能招徠更多客源的光顧，以提升該產業的獲利。其層層的關係，可說是相互依存，密不可分。因此，本小節將以旅館業及旅遊業，作爲與博奕娛樂事業相關之代表。其說明如下：

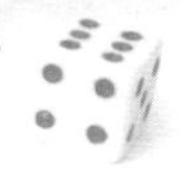

一、旅館業

觀光事業爲一具有多目標與複合功能之綜合事業，需要其他相關事業配合，諸如觀光資源、交通運輸、旅館事業、餐飲娛樂及相關行業等，以構成整體發展。而旅館業又爲觀光事業之母，它提供二十四小時的全天候服務，除了具有提供遊客住宿餐飲功能外，隨著觀光事業之蓬勃發展，使其規模日趨龐大，服務項目日趨繁多，舉凡社交、會議、展覽、健身、娛樂、商情資訊等服務[1]皆包括在其中。同樣地，現今的博奕娛樂業結合了旅館業，提供住宿、餐飲、管家、宴會、健康SPA、遊憩設施及其他服務等，是一個勞力密集的行業，平均每個觀光賭場旅館，需要四到五名的客房人力，高於一般全服務式（Full-Service）旅館的一點五名員工[2]。澳門二○○七年第二季博彩業人力資源需求調查結果（調查範圍不包括博彩中介人及博彩中介人合作人），至二○○七年第二季，就業人口主要集中在文娛博彩及其他服務業（23.0%）、批發及零售業（12.8%）、建築業（12.3%）和酒店及飲食業（11.0%）[3]。這反映出澳門在博彩業行業的影響下，許多人都熱衷於投身博彩業，人力市場亦出現漸漸失去平衡的情況。另根據最新一期（二○○七年七月至九月）就業調查結果顯示，澳門總勞動人口估計爲三十一萬七千五百人，就業人口達三十萬七千七百人，外勞人數達七萬九千多人。由此可見，旅館業的需求量是有明顯的提升。以美國拉斯維加斯爲例，拉斯維加斯本地人口約一百多萬，一年卻可以吸引三千多萬的遊客造訪，且當地的旅館房間數超過十萬個，住房率竟然可以高達九成以上。除此之外，每年在這裏的會議、商展、觀光爲當地帶來超過兩百多億美元收益，還能提供大量的就業機會[4]。此外，根據美

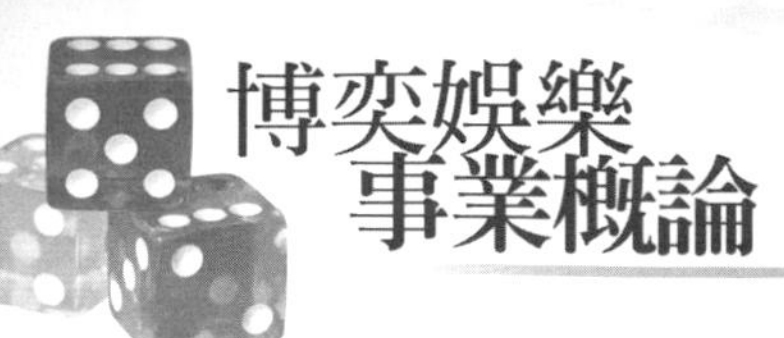

國TIA調查發現，到觀光賭場旅遊的觀光客，過夜（Overnight）的賭博旅客比一般旅客的比例來得多，以美國國內賭博旅遊爲例，就有79%的賭博旅客選擇住宿在旅館過夜、用餐等消費[5]。

但是有一個現象卻是值得我們去注意的，就是這些新設置的觀光賭場旅館，雖然能爲當地帶來許多的工作機會，但相對地，也可能間接或直接地取代舊有的產業。以美國第二大賭城大西洋城爲例，自一九七八年起開放賭場十年間，有四成餐飲業倒閉，三分之一的零售商關門，失業率亦在一九九三年成爲全紐澤西州最高的地區，隨之該地的犯罪率也增加，也使賭場外圍地區房地產行情連帶受創而顯著下跌[6]。此外，旅館的供需數量也值得我們去擔憂，過多或過少都會影響到整個產業的發展。以澳門爲例，目前當地旅館住房率僅72%，未來的旅館房間數還要再增加兩倍。但依據里昂信貸公司的估算，到二〇一〇年每年遊客人數得增加28%，才能維持目前的住房率[7]。因此，我們不得不開始深思博奕娛樂事業與旅館業所要面臨到的迫切問題。

二、旅遊業

旅遊業是一個綜合性很強的行業，並與相關各業都有很好的密切配合關係。而旅遊者的食、衣、住、行、育、樂等需求，也皆可透過旅遊業的安排與協助來解決。根據資料顯示，在日本有91.1%的旅遊者會利用旅行代理人安排其旅行；94.3%的休閒旅遊者會與旅行代理人協商行程；97.3%的度蜜月者會透過旅行社安排行程；81.8%商務旅遊者會請旅行社代訂機票及旅館[8]。由此可見，旅行社對旅客的重要性是不可低估的。同樣地，若該國的旅遊人口，多數來自該國的國人，對該國的整體經濟是沒有太大幫助的。因此，要如何開發市場，以吸引大量的國外旅客是

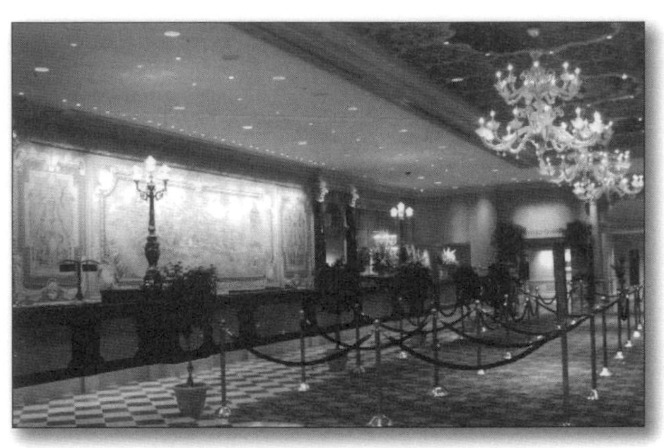

拉斯維加斯的Casino櫃檯。

目前旅遊業及世界各國努力的方向；這也是爲何各國旅遊行政機構如此努力積極地對海外市場作推廣及宣傳，其主要目的是營造出宏觀的總體形象宣傳，令潛在的遊客由慾望變爲行動。然而這些關鍵點，卻還是要仰賴從事旅遊業務運作的旅行社及飯店業，並透過這些業者將旅遊產品、旅遊路線，加以具體的包裝，以滿足各式各樣的遊客。

以澳門爲例，澳門居住人口有四十五萬，當地民衆的旅遊消費量是有限的，但澳門政府爲了振興該國的經濟，藉由博奕娛樂事業和旅遊的包裝，吸引了成千上萬的遊客來澳門消費兼觀光，如此一來，也順道帶動了整個澳門旅遊相關的行業。根據資料統計顯示，境外的消費者在澳門消費的比重，每年占澳門的GDP值都有四成以上，可見這種利害與共的關係，對澳門整體社會、經濟，具有穩定和發展的特殊意義，而博奕娛樂事業與旅遊相關的行業，其彼此合作與支援也顯格外重要[9]。

由此看來，現今的博奕娛樂事業與旅遊業、旅館業是密不可分的關係。世界著名的行銷專家就曾說過，行銷戰本身就是一場整體戰，唯有透過組合整體有效的運作和配合，企業才能從中

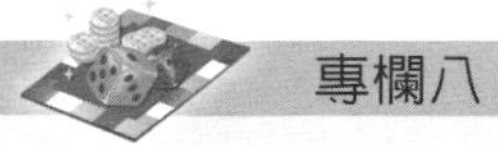
專欄八

韓國華克山莊

華克山莊位於漢城（現稱為首爾）東北部的漢江江畔，是亞洲第一家集美食、休閒、娛樂及購物為一體的六星級酒店。酒店內設有華克山莊娛樂場（Walker-Hill Casino），是整個南韓規模最大的Casino，也是亞洲最富麗堂皇的高級娛樂場所之一，加上其非凡的魅力，可媲美為漢城的拉斯維加斯①。其主要的遊樂項目有：二十一點、百家樂、撲克、骰子、輪盤、幸運輪及超過一百台的吃角子老虎機和各種電玩遊戲等，可說是應有盡有②。

同樣地，華克山莊娛樂場也是漢城唯一的博奕娛樂場所，每年吸引四十萬外國遊客前來。目前只針對十九歲以上的外國遊客開放，韓國人是禁止入場的。所以一般遊客在入場時需檢查護照，方可入內參與賭場內的各項遊戲。此外，若是酒店住客，則只需出示飯店房間鑰匙即可免費入場，否則一般遊客須另外付費。但或許是地理因素的關係，Casino的客源以亞洲客居多，其中又以日本客占多數，約占65%左右，其次是韓僑20%左右，然後才是中國（包括香港、台灣）、東南亞、蒙古及俄羅斯客人③。

另外，就其規模而言，華克山莊娛樂場要比拉斯維加斯小很多，但和馬來西亞的雲頂娛樂城及澳門的葡京賭場相比，華克山莊娛樂場顯得要高雅氣派許多。雖然其收入不及澳門和馬來西亞，但遊客在此的平均消費比澳門和馬來西亞高。平均每人在華克消費額為四百四十五美元，而

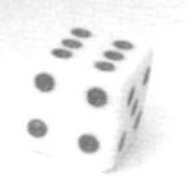

在澳門和馬來西亞為九十美元左右[④]。

此外，令人值得一提的是，華克山莊除了有媲美拉斯維加斯的Casino外，還有迪斯可舞廳、購物中心、餐廳及國際會議室等，可謂是一個綜合娛樂中心。尤其這裏的伽耶琴（Kayagum）大廳，擁有七百二十個座位，更是華克山莊最具有特點及代表性的大型餐飲劇場；就亞洲而言，這也算是首屈一指的大型餐飲劇場。加上從一九六三年Kayagum大廳開放以來，這裏就上演著華克山莊最著名的「華克秀」表演，在每晚兩次的精彩表演中，吸引了無數居民和外國遊客前來觀賞[⑤]。

華克秀是一個具有東西方舞蹈風格的表演，全場約兩個小時，主要分為上、下半場。上半場是以各種改良的民間歌曲和傳統舞蹈組成的韓國戲劇表演；下半場則是以最新雷射效果，展現出激情和韻律的西方歌舞表演。現今的「華克秀」已有著三十多年的歷史，從酒店落成的那天起，就一直是華克山莊酒店的重要組成部分。

---

①〈世界十大賭場之華克山莊：比澳門葡京更加高雅〉（2005），資料來源：http://big5.china.com/gate/big5/sports.china.com/zh_cn/lottery/cpzs/11027200/20050705/12456809.html【2005, JUL 05】。

②資料來源：http://www.seoulcasino.co.kr/cn/main/。

③同註①。

④同註①。

⑤同註②。

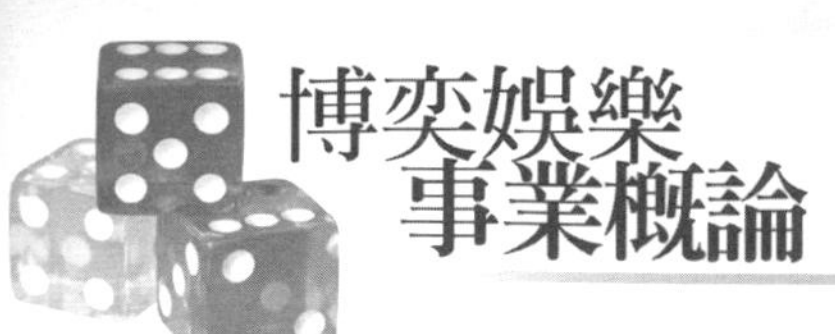

獲取最大的行銷綜效[10]。因此，一個國家若要將博奕娛樂事業發展成功，其本身周遭的相關產業，一定要達到一定的水平，方可讓整體博奕娛樂事業發揮到最佳的狀況，以吸引跟滿足更多的遊客。

第二節　博奕娛樂事業的客源市場與客源結構

泰德・李維（Ted Levitt）曾經說過，一個企業存在的目的，在於創造新顧客及維繫舊顧客[11]。因此，以一個經營的角度而言，任何的產品，儘管包裝再怎麼完美，規劃再怎麼完善，若沒有龐大的客源來消費，這一切的努力都將成為空談。同樣地，無論是旅遊市場或是博奕娛樂業，客源的走向都將攸關到企業本身的生存空間。所以，企業需瞭解其客源市場的狀況及客源結構，並從其中找到客源的走向及特殊需求，以制定出好的行銷策略，才能成功地贏得及保有顧客，以達到企業的目標。因此，本節將探討現今的博奕市場客源及客源結構，以作為未來博奕市場制定行銷策略之參考。

一、客源市場

環視全球發展博奕娛樂事業的國家，均因不同因素背景而開放。而周遭未開放博奕娛樂事業的國家，常會有該國的人民，跨越國度到鄰近開放博奕的國家去消費，例如香港因為沒有核准開放賭場，加上離澳門又近，所以有很多的香港人民會前往澳門旅遊消費。根據資料顯示，在澳門博奕市場的客源中，香港旅客占有極為特殊意義及地位，尤其在一九九二年以前，香港遊客量占總量的八成以上，最高曾達到92.23%。之後，由於中國內地開始試行港澳旅遊業務後，香港遊客量所占比例才開始略呈下降趨勢，而退居第二位。儘管如此，除中國內地市場外，尚未有挑戰者能取代香港的位置[12]。下列茲將各地區之博奕客源整理如下：

(一)美加地區

1.以拉斯維加斯賭城爲例，二〇〇五年吸引四千四百萬人次，其中國際觀光客約爲二百七十多萬人，而賭場所吸引的主要客源大多數爲美國本土居民，達三千九百多萬人[13]，而且光加州就占了33%的客源[14]，其他的外來客源以加拿大和墨西哥及亞洲國家爲主[15]。

2.加拿大安大略省觀光賭場位於尼加拉大瀑布（Niagara Falls）地區，成爲該地區新興的觀光賣點。因此地方政府藉觀光賭場及地緣之便，吸引多倫多、漢彌頓都會區以及臨界美國水牛城（Buffalo）、西紐約州等客源[16]。

(二)歐洲地區

1.義大利阿爾卑斯山區St. Vincent鎮的Casino de Vallees，不論是遊客人次、觀光賭場規模，以及賭博的種類，都是歐洲所有觀光賭場中名列前茅者，主要的客源97%是義大利人，3%來自法國、德國、瑞士等國家[17]。

2.法國的Dironne市，以All things to all men爲經營理念，將觀光賭場發展爲旅館、賭場及會議中心的綜合體。由於離日內瓦只有十五公里，所以80%的客源來自瑞士，20%爲法國人，其中有一半的客源是商務客人[18]。

3.奧地利首都維也納郊區的Casino Baden，目前爲歐洲最大的觀光賭場，原爲溫泉度假聖地，建築物仍保持原來外

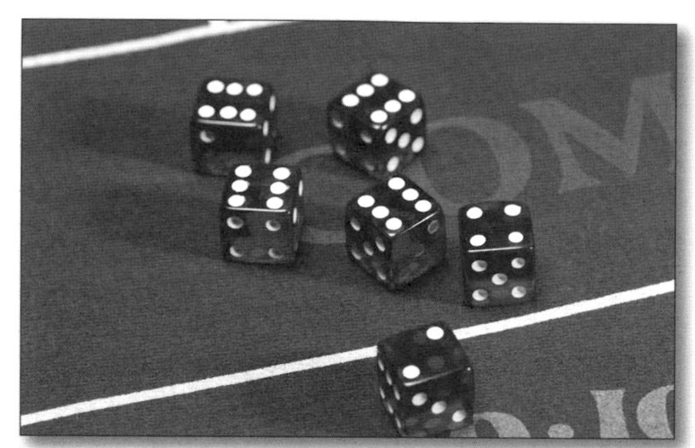

賭場中常見的賭具——骰子。

貌，是結合賭博、休閒、會議三大功能爲主的綜合產業，主要吸引數百萬人次的奧地利國民及鄰近國家旅客。

4.經過短暫戰火之後的斯洛伐尼亞，賭博業與休閒觀光業已成爲該國發展最快的兩項經濟活動。以Nova Gorica的Casino Park爲例，平時每日有兩千名遊客，假日有三千名遊客，97.2%的旅客是義大利人，1.3%是本國人，自從該國政府明令禁止本國人進入賭場後，99%客源爲義大利人[19]。

(三)亞洲地區

1.韓國最大的觀光賭場是位於首爾南方的華克山莊，是一家以經營觀光賭場爲主要目的的旅館，因爲它具有地緣的便利性及東北亞市場的獨占性，主要客源來自鄰近國家地區，如日本、台灣、香港，尤其是只有一海之隔的日本，占了約客源的九成[20]。此外，香港澳門財團也於一九九九年十月於北韓投資興建大型賭場，其目的是吸引俄羅斯和中國大陸的觀光客[21]。

2.博奕娛樂事業已成爲菲律賓GDP及就業的主要來源，而其

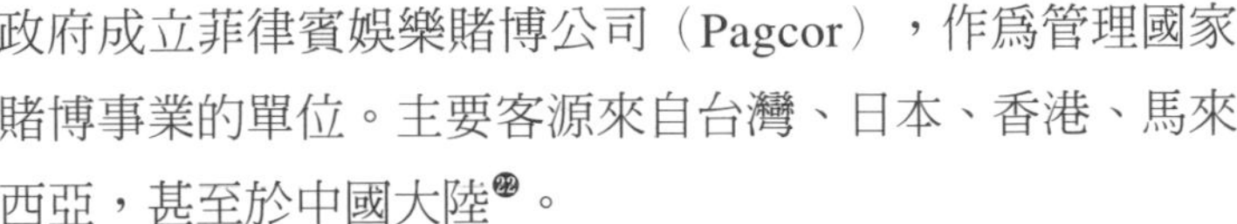

政府成立菲律賓娛樂賭博公司（Pagcor），作爲管理國家賭博事業的單位。主要客源來自台灣、日本、香港、馬來西亞，甚至於中國大陸[22]。

3.澳洲的博奕娛樂事業，主要設置在都會地區，是綜合娛樂型的觀光賭場旅館。隨著賭博的法制化，賭博幾乎成爲澳洲人生活形態的一部分，甚至超過八成的澳洲人都曾參與過賭博形態的活動，澳洲國民可算是澳洲博奕娛樂事業的最大客源，其次才是亞洲地區的賭客[23]。

4.澳門是「東方的蒙地卡羅」，亦爲東方博奕娛樂事業的先驅，多年來的博奕娛樂事業收入都占澳門GDP的四成以上。根據二〇〇六年五月的摩根大通銀行（JP Morgan）報告指出，澳門賭場94%的遊客來自於大中華（香港、中國與台灣），其中一半以上是中國旅客[24]。

二、市場結構

在整個博奕娛樂事業的市場結構中，區域性旅遊所占的比例明顯高於跨區域性旅遊，而中遠程旅客比重亦小於周邊地區國家的旅客。如美國的客源市場，主要是加拿大和墨西哥，歐洲各國的主要來客在歐盟各國之間，亞太地區的情況亦是如此。然而，客源市場過度依賴某一兩個市場是不健康的，這會有很大的風險性。以澳門爲例，三大客源市場從一九九八年起就占據九成以上的比例，換言之，全部外國客源市場總和僅占4%左右。但卻在二〇〇三年發生SARS肆虐，整個三大客源市場無一倖免，對澳門旅遊博彩業帶來的短期衝擊，甚至超過亞洲金融風暴[25]。

此外，本書還發現有一個奇特的現象，就是各地區的旅遊單位，現在都很積極地在拉攏亞洲的遊客，尤其是中國大陸地

趣聞八

戒賭詩趣話

古往今來，因賭博而誤人的事層出不窮。也因為有太多人受害，所以賭博一直為人們所深惡痛絕。因此，不少人都以詩歌的形式來勸戒後人莫與賭博為伍。

古代民間有一首〈戒賭詩〉：我今有忠言，勸君切莫賭；人道賭爲安，誰知賭中苦？相對有戈矛，相交無肺腑；贏來隨意揮，輸了行殘酷；頃刻百萬翁，轉眼就抱股；寢廢通宵坐，熬夜揪肺腑；贏輸總歸誰，流入雜貨鋪；妻老辛苦來，不幸全家苦。詩中是以賭徒的口吻，哭訴賭徒的後悔，痛述賭博的危害性。一番勸戒，耐人尋味。

明朝有一才女因父母包辦婚姻嫁給一賭棍。一夜，丈夫賭桌失意，和幾個賭徒到鄰村盜牛，結果被村民抓到，並扭送到官府去。才女將丈夫領回家後，便在廳堂上題了一首戒賭詩，讓丈夫銘記在心。詩是這麼寫的：賭門歪道把人迷，半夜贏來半夜輸。笑裏藏刀相對戰，暗中舞弊兩相欺。衣衫襤褸親朋笑，手腳骯髒骨肉離。不信且看鄉黨内，貪賭喪命幾傷悲。詩中直言賭博是「暗中舞弊」的騙局，而賭徒最終都以「骨肉離」，甚至「喪命」為下場。

清朝有個叫施文炳的教書先生，為了挽救染上賭癮的朋友，也作了一首〈戒賭詩〉：貝者是人不是人，只爲今貝起禍根，有朝一日分貝了，到頭成了貝戎人。這四句詩透過對「賭、貪、貧、賊」的字形分析，將賭徒

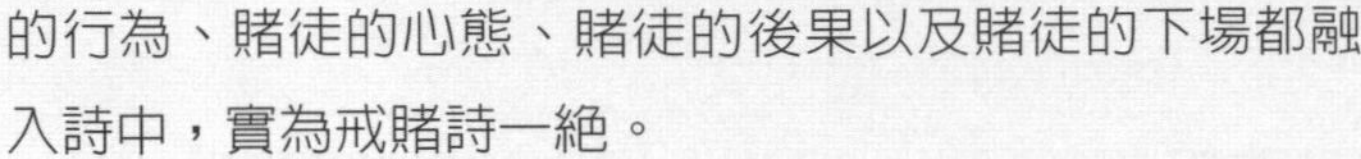

的行為、賭徒的心態、賭徒的後果以及賭徒的下場都融入詩中，實為戒賭詩一絕。

金陵的李發，嗜賭如命，惡習難改。其友李魚單為勸其改邪歸正，便贈他一幅畫，並在畫上題詩一首：丈夫在外賭紅了眼，妻子在家哭腫了眼，兩個孩子餓昏了眼，梁上繩子正張著眼。李發觀畫吟詩，再看看眼前的妻小和家中的淒涼狀況，恍然大悟，將此畫裝裱起來，懸掛在中堂，以作警訓。

詩人黃安濤也作詩道：已將華屋付他人，哪惜良田貽祖父。室人交啼淚如雨，典到嫁時衣不苦。出門郎又搖攤去，廚下無煙炊斷午。詩句把因肆意縱賭，導致家破人亡、衣食無著的困況，描寫得觸目驚心、淋漓盡致。

此外，以閩南方言編寫的戒賭謠，全詩僅二十五字，敘述了賭徒一夜成囚的過程，點明了賭博與犯罪的聯繫：一更窮，二更富，三更起大厝，四更賣妻做大舅，五更做賊入獄住。

資料來源：http://www.rebeccasuperbook.com/forum/viewthread.php?tid=47715&extra=page%3D9，2007-1-30。

區的遊客。根據世界旅遊組織（World Tourism Organization）預測，到了二〇二〇年，中國大陸將成爲世界第一大旅遊接待國及第四大客源輸出國。自一九九七至二〇〇二年來，中國人民出境旅遊五年增長3.12倍，年平均增長25.5%，已成爲世界上發展速度最快、發展潛力最大的新興客源國。另外，世界旅遊組織還推估，到二〇一〇年時，中國人民出境旅遊人數將達五千萬人次，二〇二〇年將可達到一億人次[26]。有鑑於此，澳洲及美國拉斯維加斯這幾年來為吸引亞洲賭客來訪，簡化程序以便於經常來賭場的亞洲賭客。例如，澳洲政府盡力改善簽證事務，如簡化旅客簽證申請過程，及發給多次入境簽證，並協助賭場及機場間合作，並提供折扣機票來刺激亞洲市場[27]。甚至有些賭場，會安排懂中文的員工來服務接待大中華地區的賭客[28]，以增加遊客前往消費的意願。

第三節　博奕娛樂事業未來市場開發之重點

為了因應未來博奕娛樂事業的變化與發展，經由上述資料整理，不難發現一些問題。比方說，博奕娛樂事業與旅館業所要面臨的住房率及舊旅館業將被取代的問題；還有要如何開發非區域性的新客源，以拓展博奕娛樂事業的發展空間及收益。而這些細節將是博奕娛樂事業未來市場開發應要注意的重點之一。因此，本節將以這些問題作為探討方向，以提供業者及政府未來在規劃及對外宣傳推廣時之建議。

一、如何有效提升旅館住房率

如何有效提升旅館住房率，向來是所有旅館業一直在努力的目標與方向。但要如何提升，卻是各家旅館業者頭痛的部分。除了加強內部員工本身的專業能力外，增加服務項目、美化旅館外觀、強力促銷及內部的自我管理等，都是提升旅館住房率的方法之一。然而，在這個以顧客為導向的社會，上述的這些方法，

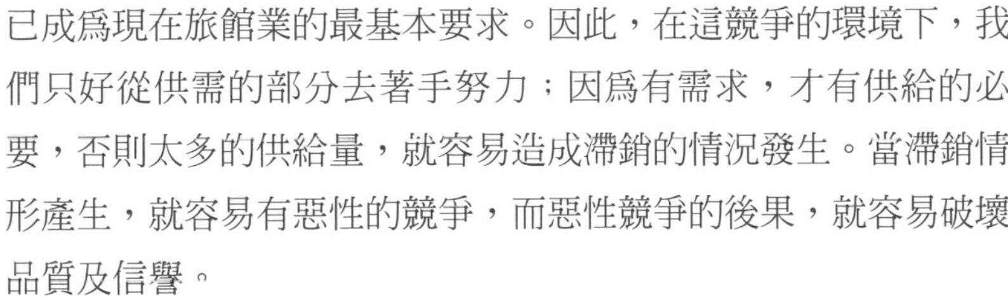

已成爲現在旅館業的最基本要求。因此，在這競爭的環境下，我們只好從供需的部分去著手努力；因爲有需求，才有供給的必要，否則太多的供給量，就容易造成滯銷的情況發生。當滯銷情形產生，就容易有惡性的競爭，而惡性競爭的後果，就容易破壞品質及信譽。

所以，首要努力的方向就是將短程客轉爲過夜客。因爲有過夜的需求，自然就會有住宿的問題；有住宿的問題，自然旅館的住房率就會提升。例如美國主要客源大多數都是美國本土居民居多，自從拉斯維加斯的博奕娛樂事業發展後，觀光客平均待3.6晚、消費一千四百九十美元；其中賭博消費約六百五十一美元，僅占43%，其餘在住宿的花費三百八十六美元、飲食二百六十一美元、購物約一百四十一美元、看表演五十一美元[29]。如此一來，不僅可提升旅館的住房率，亦可增加旅客其他消費收益。例如澳門政府在「二○○一年底財政年度施政報告」中，明確把「吸引旅客延長停留時間」，作爲旅遊年度工作的三大重點之一。其目的是希望目前平均停留1.2天的觀光客，可以增至到兩天[30]。此種行銷活動不僅花費成本比向未成行的潛在對象宣傳要低，而成效又比較好。

再者，政府單位應簡化簽證辦理事宜，並積極努力做好國際行銷，甚至透過各種方式來提高國際曝光率，進而吸引國際觀光客。因此，積極爭取國際運動主辦權或是國際會議展覽，甚至藉由明星或運動選手作爲觀光大使都是促銷觀光的好方法。例如王建民在美國大聯盟比賽時，當地的媒體就曾經在國際上介紹過臺灣；還有F4擔任觀光大使，都是促銷臺灣觀光的好機會。

二、舊旅館業如何避免被取代

在這個競爭的社會裏，「適者生存，不適者淘汰」是不變的法則。也因爲如此，舊旅館業面臨博奕娛樂事業這個強大的競爭者，自然有更大的壓力跟隱憂。但就消費者而言，這剛好是一個體檢旅館業的好機會；消費者除了有更多新的選擇機會，旅館業者也可以藉此機會檢視自己的競爭力與特色。

因此，旅館業者首先更應該花點心思去營造自己的特色，並清楚瞭解自己的優勢與劣勢；例如，旅館的建築物是否過於老舊、軟硬體設備是否不足等。其次是服務態度與服務項目是否不佳、專業能力是否不夠、價格是否過高等問題。除此之外，也應瞭解旅館本身有那些機會與威脅；例如，旅館要瞭解本身的定位，若位於會議、展覽場附近，就應以商務客人爲主要導向；此外，若周遭相同性質的旅館甚多，則應發展出自己的風格來吸引及接待旅客，甚至可以考慮採取連鎖形式或以合夥的方式與博奕娛樂事業合作，一同創造旅館利潤，否則單打獨鬥或一味原地踏步，只會加速被淘汰或取代的機會。

現今的企業無一不是追求利潤最大化，如果旅遊入境人數、博奕收益年年增長，而直接或間接從事旅遊的企業，卻未能得到相對的回報，那麼對企業和個人將是極大的受挫，而各行業無法協調發展，負面影響就可能不只局限於某些具體個案。但就整體而言，博奕娛樂事業的加入，不僅提供消費者更多新的選擇，也爲旅館業注入一股新的潮流；在彼此合作及相互良性競爭下，消費者才可得到更高、更好的服務品質。

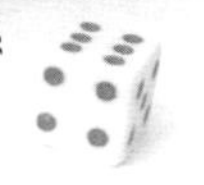

三、如何吸引非區域性的旅客

從上節的客源市場及客源結構發現，現今的博奕客源市場主要以區域內旅遊遊客爲主；也就是說，目前各國的博奕娛樂事業，能影響的範圍爲附近周遭國家的遊客。這對旅遊業而言，博奕產品的吸引力是非常不足的。因此，除了賭博遊戲外，要如何吸引非區域性的旅客前來旅遊，旅遊景點的建設與服務能力的提昇就顯得格外的重要。

在旅遊景點建設方面，景點建設的考量必須要溶入國際觀的角度，這和一般市民提供文化娛樂場所是有很大的不同考量需求。因爲做爲國際旅遊的景點，勢必要考量到各國的國情與文化；反之，若不去研究國際的脈動，不去細分市場走向，旅遊與博奕產品必然趨向相同化。如此一來，更談不上吸引遊客前往旅遊，遊客也更不可能浪費時間從老遠的地方來消費。根據劉雅煌在旅遊景點建設的建議，有以下三個指導原則[31]：

1. 不要分散資源，應集中重點建設幾個有規模、有影響力、能吸引遊客並具備讓遊客參與功能的大型景點，讓遊客可在此景點停留的時間爭取達到一個半到兩個小時以上。
2. 景點建設要有鮮明的個性特點。沒有特質就是沒有競爭力，未來學家約翰・奈斯比特強調，我們越變得全球化，我們的行爲越是民族化。他認爲加強文化特徵，行爲越是部落化，正是未來世界八大趨勢之一。
3. 政府應在新型大景點建設上發揮主導作用，並帶頭參與投資或在政策上傾斜，給予更多優惠與補助。

在服務能力方面，員工外語語言能力的加強是一項重要項目。此外，爲順應國際潮流，可藉由舉辦國際會展、會議來提升該國的知名度，並藉此吸引非區域性的旅客到訪。如美國的拉斯維加斯，每年幾乎有四千個大大小小的會議或展覽，且會議與會人士占所有觀光客的10%[32]。如此不僅可以吸引到非區域性的旅客，還可以隨著會議的需求量增加，進而提升客房的住房率及會議相關產業的需求。此外，該國的治安良好與否及人民是否友善，整體的交通建設及公共設施是否完善與便利，都會影響到國際旅客選擇旅遊目的地的決定。

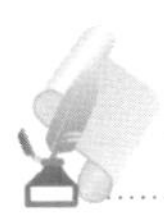

註釋

❶郭春敏（2005），《旅館客房作業管理》，台北市：揚智文化事業股份有限公司。

❷交通部觀光局（1996），《台灣地區設置觀光賭場之研究》。

❸資料來源：〈二零零七年第二季就業調查〉（20/08/2007），網址：http://www.dsec.gov.mo/chinese/ncs/c_ie_ncs_2007_q2.html。

❹謝文欽（2007），〈台灣離島具開放賭場條件 但首應降低負面效應〉，資料來源：http://www.rti.org.tw/big5/recommend/media/content.aspx?id=14【2007, MAR 20】。

❺TIA Edition (2000), Profile of Travelers Who Participate in Gambling, Traveler Industry Association, Executive Summaries.

❻Barbara K. Giannini (1996), Impact of Casino on residential property value, University of Nevada in Economics Department, Las Vegas，p.3.

❼劉煥彥（2007），〈業者押寶 賭窟變觀光勝地〉，《經濟日報》，2007/01/24。

❽劉雅煌（2004），〈博彩與旅遊的關係走向〉，博彩產業與公益事業國際學術研討會。

❾同註❽。

❿同註❽。

⓫麥格羅．希爾（2004），《策略行銷管理》，麥格羅．希爾國際出版公司。

⓬同註❽。

⓭資料來源：Airline Passenger to Las Vegas, http://www.insidervlv.com/airlinePassengers.2005.html。

⓮葉智魁（2001），〈「觀光賭場」與觀光遊憩〉，2001休閒遊憩觀光研究成果研討會。

⓯同註❽。

⓰同註❷。

⓱同註❷。

⓲同註❷。

⓳同註❷。

⑳同註❷。

㉑Linter Bertil (2000), North Korea coming In Form the Cold, *Far Eastern Economic Review*, found online www.far-easton.com.

㉒張於節（2002），《賭場模式發展觀光之影響研究——以綠島地區為例》，國立東華大學企業管理研究所碩士論文。

㉓同註⓳。

㉔許惠雯（2006），〈賭場霸主——澳門超越拉斯維加斯〉，聯合新聞網台北報導，2006/10/30。

㉕同註❽。

㉖同註❽。

㉗同註⓳。

㉘L. Chow (1997), Step right up, *Far Eastern Economics Review*, 160(22), 57-58.

㉙李立達、黃仁謙（2007），〈博弈教父史塔特曼：賭場發照　單一城市較佳〉，《經濟日報》，2007/08/28。

㉚同註❼。

㉛同註❽。

㉜〈美國拉斯維加斯打破博奕格局〉（2006），資料來源：http://www.tripshop.com.tw/n/text-n110601.htm【2006, APR 13】。

第九章

博奕娛樂事業面面觀

- 博奕娛樂事業之文化差異影響
- 文化差異對博奕行爲的影響
- 台灣設置博奕娛樂事業在文化風俗可行性之探討

博奕娛樂事業的發展，已經邁向國際化的路線。在這裏除了可以享受到世界各國的精緻美食，還可以接觸到來自世界各國不同的人種。因此在設置博奕娛樂場之前，瞭解客源及員工的國家文化及民俗風情是有必要性的。因爲國家文化的差異程度，往往會造成員工對於工作態度及價值觀認知方面的衝突[1]，進而影響到企業管理上的問題。同樣地，在顧客方面，也有可能因不瞭解其習性，而觸犯了顧客的禁忌，造成顧客的流失。因此，本章將先以國家文化的觀點，來瞭解員工與企業間的認知差距，進而從文化的差異，瞭解顧客的習性及看法，最後從台灣的文化風俗探討設置博奕娛樂事業的可行性。

第一節　博奕娛樂事業之文化差異影響

近些年來，受到拉斯維加斯成功經營博奕娛樂業的影響，很多博奕娛樂場的管理，都紛紛仿效其經營模式，慢慢地採用西化的模式。尤其是二〇〇二年澳門開放外資參與經營博奕娛樂業後，整個澳門的博奕娛樂業就如日中天一般，成爲澳門最火紅的行業。然而在西化的同時，我們是否更應注意到，在不同的文化背景下，會使不同的個體對事物有不同的看法與認知，進而反應至對該事物的接受程度。加上不同國籍的群體在其文化背景上也會有所差異，因此這種跨國籍的文化因素，對於不同國籍背景下之組織成員在接受某事物的態度程度上，也會有所影響[2]。因此，以下將以Hofstede在一九九三年所提出之國家文化五大構面，作爲員工管理意涵之推導，其構面解釋如下[3]：

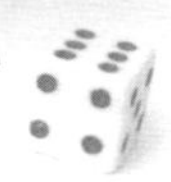

一、權力距離

權力距離（Power Distance）構面主要是探討社會中人們在權力和地位上不平等的情形[4]。權力距離愈大的國家，組織層級數目愈多，企業愈重視組織的層級結構，同時在決策權利的分配上，也較偏向於集權式領導。這意謂著部屬較不容易達到和領導者之間的互動，也較容易造成彼此員工間的階級差距。反之，權力距離愈小的國家，代表人們愈重視權力和地位上的平等分配。然而，就權力距離較大的亞裔員工而言，面對西化的博奕娛樂管理，可能會較習慣過去傳統式的組織結構，因而較不能適應及接受西化的「資訊分享」、「決策決定權」、「階級平等」、「溝通」等之高績效工作實務。因此，爲了讓員工重視組織成員間的參與和互動，人員的訓練及規劃，將是業者未來在管理方面應該加強的方向。

二、個人主義／群體主義

個人主義（Individualism）構面主要是探討個人和群體之間的關係。在個人主義的文化裏，人們擁有高度的自由，並重視自我的權益，常從個人的觀點來定義自我的利益、價值、尊嚴及幸福等。反之，與個人主義相對的群體主義（Collectivism），則重視群體的利益，強調個人與群體之間的互動關係。而博奕娛樂事業是一個以人爲主的事業，需要透過大量的人、事、物的合作，才能達成滿足顧客需求的目標。因此，對於個人主義較低的亞裔員工而言，其重視團隊合作的習性，剛好符合博奕娛樂業的要求。因爲在個人主義較低的文化裏，員工強調隸屬於組織，以

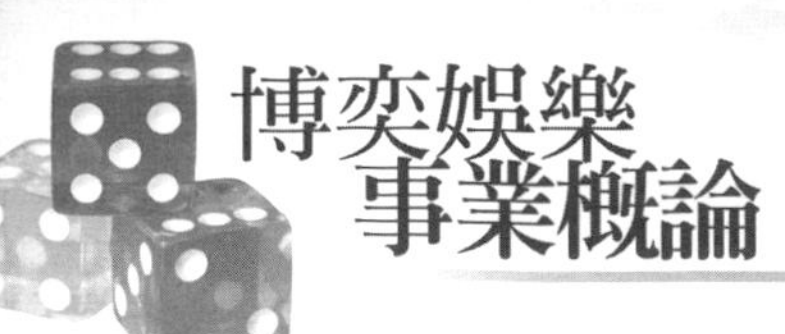

組織為榮；因而對其決策與工作進行皆會優先以組織整體的利益來做考量，而此類型之組織環境也較偏向於大家庭形式。

三、不確定性規避

不確定性規避（Uncertainty Avoidance）構面是衡量不同國家文化背景之成員，在面對不明確的環境時所能忍受不安的程度。不確定性規避的傾向愈高者，代表其在接受及忍受不明確狀況的程度愈低，而所謂工作安全保障，即是企業用來減低員工在工作上之不安的方法之一。藉由此保障的執行，可反應出企業對內部員工的重視，進而讓每位員工接受長期間的訓練，使組織內部的人力資源達到更有效的配置。同時這也足以讓企業在面對整體景氣低迷時，組織及員工仍具有信心來面對外在環境的變化。然而就博奕娛樂業而言，其企業是屬於競爭性非常高的行業，若不能常常推陳出新，將會流失客源，導致營業額下滑的情形產生。所以為了讓員工更具備有創新的精神，博奕娛樂業在採用高績效工作實務時，就應先設法降低員工所有不確定性的發生。因為不同國籍之企業群體，在不確定性規避程度愈大者，其接受不明確狀況的意願愈低。因此，業者在採用任何政策之前，應以員工工作安全感為前題。

四、物質生活導向

在物質生活導向（Quantity of Life）之衡量構面中，主要是探討性別角色的區別。物質導向愈高之國家，人們以金錢和事業為導向，汲汲於財富及名利上之追求，以求得更大的滿足感。所以有些企業透過各種獎酬方式（團隊生產力獎金、利潤分享）

來提升員工對工作自願付出的程度。同樣地，員工也較能傾向接受以「結果爲導向的績效評估」的做法。但是根據Hofstede研究發現，「不確定性規避」及「物質生活導向」文化構面，對於企業採用「誘因型薪資」的方案有顯著的關係。因爲，高度不確定性規避之員工，較缺乏工作上的安全感，所以較無法接受不確定性高之誘因型薪資。然而在物質生活導向愈高之文化環境中，爲了追求工作及金錢上的成就感，所以較容易接受企業採用誘因型的薪資措施[5]。此外，另有學者提出，跨國企業會受到資本來源國固有文化之工作價值觀影響，以中國大陸之美籍企業來說，其組織成員對工作所得持有正向積極的態度，且偏好以個人爲主的財務報酬來做爲誘因獎賞[6]。因此，就競爭激烈的博奕娛樂業而言，首先應加強員工工作的安全感，然後再藉由各種專業訓練，以提升員工的工作能力，進而使員工邁向勇於追求其工作績效的表現，如此一來，才能有效地提升企業整體績效。

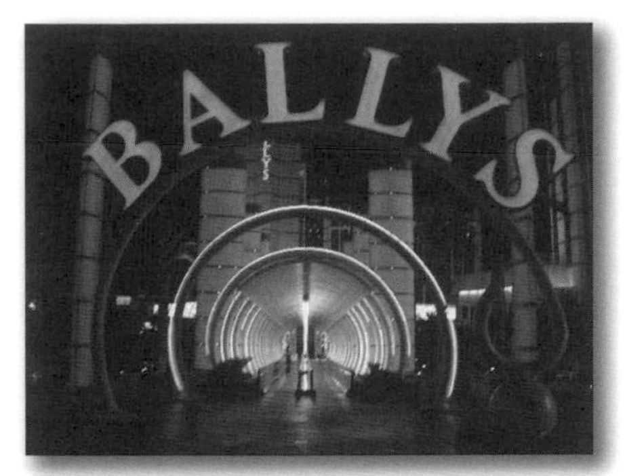

拉斯維加斯的Ballys Casino。

五、長期導向

長期導向（Long-term Orientation）文化構面，主要是衡量人們對時間所持有之態度，藉以區分出社會文化之不同。長期導向愈高之國家，意謂著國家對時間及事物的看法是持有長期性的觀點。同樣地，在這樣的國籍企業裏，企業較願意花時間來投資、培育內部的員工，並藉由組織的多元化及跨部門的訓練，使員工成爲一個多功能且具彈性的角色。另外，組織若能長期性地對員工施以培訓，累積其所需要之能力，當其有職缺的需求時，內部員工將是優先考慮的對象。這對於員工來說，其內部升遷的機會也因此相對增加。反之，在長期導向愈低之國家，其注重的是當前的利益，並不會爲其未來有所計劃。然而，博奕娛樂業是一投資金額龐大的事業，所以特別強調須在短時間內看出員工及組織之成效。因爲這裏的每一分、每一秒都是經營的成本，若不能在最短的時間發揮出最大的產能的話，對企業而言就是一種損失。因此，對於有興趣投入博奕娛樂業的人，在進入博奕娛樂事業之前，就應先訓練好自己的專業才能，如此一來，才能很快駕輕就熟地進入這個競爭激烈的行業。

經由上述國家文化的探討發現，不論是員工也好，企業也罷，在設置公司或投入企業時，都應謹愼考量跨國文化的影響因素。因爲一個國家的人力資源競爭優勢與國家文化之配適有密切關連[7]。因此，國際企業首先必須瞭解文化的起源與跨國家文化之意涵，如此才能設計適當的人力資源策略，以激勵具備某類特性的員工，使企業更具有競爭優勢。

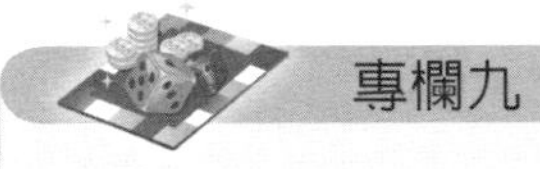

馬來西亞雲頂山莊

馬來西亞最著名的旅遊景點，除了首都吉隆坡的雙子星大樓外，當屬矗立在吉隆坡北方雲頂高原、海拔超過一千八百公尺的雲頂娛樂城。這裏是大馬賭王——林梧桐

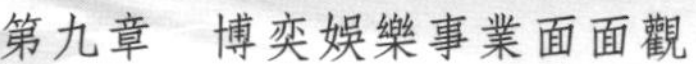
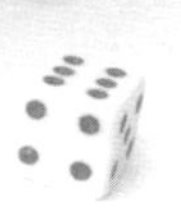

先生在一九六五年獲得銀行支持下所興建的酒店，並於一九七〇年獲得第一任首相東姑阿都拉曼的特許，在酒店開辦賭場，也是現今馬來西亞唯一的合法Casino。至今的雲頂娛樂城共有雲頂酒店、高原酒店、名勝酒店、麗園酒店、第一大酒店及麗雅公寓六間大型三星至五星級賭場酒店，目前由林梧桐先生的次子——林國泰先生擔任雲頂集團主席①。

因此，來到這裏的遊客，除了度假休閒外，就意味著來這裏賭博；因為這裏有亞洲第二大Casino之稱，二十四小時恭候世界各地的客人到此一賭②。而雲頂賭場就設在雲頂娛樂城的中心地帶，與名勝酒店、雲頂酒店和高原酒店相對獨立又相通相連，賭廳又分為：馬戲宮殿、蒙特卡羅廳、好萊塢廳、國際廳和貴賓廳。其中馬戲宮殿、蒙特卡羅廳和好萊塢廳是一般年滿二十一周歲者（馬來西亞籍穆斯林除外）都可進入。國際廳則是個私人博彩遊戲區域，只限銀卡會員進入，但外國遊客享有特別待遇，持護照登記後可進入一次。貴賓廳則只限金卡會員及被邀請的來賓可進入③。

而這些Casino的賓客中，以當地華人、新加坡人和中國人占九成以上，其餘是當地印度裔人，西方人只占些微。且每位賓客進入Casino時，都要通過裝了金屬探測器的安全門，攝影、攝像器材都嚴禁帶入，要存放在入口旁邊的貴重物品寄存處④。此外，Casino內的發牌員（荷官）和管理人員（Captain）熟諳英語、華語、粵語（廣東話）、閩南話（福建話）、客家話等，能夠應付新加坡、中國、台灣、香港等多地賭客，因此與中國賭客不會有交

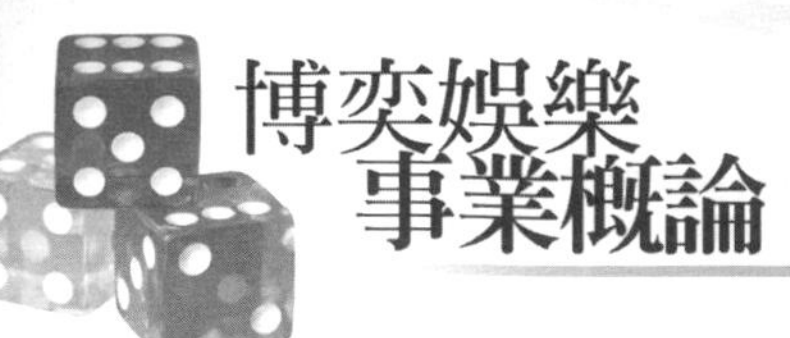

流障礙；甚至一些印度裔發牌者也能說一些簡單的漢語（普通話）和方言⑤。

雲頂賭場與一般Casino較不同的是，場內的發牌者都是年輕的俊男美女，專業水準高，且在開賭之前會先明確告訴客人，賭場是最大的贏家，如果客人不懂規則，可以在旁先學習；但如果客人不遵守規則，則會毫不客氣地將其趕出去。且在Casino裏面的絕大部分地方是禁煙的，因此癮君子也只能在一個小角落吞雲吐霧。另外為了證明Casino是紳士們娛樂的場所，規定男士需要穿戴襯衣領帶，或者身穿馬來民族服裝方能入場⑥。

①〈矗立山頂享譽亞洲，雲頂娛樂賭博合一〉，資料來源：http://www.chinapress.com.my/topic/series/default.asp?sec=gamble&art=0421gamble.txt。

②〈世界十大賭場之雲頂山莊：體會當上帝的感覺〉（2005），資料來源：http://big5.china.com/gate/big5/sports.china.com/zh_cn/lottery/cpzs/11027200/20050705/12456918.html【2005, JUL 05】。

③同註②。

④同註②。

⑤同註①。

⑥同註②。

第二節　文化差異對博奕行爲的影響

亞洲、歐洲及美洲的文化不同，故產生的思想、行爲也不同；同樣地，表現在博奕方面的行爲也會有所差異。雖然賭博行爲無論在形式上還是在內容上，和其他的智力競賽活動並無區

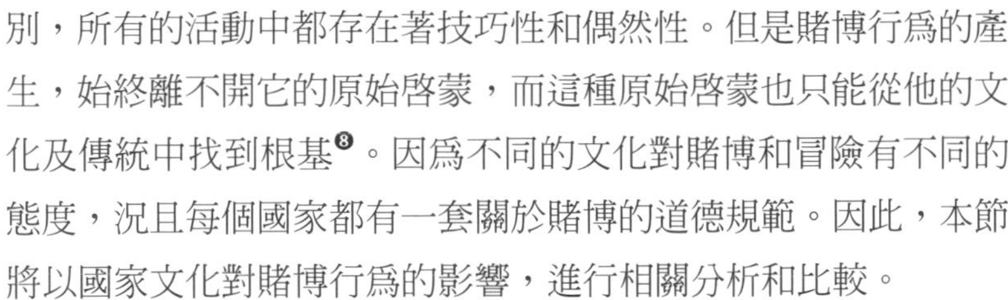

別，所有的活動中都存在著技巧性和偶然性。但是賭博行爲的產生，始終離不開它的原始啓蒙，而這種原始啓蒙也只能從他的文化及傳統中找到根基[8]。因爲不同的文化對賭博和冒險有不同的態度，況且每個國家都有一套關於賭博的道德規範。因此，本節將以國家文化對賭博行爲的影響，進行相關分析和比較。

一、對賭博的接受度

賭博在中國的文化可說是源遠流長。尤其在華人團體中，麻將可謂是生活的一部分，所以大部分的人認爲，玩麻將不算是賭博，只是一種遊戲而已。同樣地，在彩券方面，也因爲其投注金額較小，且投入的時間較少，加上有些被還冠上做公益的名稱，所以簽注彩券行爲也不算是賭博。但就其他國家文化而言，這一種遊戲和賭博是沒有區別的[9]。至於在回教國家而言，此種行爲更是被禁止的。因爲其教義本身就嚴禁賭博，甚至視賭博是一種不可饒恕的罪孽。此外，根據Blaszczynski、Huynh、Dumlao和Farelle的對華人社團的研究發現，華人團體有 2.9%的病態賭博比率，其中男性病態賭博情況（4.3%）較女性更嚴重（1.6%），而且和其他的國家文化團體比較，華人團體的2.9%的病態賭博比率是很高的[10]。因此，從文化方面來看，華人對賭博的接受度算是較高的。這也是爲何在世界各地的博奕娛樂場都在爭取華人客源的原因吧！

二、賭博動機大不同

賭博動機會隨著國家文化不同而有所差異，根據學者孫復等人對當地賭博習慣研究發現，在華人文化方面，賭博動機是多樣化且具有文化特點的。其主要目的包括尋找快樂、贏一點錢、喜歡這項活動、碰碰自己的運氣或接受一種智力挑戰等。當然嚮往博奕娛樂場設計的美感，以及體驗豪華服務的享受，也是華人團體前往博奕娛樂場的動機之一。在美洲文化方面，由於很多人從小耳濡目染，因而賭博和病態賭博之間沒有太大的區別。因爲當地每個人都賭，而且也因爲賭博表現出其毅力、冒險和挑戰的積極價值觀。在阿拉伯文化方面，很多人參與賭博的動機，是想利用機會靠近某特定的社會群體，其行爲被視爲一種社交活動。而在海地，很多人認爲中大獎是唯一可以改善他們生活狀況的機會。雖然各地的人參與賭博的動機各有不同，但其文化的烙印卻處處可見。如美洲地區的人具有傳統冒險的精神，阿拉伯人具有商業頭腦，海地人個性質樸，這都是代表各國文化的烙印。而華人的文化傳統是人們時時刻刻在尋找一種智力遊戲，而這種智力遊戲卻是找尋不完的。這種感覺就好像是我們欣賞大自然，但大自然永遠不能滿足我們一樣[11]。

三、迷信問題

「迷信」在中國文化裏一直是個存在的問題。但迷信並非是中國文化的專利品，根據Atkinson等人所著《心理學》中提到，在美國受大學教育的人，相信超感覺等奇異現象（包含心靈感應、預知未來、透視能力）的高達三分之二，未受大學教育的成年人也有半數相信[12]。由此可見，迷信問題已經跨越國界和種族。但是受到文化的影響，東西方文化對迷信的見解及形式也各有不同解讀看法。例如在數字方面，中國人迷信數字八，認爲八的諧音通發，可以爲人帶來財運，要是多幾個八似乎會更好，所以有人車牌號碼選8888等。另外，中國人和日本人都忌諱數字四，因爲四的諧音是死，有不祥的徵兆，所以很多醫院的樓層或是房號都沒有四這個數字。同樣地，西方人也有其數字忌諱，像數字十三就是一般西洋人較忌諱的數字。因爲這個數字代表厄運、死亡等意思。尤其是遇到十三日配上星期五則被視爲雙重的不吉利。因此若遇到這一天，愛爾蘭人可能找一束荷蘭翹搖放在帽子裏，蘇格蘭人則可能選擇石南花，其目的都希望能藉此來趨吉避凶。當然在西方文化裏，也同樣有一些較吉祥、幸運的數字，如數字三、數字七，都是西方文化認爲較幸運的號碼。此外，東西方還有一些其他忌諱，例如，中國文化忌諱用紅色筆寫人的姓名，認爲黑色代表有人死亡，送禮不可送雨傘（代表分散）跟時鐘（代表壽命終了）等。西方文化認爲破鏡可能帶來不好的運氣，在梯子底下穿過會引魔鬼入室等。因此，業者在經營上應多留意各國文化所忌諱的各項人、事、物，以免觸犯到顧客禁忌，而造成顧客的流失。

四、對戒賭的幫助

所謂的病態賭博指的是當某人因賭博而影響到自身的身體、心理、財務及健康等，嚴重的話還會危害到家人和親友。而這些賭博問題的嚴重性和賭博價值觀的文化有關，因爲文化價值觀不僅能影響賭博行爲，而且也影響到尋求戒賭幫助的態度[13]。因此，以下根據學者孫復等人對當地賭博習慣研究發現，中美洲團體對於賭博的預防，認爲應將重點放在年輕人身上，並對賭博廣告進行改革。對於病態賭博者應加強宗教在戒賭幫助上的作用，甚至借助社區力量來減少社會工作者和賭徒之間的文化距離。在阿拉伯團體中，由於受到其教義規範，因此似乎很少賭博的問題產生。另外在海地，預防賭博似乎是一個陌生的概念。有

趣聞九

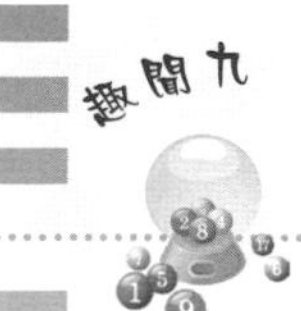

職業賭徒笑話

有一天，突然有一位穿著破爛的中年男士走進一家酒吧。這位中年男士對調酒師說：「先生，我想請在座的每位客人喝一杯酒。」調酒師說：「當然可以，不過現在正處於經濟蕭條時期，我需要先看你是否帶有足夠的現金才行。」於是中年男士從口袋裏掏出一疊鈔票放到吧檯上。調酒師看到後，簡直不敢相信他竟然有那麼多錢，好奇地問道：「你從那裏掙到這麼多錢呢？」

中年男士回答說：「我是一個職業賭徒。」調酒師說：「這怎麼可能？我的意思是，在賭場你贏的機率頂多一半一半，不是嗎？」男士說：「當然，不過我只賭我肯定能贏的遊戲。」「能舉個例子嗎？」調酒師問道。男士說：「當然可以。不然，我和你打個賭好了，假如我能夠用自己的牙咬到自己的左眼，那你就給我五十元。」調酒師心想，這怎麼可能，於是說：「好，我與你賭了。」話才剛說完，男士就將他的假左眼拉出來，放到嘴裏咬了一下。調酒師大呼：「呀，我上當了！」但還是付了他五十元。

這位男士又說：「我再給你一個機會。我們再賭五十元，我可以用我的牙咬到我的右眼睛。」調酒師想了想說：「你並非盲人，因為我看見你走進這個酒吧，我和你賭了！」話音又剛落下，就看中年男士從嘴裏拿出他的假牙咬了右眼睛一下。調酒師大呼：「我又上當了！」「現在你知道我是如何贏到這麼多錢了吧！不

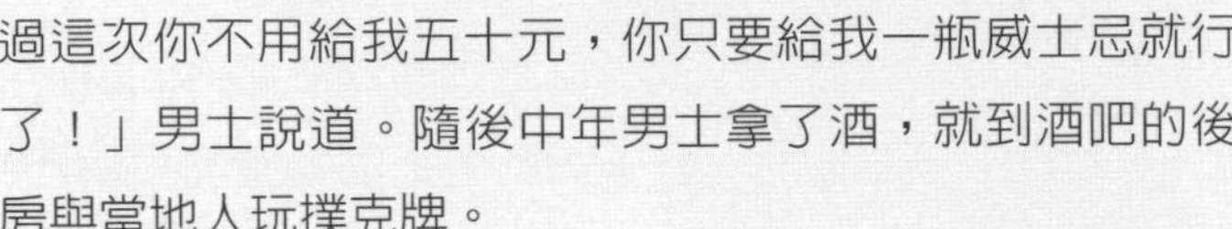

過這次你不用給我五十元，你只要給我一瓶威士忌就行了！」男士說道。隨後中年男士拿了酒，就到酒吧的後房與當地人玩撲克牌。

過了很長時間，這位老兄醉醺醺地走到吧台前跟調酒師說：「我給你最後一個機會。我和你賭五百元，我可以一隻腳站在這張吧檯上，並把尿尿到你身後酒架上的那個空瓶子裏，而且保證不滴到外邊。」調酒師沈思半天，心想這傢伙一定醉糊塗了，兩隻腳都站不穩，而且酒瓶口又那麼小，怎麼可能把尿全尿進去，於是說：「好，我和賭這最後一次。」於是乎，中年男人爬到吧檯上，單腳站立，開始尿尿。

果不其然，這位中年男人非但沒有辦法將尿尿到空瓶子裏，還尿到調酒師身上，及吧檯的每個角落，甚至還尿到他自己身上。這時調酒師開心地又跳又笑，並對中年男士喊道：「老兄，你不是說你只賭你肯定贏的遊戲嗎？但這次你輸了，該付我五百元了。」中年男士開心地說：「沒問題，但我並沒有輸。因為我剛和一起玩牌的那些人打賭，如果我可以把尿尿到你身上及吧檯的每個角落，而且還能令你不但不生氣，反而有跳又笑，那他們每個人就輸我一千元。你瞧，我又贏了！不是嗎？」

資料來源：〈職業賭徒〉，http://www.rebeccasuperbook.com/forum/viewthread.php?tid=794&extra=page%3D1，2005-10-25。

些人認爲賭博問題是不可阻止的。如果一個人願意賭，沒人能阻止他。至於在華人團體中，則認爲應加強關於賭博的潛在危險的宣傳，並透過大量的家庭、社區活動，從而迫使熱衷賭博的家人參與，以改變其賭博機會與意志。然而，不論透過宗教、家庭，或是社區，我們都必須注意到戒賭的處理，還存在著文化差異的問題，這也是未來設置博奕娛樂業及戒賭機構應考量到的問題。

第三節　台灣設置博奕娛樂事業在文化風俗可行性之探討

博奕娛樂事業是一個多元化的娛樂事業，是近幾年來全球正在火紅的熱門行業，就連禁賭四十幾年的新加坡，也迫於提升經濟及觀光的壓力，於二〇〇六年同意開放設立。然而，爲博奕娛樂設置吵了幾十年的台灣，究竟該不該開放呢？其實沒有人可以說出一個準則來，因爲博奕娛樂事業的設置，勢必會對台灣的觀光遊憩、經濟文化、社會治安，甚至於整個政府生態，造成若干的正面與負面影響。但就現階段而言，博奕娛樂事業之開放政策，並不能用全贏或全輸的觀點來論斷，而是以利多於弊或弊多於利的觀點來分析。因此，本節將從國家文化的觀點來探討台灣設置博奕娛樂事業的可行性，以做爲政府未來之考量。

一、賭博風氣

中國人愛賭已經是衆人皆知的事情。同樣地，台灣人愛賭，也不是一天兩天的事。尤其從民國七十三年民間發展出一股影響深遠的賭風——「大家樂」後，不僅使得我國發行近三十年

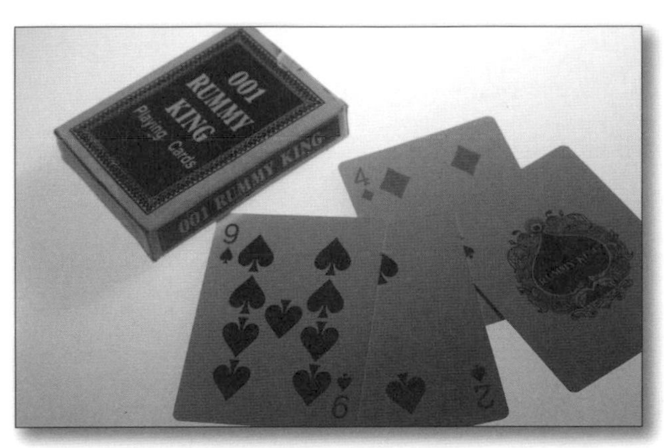

常用的賭具——撲克牌。

的愛國獎券被迫終止，也影響到原賴以維生之殘障人士的生計。台灣賭風興盛，甚至有人還以越洋方式簽賭香港「六合樂」，雖然在政府強力取締之下已漸走下坡，但是卻衍生出更多的負面影響[14]。例如諳知國人愛賭心理的大組頭，改以高額利息吸引民間投資，可是好景不常，許多經營不善的地下投資公司的惡性倒閉，使民衆血本無歸的案例比比皆是。除此之外，以六合彩爲名的詐騙集團也層出不窮，加上近幾年來職棒簽賭案、球員打假球的事件，以及民衆瘋狂集資簽注樂透彩，無一不突顯出國人愛賭的風氣。

二、謠言迷信的興風作浪

在華人的信仰裏，鬼神的存在是被一般人所肯定的。所以有許多民衆爲了中獎，上焉者寫電腦程式，試圖找出彩券開獎模式，下焉者求神問卜，乩童、百年老樹、墳墓等，都成爲請教幸運號碼的對象，以致中部地區流傳，要中獎就得「活人問死人，正常人問瘋子」的笑話。而這種情形就誠如中研院民族研究所研究員瞿海源指出，「大家樂加強了大衆不理性的信仰」[15]。因此，就有不少神棍利用民衆這種不理性的信仰心態，讓信徒誤以爲大家樂的號碼是神明旨意，進而對信徒進行騙財、騙身之詐術等。甚至還有人曾傳說過，有人不惜在墓園裏，以跳脫衣舞方式，來答謝死人所報的明牌。而這種種怪異的迷信風俗，皆對台灣造成負面的影響。

三、社會價值觀

賭博對我國的政治、社會、經濟已造成重大影響。除了大家樂、六合彩等賭博，我國社會還充斥著非法的職業賭場、賭博性電動玩具等。而這些賭博活動對於賭徒個人的價值觀、財務、身心健康、家庭維持、人際關係、工作能力等都造成相當的影響，嚴重者更觸犯法令而身陷囹圄，個人、家庭及社會均付出相當之代價。此外，警檢人事成本提高，政府公信力受挫，黑道勢力坐大，政府公務人員觸犯貪污、包庇醜聞事件等，皆對國家社會造成無以彌補的損失。根據一九九六年交通部針對台灣地區設置觀光賭場之研究發現，一般民衆及專家學者均擔心觀光賭場對社會造成負面影響，如黑道分子的涉入、造成色情行業興盛、使青少年崇尚拜金主義、賭風猖獗、賭博人口增加，以及破壞風土民情等[16]。因此，在考量設置博奕娛樂事業之前，我們更應該正視人們生活價值觀的重要性，以避免未來淪落成病態賭徒，變成社會的負擔及問題。

四、法令的認定

博奕娛樂事業之發展已成爲世界潮流，然此事業不論過去

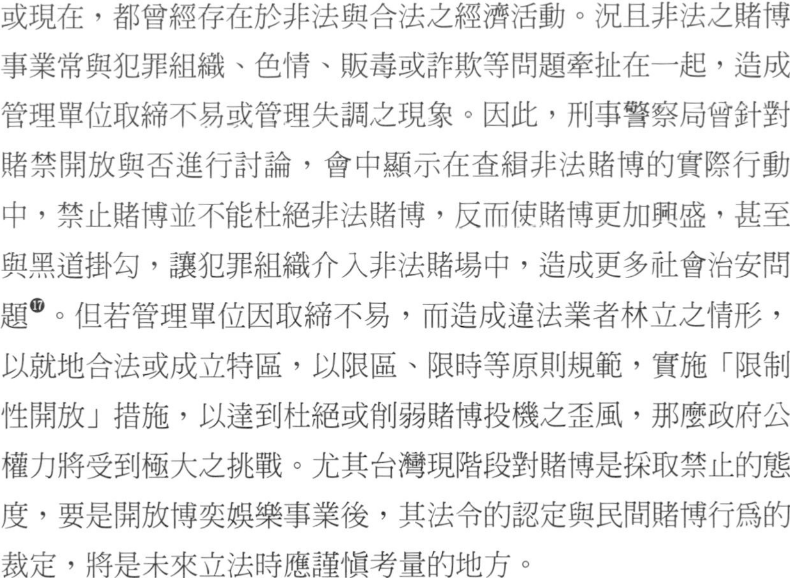

或現在，都曾經存在於非法與合法之經濟活動。況且非法之賭博事業常與犯罪組織、色情、販毒或詐欺等問題牽扯在一起，造成管理單位取締不易或管理失調之現象。因此，刑事警察局曾針對賭禁開放與否進行討論，會中顯示在查緝非法賭博的實際行動中，禁止賭博並不能杜絕非法賭博，反而使賭博更加興盛，甚至與黑道掛勾，讓犯罪組織介入非法賭場中，造成更多社會治安問題[17]。但若管理單位因取締不易，而造成違法業者林立之情形，以就地合法或成立特區，以限區、限時等原則規範，實施「限制性開放」措施，以達到杜絕或削弱賭博投機之歪風，那麼政府公權力將受到極大之挑戰。尤其台灣現階段對賭博是採取禁止的態度，要是開放博奕娛樂事業後，其法令的認定與民間賭博行爲的裁定，將是未來立法時應謹愼考量的地方。

有鑑於此，若以維持社會風氣的角度來看，博奕娛樂事業開放的對象若只針對國際觀光客，則僅提供國外觀光客娛樂項目，對本國人的影響較少，不致造成賭風猖獗及賭博人口劇增的負面效果。但相對地，台灣本身有多少觀光資源，可吸引外國觀光客前來遊玩，是設置博奕娛樂事業前値得進一步探討之問題。此外，台灣還要面對周遭發展博奕國家的競爭（如澳門、新加坡、韓國等）。因此，筆者建議台灣要設置博奕娛樂事業之前，應對於博奕娛樂事業經營的相關措施都予以仔細評估，以確保其對社會所帶來的負面衝擊降到最低。尤其在規模方面，結合觀光休閒設施的形式比單純附屬於旅館之形式更具社會意義。如此一來，方可提供參與者多樣化的休閒遊憩體驗，以彌補國內目前休閒遊憩設施不足之憾。除此之外，博奕娛樂業的開放初期，其帶來的經濟效益必然可觀，但隨著市場成熟甚至衰退之際，是否還要繼續發展另類替代的博奕遊戲，如賽馬、彩券等活動，這些都是在首開博奕活動合法化之前必須深思熟慮的問題。

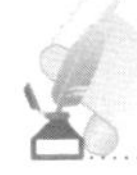

註釋

❶張維麟（2002），《技術轉移方式與國家文化差異對移轉績效之影響研究》，國立東華大學國際企業研究所碩士論文。

❷A. L. Koreber & C. Kluckhohn (1952). Culture: A critical review of concepts and definitions. Peabody Museum Papers, 47. Cambridge,MA: Harvard University Press.

❸王馨（2003），《文化、人格心理因素、高績效人力資源管理實務與組織績效》，國立成功大學國際企業研究所碩士論文。

❹G. Hofstede (1993) Cultural constraints in management theories. Academy of management executive, 7(1).

❺同註❹。

❻L. H. Pelled & K. R. Xin (1997). Work Values and their Human Resource Management Implications: a theoretical comparison of China, Mexico, and the United States. *Journal of Applied Management Studies*, 6(2): 185-198.

❼L. Hoecklin (1994). Managing cultural differences: Strategies for competitive advantage, *Wokingham*, England: Addison-Wesley.

❽孫復、伊麗莎白・帕枇努、賽智・舍拉里（2005），〈傳統文化對賭博行為的影響〉，博彩產業與公益事業國際學術研討會。

❾同註❽。

❿A. Blaszczynski, S. Huynh, V. J. Dumlao, & E. Farrell (1998). Problem gambling within a Chinese speaking community. *Journal of Gambling Studies*, 14(4), 359–380.

⓫同註❽。

⓬〈別讓心理現象拖垮科學知識〉（2007），資料來源：http://web.mac.com/cikuo/iWeb/5D6CE4D2-E89A-4539-9A6E-CD7F2133F8CF/6DEF7352-0906-44F7-BF45-EA5E7A716E57/5CA593EB-4382-440A-A222-EB913D2948CF.html【2007, MAR 25】。

⓭同註❽。

⓮交通部觀光局（1996），《台灣地區設置觀光賭場之研究》。

⓯同註⓮。

⓰同註⓮。

⓱同註⓮。

第十章
博奕娛樂事業行銷管理

- ♣ 博奕娛樂事業之行銷環境
- ♣ 博奕娛樂事業之行銷策略
- ♣ 博奕娛樂事業行銷創新

所謂的行銷，是將公司的理念與企業的哲學，經由各種管道使之發揚光大。其主要的目的乃是爲了創造交易，使買賣雙方都心甘情願地拿出有價值的事物來進行交換[1]。而行銷的交易，乃是爲了滿足個人與組織的目標，因爲各種行銷活動所產生的交易，可以帶來滿足個人或組織的有價值事物，進而滿足其目標。企業管理大師彼得・杜拉克（Peter Drucker）認爲，「創造顧客」是企業的首要任務之一[2]。因此，就「創造顧客」這個字面來解釋，除了開發更多的顧客光臨外，更意味著企業要開創出更多商品與服務，以滿足客戶所有的需求。

相同地，博奕娛樂事業是一種綜合性的娛樂事業，是一個包括賭博、秀場、餐飲、高品質度假住宿及其他娛樂設施的休閒遊戲場所，也是一個可以滿足顧客遊憩度假的地方。若要將行銷應用於博奕娛樂事業中，其可行銷的產品，將是十分的多元化，除了賭場本身可吸引賭客外，知名大型的秀場表演、裝潢典雅的高級住宿及精緻的美食佳餚，都可做爲行銷的標的物。然後，其最大的宗旨，還是以「創造顧客」及「讓客戶再度光臨」爲目標。因此，本章將以博奕娛樂事業的行銷環境、行銷環境策略來做介紹，並提供一些創新行銷意見供業者參考。

第一節　博奕娛樂事業之行銷環境

行銷環境及行銷策略是做行銷決定成功與否的兩大主要因素。所以在做任何行銷決策之前，最好先針對欲行銷的產品進行行銷環境分析。其中行銷環境指的是超出行銷經理人可直接控制範圍的項目，包括同業的競爭、當地的立法與管制、經濟環境、科技環境、社會與文化環境及組織的目標與資源等[3]。因此，在

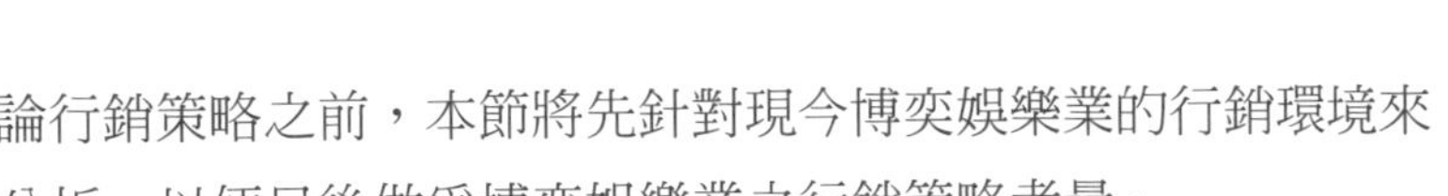

討論行銷策略之前，本節將先針對現今博奕娛樂業的行銷環境來做分析，以便日後做爲博奕娛樂業之行銷策略考量。

一、同業的競爭

博奕娛樂業是近些年來發展相當快速的行業，已成爲美國觀光業的主要趨勢之一，甚至全世界亦然。因此，要從衆多的競爭者中脫穎而出，就必須先從瞭解對手做起；這正是所謂的「知己知彼，百戰百勝」的法則。因爲唯有透過瞭解競爭者的優缺點，才能確保組織有足夠的彈性及能力，並可立即針對競爭者的行動做修正。同時亦有助於己方未來擬定行銷策略及市場的定位。例如，業者可製作一個競爭比較總表（如**表10-1**），來瞭解其他博奕競爭者的優缺點等。

表10-1　競爭比較總表

	客房數量	餐廳數量	賭檯桌數	工作人員	秀場空間大小
業者自己	2,500間	12家	275桌	4,000人	可容納2,000人
A博奕場	3,500間	12家	400桌	6,000人	可容納3,000人
B博奕場	1,800間	8家	200桌	2,500人	可容納800人
C博奕場	2,000間	10家	300桌	3,000人	可容納1,000人

資料來源：作者自行設計。

如**表10-1**，我們可以很清楚地看出A博奕場的經營規劃最大，B博奕場的經營規模爲最小，而C博奕場的規模跟業者本身最接近。但就整體競爭性而言，業者在客房數量、餐廳數量及秀場空間大小方面，都占較多的優勢。因此，在未來的行銷規劃時，可從這方面多下點功夫來行銷。例如，可將住宿、餐飲或秀場表演結合在一起，並做出一套完整的配套方案來做促銷。

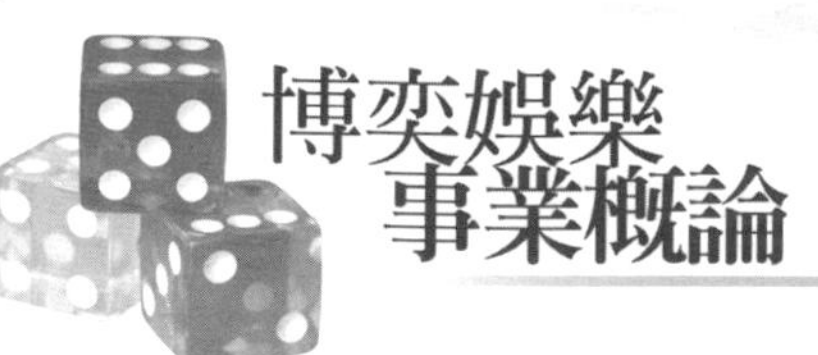

二、當地的立法與管制

行銷的方法雖然很多，但有些行銷會直接或間接地受到當地的立法與管制所影響。因爲有許多法令是關於廣告、促銷方法或是誰不能飲酒等等諸多規定[4]。所以要在不觸犯法律的條件下，又要達到行銷的目的，在行銷規劃時，就必須更小心謹愼。同樣地，在博奕娛樂業方面，受到立法的限制的行銷範圍也蠻多的。例如，賭場廣告在英國與荷蘭是被嚴格禁止的，其他各國政府對於賭場廣告也都採取低調處理態度。但業者仍可以透過節目表演、飯店餐飲來做宣傳，以替代賭場廣告等。此外，幾乎所有的博奕場都有年齡的限制，關於這點的法令規定，業者就不得不遵守，因爲要是被人發現或舉證的話，業者將被處以重罰，嚴重的話甚至可能沒收其經營權。

三、經濟環境

經濟景氣與否，對博奕娛樂業來說，具有相當大的影響。除此之外，投資開發案的時機與地點也很重要，沒有在適當的經濟環境開發，都有可能造成嚴重的損失及影響。譬如利率的變動，會影響企業貸款的成本；匯率的變動，則會影響觀光客出遊的意願；企業的收益變少，企業會減少商務性旅遊的經費，或將全國性的會議改爲區域性的會議；人民收入變少，出國旅遊的習慣變成待在家裏看電視等。但常言道，危機就是轉機，所以業者要如何在不景氣的環境下，殺出一條生路，就必須改變其行銷計畫，以吸引民衆前來消費。例如，改變以往促銷風格，將促銷對象從國際遊客改爲本國遊客，以低廉的房價吸引本國居民，以國

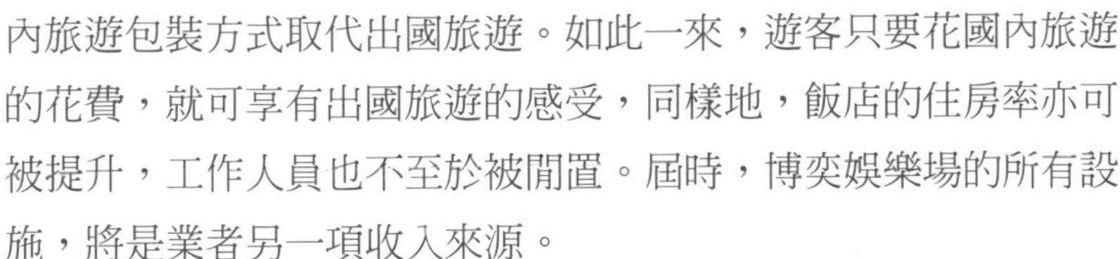

內旅遊包裝方式取代出國旅遊。如此一來，遊客只要花國內旅遊的花費，就可享有出國旅遊的感受，同樣地，飯店的住房率亦可被提升，工作人員也不至於被閒置。屆時，博奕娛樂場的所有設施，將是業者另一項收入來源。

四、科技環境

由於博奕娛樂業是一個靠人的事業（People Business），所以在人事成本方面占有很高的比重。因此，若這方面有可以增進工作效率的科技技術，將可爲企業帶來更多的助益。此外，受到科技不斷地創新的影響，消費者對新穎科技產品的需求也越來越高，若服務業不能引入最新的科技產品，將可能失去市場競爭的優勢。因此，在未來的行銷方面，除了要繼續提升服務人員的素質外，更要開始著重於科技產品的更新與創新。例如，將原本笨重的房門鑰匙，改由電子感應卡來取代，並且透過科技辨識技術，將遊客消費卡和這張鑰匙卡結合。以後遊客只要憑這一張鑰匙卡，就可以在博奕娛樂場內消費。如此一來，不僅可以方便顧客在此消費，二來也可以節省飯店結帳的時間及鑰匙打造的成本。此外，不斷地引進新的電子遊戲機，也是吸引客人前來遊樂場的行銷方式之一。

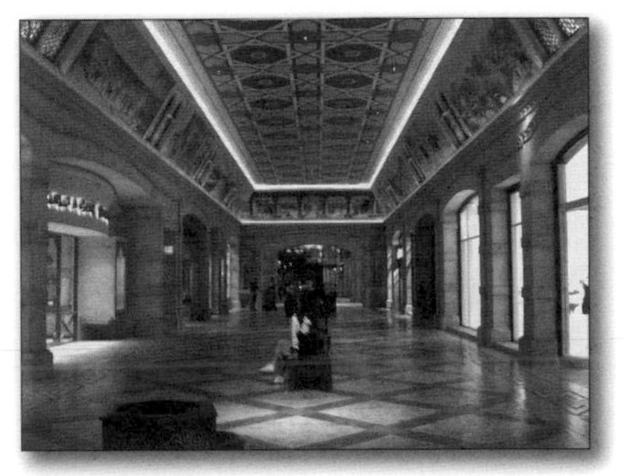

拉斯維加斯的Casino大廳，裝潢得富麗堂皇、金碧輝煌。

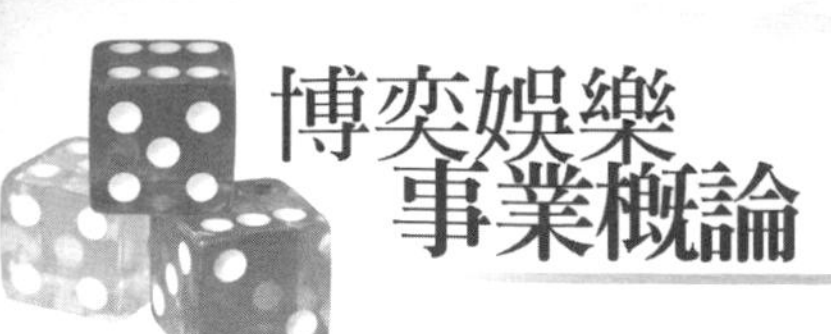

五、社會與文化環境

受到社會變遷的影響，現代人對各式各樣文化的接受程度，都比以往有大大的提升，然而在行銷規劃時，還是必須考量到少數人的感受。尤其是在文化道德的規範下，更應考慮到顧客會如何回應各種行銷活動。除此之外，亦可透過社會分析（Socical Analysis）來瞭解特定區域範圍內的社會概況的統計資料，包括這個區域內人口的年齡、性別、個人平均所得、家庭人口數、職業、教育程度、宗教信仰、種族／族群以及國籍等統計調查。然後市場行銷專業人員會根據這些資料予以統計分析，歸納出具有相似背景的族群，和他們這個族群所面臨的問題，然後針對這些問題，提出能符合顧客期望的行銷方案[5]。例如，可針對女性消費族群做有關美容SPA、精品百貨方面等的促銷活動；對男性消費族群做高爾夫球、博奕娛樂方面的促銷；對高收入的族群做全套式服務行銷等。

六、組織的目標與資源

一個偉大的行銷點子，可能與組織的目標或政策相違背，因而遭到拒絕採用。因爲所有行銷活動是必須和其他活動一同競逐組織有限的資源，要是沒有妥善的規劃，將造成企業不必要的浪費及衝突[6]。因此，在制定行銷計畫時，就應先清楚瞭解組織的目標與資源，然後在可運用的預算及人力資源下，投入可產生最大預期效益的行銷活動。例如，A行銷計畫是以提供免費的秀場表演來吸引住宿的遊客，B行銷計畫是以門票買一送一的方式來促銷秀場表演，兩個促銷方法表面上看起來都不錯，但

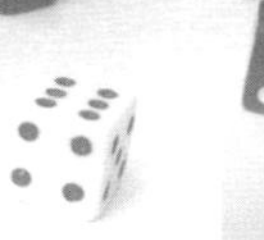

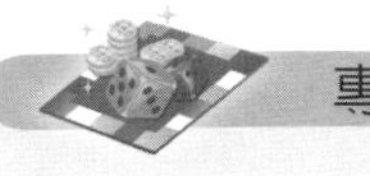

專欄十

越南涂山賭場

越南涂山賭場是位於越南涂山旅遊風景區延伸至海邊的一個半島上。這裏三面臨海，風景秀麗，是旅遊和度假的理想去處，也是越南北方的避暑勝地。在半島的盡頭處，坐落著一座獨立的法式建築，門前有著精心維護的花園及寬闊的廣場，便是現今的越南涂山賭場。據傳當時有一位名叫Stone的法國女人，因為中了印度支那彩票頭等獎後，便將此地買下，並精心建造成現今越南唯一的Casino（博奕娛樂場），恐怕也是世界上社會主義國家唯一的Casino[①]。

目前涂山賭場由越南政府與澳門賭王何鴻燊聯合經營，除了工作人員外，按越南政府的規定，越南本地公民是嚴禁進入Casino賭博的，只允許外國人進入，賭客進入Casino按規定要驗明護照。其建物主要分為兩層，第一層供普通賭客遊玩，第二層為貴賓區。場內裝修豪華，百家樂、二十一點、輪盤、吃角子老虎機等賭博器具一應俱全，且Casino只接受美元換籌碼，但賭客也可用越南盾、人民幣、港幣等外幣兌成美元，再購籌碼下注。此外，涂山賭場為了方便賭客，準備了許多輛中型巴士和轎車，定時往返於海防市與涂山之間接送賭客。對於特殊的賭客，Casino亦可免費派車到河內或其他城市接送。另外，賭注的大小，隨不同的賭桌有不同的限制，小的從一美元起，大的數萬美元。賭客亦分為下列四類[②]：

第一類：一般遊客。目前越南涂山賭場已成為旅遊團主要的參觀景點之一，其中90%是中國人。

第二類：駐越南的外國公司人員。這類人大部分也是中國人。由於做生意有錢，屢有大手筆，每場輸贏都在上千美元。

第三類：邊境地區做生意的小商人。這類人通常每注下一到十美元不等。但半天下來，也得輸個上百美元，辛苦幾天賺來的錢，就這樣白白扔給了賭場。

第四類：專程從各地過來的賭客。這類的賭客，有不少人偷偷越境過來賭博，在Casino出手也很驚人，一次兌換十、二十萬美元籌碼者大有人在。

但若論其規模，涂山賭場簡直微不足道。它只及澳門賭場的百分之一，而澳門賭場又只及拉斯維加斯賭場的百分之一。然而，這樣一個Casino，對於一個剛剛打開國門的社會主義國家來説，其影響非同小可，不僅使越南海防每年可以收到高達一百萬美元的税額，還增加了當地就業機會，也增加了越南政府的財政收入。最重要的是它帶動了越南旅遊業的發展③。

①〈世界十大賭場之越南涂山：社會主義國家唯一賭場〉（2005），資料來源：http://big5.china.com/gate/big5/sports.china.com/zh_cn/lottery/cpzs/11027200/20050705/12456964.html【2005, JUL 05】。

②〈越南涂山懸崖上開賭〉，資料來源：http://www.chinapress.com.my/topic/series/default.asp?sec=gamble&art=0429gamble.txt。

③同註①。

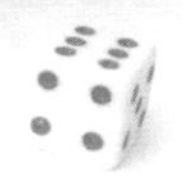

是當兩個促銷活動同時進行時，就有可能產生一些作業上的問題。因爲秀場可容納的空間是固定的，當在銷售時，是要以住宿的客人爲優先呢？還是以購票的客人爲優先？另外，還有可能發生因作業疏失超賣門票的問題。因此，在規劃促銷活動時，必須確定每種方法都能與其他方法產生互補之功用，而非相互掣肘。

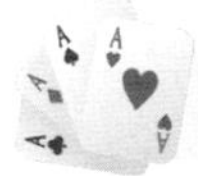

第二節　博奕娛樂事業之行銷策略

所謂的行銷策略，指的是從不同的顧客團體、配銷通路及價錢結構等組合中，找到適合該企業發展的特定方向或路線。同樣地，當行銷人員規劃如何達到預定目標時，都會先檢視各種可行的行銷策略，並在這其中選擇出與組織及資源最配合的行銷策略。同時，在可運用的預算與人力資源下，投入於可產生最大預期效益的行銷組合[7]。因此，本節將提供以下幾個行銷策略，供博奕娛樂事業業者做爲未來行銷之參考。

一、配套行銷

所謂的配套，指的就是將彼此相關且互補的服務，加以組合成某一個單一價格的產品，以便更符合顧客的需求[8]。也就是說，以不大於A+B的價格，將A、B產品包裝在一起賣出，如此一來，不僅可提高整體銷售收入，亦可讓顧客有物超所值的感覺。例如，一般來博奕娛樂場度假的客人，都免不了要住宿和飲食的問題，因此業者可在行銷時，將住宿與餐飲包裝在一起，顧客只要多付一點錢，就可以同時享受到舒適的住房和精緻的美食。除此之外，還可以多設計幾個附加配套方案供顧客選擇，例

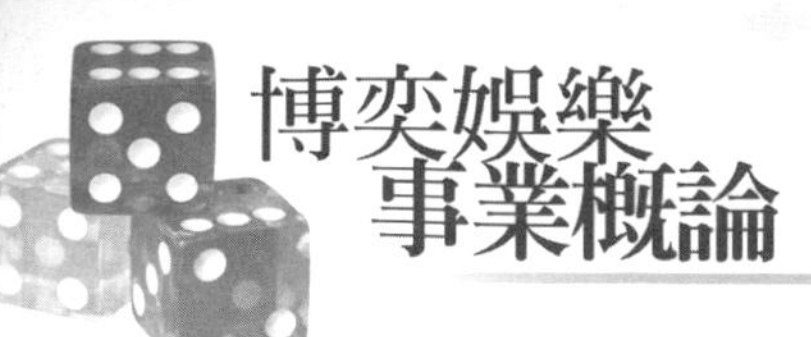

如，只要再加付三分之二費用，就可以享有秀場表演的門票，或付全額即可享有買一送一的優惠，甚至還可以再用加增飲料等方案，來刺激顧客再次消費的意願。

二、旅遊仲介業配銷

博奕娛樂事業與旅遊業的關係是密不可分的，可謂是魚幫水、水幫魚。所以在銷售上，除了自己直接配銷外（指的是業者自己承擔起促銷、預訂及提供顧客服務等細節），大部分的業績還是要靠旅遊業者或其他仲介人來幫忙配合銷售。但是在配合銷售之前，業者應先考量其行銷目標及配銷者的能力，然後再制定配銷方案。例如，提供優惠的住宿價格給業者，使其觀光客可到此住宿，進而可以吸引客人前往Casino遊玩。另外，也可和會議規劃者合作，同樣以優廉的住房價格，配備完善的會議廳，來吸引其客人在此舉辦會議等。此外，亦可和專門仲介賭客的仲介人合作，以澳門爲例，仲介人制度是澳門博奕制度中最具有特色的要素之一，因爲澳門的博奕客人，主要是靠仲介人拉來的，因此博奕業與仲介人的關係是非常巧妙的。博奕業要支付報酬給仲介人，但仲介人也需達到某種業績，才可取得這份酬庸；這種關係有點像雇傭關係，但卻又沒有實際的合約[9]。但這種配銷關係還是幫澳門帶來不少賭桌上的收益。

三、廣告行銷

廣告行銷是最常見也是最具滲透性的行銷組合，但不見得是最有效的行銷手法[10]，尤其是對博奕娛樂業而言。因爲有些國家是嚴禁賭場廣告的，所以要是將廣告目標設定錯誤的話，除了

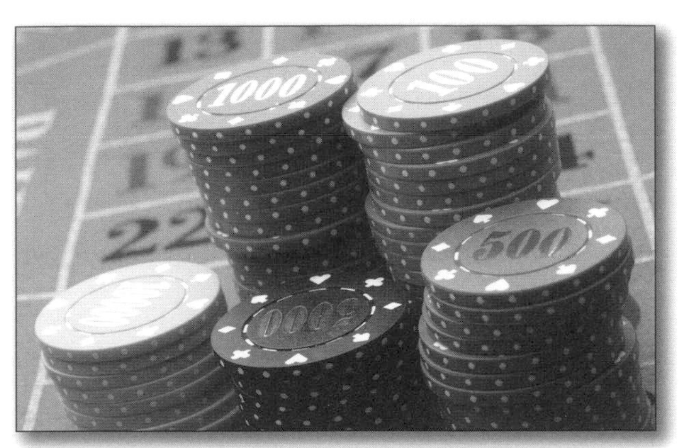

賭場中所使用的籌碼。

無法達到廣告的目的，還可能還會觸犯法律或是產生負面的效果。果眞這樣的話，難道就不能採用廣告的行銷手法嗎？其實不然，博奕娛樂事業是一項綜合性服務業，除了賭場外，還包括飯店、餐廳、精品百貨和節目娛樂表演等。所以在採用廣告行銷前，可以以秀場表演的內容或是百貨折扣當作廣告的標地物來促銷。如此一來，既不會觸犯法律，又可達到廣告的效果。此外，亦可以採用合作廣告的方式，達到廣告的目的。例如，與旅遊業合作，在其旅遊行程或旅遊型錄上，刊登飯店廣告，都同樣可以達到廣告行銷的目的。

四、服務行銷

博奕娛樂業所提供之服務不僅包括讓顧客感到舒適滿意的硬體設備外，更需要藉由員工的服務行爲或態度來滿足顧客之需求。所以，服務人員服務態度的良窳將直接影響顧客對博奕娛樂事業的整體滿意度，也將深深地影響服務行銷的效果。因此，要成功地行銷博奕娛樂事業，除了實質上給予優惠折扣的行銷外，貼心細心的服務行銷更是不可少。例如，第一線的服務人員能夠從顧客的觀點出發，和顧客有良好、友善、高品質的互動，才是眞正的優良服務。因爲大多數的服務是透過員工來提供。服務品質最重要的關鍵在於提供服務的人員與顧客之間的直接互動，因爲在接受服務之前，顧客只有預期，而服務提供者和顧客之間的互動，則是「眞實的時刻」（On the moment）發生的所在。換言之，這時候的顧客才能深切地瞭解與體認博奕娛樂事業的用心，才能有效地達到服務行銷的效果。

五、公共關係行銷

公共關係行銷是屬於一種「軟性銷售」的行銷模式，其主要的功能是以強化組織的形象爲目標。就一般而言，公共關係的目的是以告知爲主，是將與組織有關的口頭、書面或視覺資訊，傳達給一種或多種公衆，爲的就是確保和那些與企業有直接接觸（如顧客、員工、其他同業間）或間接接觸（如媒體、教育機構、一般的地方民衆）的個人與群體，保有持續性且正面的關係[11]。同樣地，博奕娛樂事業是一個與公衆有相關的行業。因此，若能善用此種行銷方法，例如，提供場地舉辦公益活動、國際性表演、國際會議等，勢必有助益提升博奕娛樂事業的形象及名氣。因爲有良好的公共關係可以使廣告、銷售促銷、商品展銷以及服務促銷變得更加有效。但千萬要記得，拙劣的公共關係亦會爲博奕娛樂事業帶來反面的效果。尤其是現在輿論的影響力，不得不讓人折服。

總而言之，行銷的方法多如牛毛，至於要如何運用，完全取決於企業的策略及目標。因爲有好的行銷策略，將可爲該企業

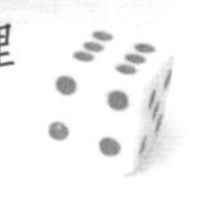

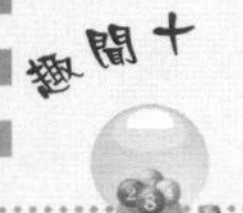

趣聞十

老客人缺席，賭場救回一命

小賭可怡情，大賭則亂性，這是大家都知道的事。然而，還是有很多人為了賭博，弄到妻離子散、家破人亡。但你可曾聽過賭場可以救人一命嗎？下例這則新聞就是一個案例。

在拉斯維加斯各個賭場裏，常見到許多老人天天去賓果室報到，雖像上班似的機械化，卻是許多獨居老人發展出來的生活方式。由於玩賓果遊戲輸贏很小，而且在賭場內有三餐可吃，最主要的是賭場內對客人招呼周到，萬一有任何病痛，賭場工作人員都會立即送生病的客人去醫院。所以在拉斯維加斯賭場裏，不乏有一些退休老人，而他們的身體狀況，恐怕賭場工作人員比他們的子女還要清楚。

二〇〇六年五月十七日，就有一名賭場賓果室工作人員——戴妮斯．貝茨（Denise Bates），因為出於內心的關懷，意外地救回一名年邁賭客的性命。在Terrible Lakeside賭場賓果室服務的貝茨，天天必須和一幫固定來賭場玩賓果的客人打交道。有一次貝茨發現每天都出現的老客人莫瑞因（Moehring），從周一起即未再出現。望著莫瑞因經常坐的空位子，貝茨內心開始擔心莫瑞因是否發生了什麼事。

正當貝茨在擔心莫瑞因之時，同樣與莫瑞因一樣每天來玩賓果遊戲的傑弗斯夫婦說起：如果莫瑞因再不來的話，就要錯過當天的賓果大獎了。也由於這句話引起

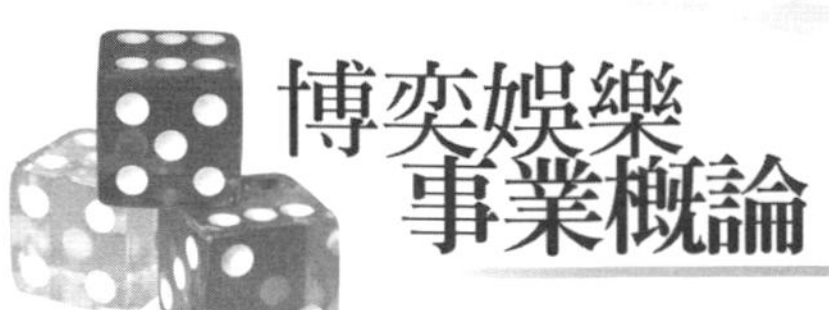

貝茨重視。因為她知道，莫瑞因不會錯過賓果大獎，她認為莫瑞因可能出事了。於是貝茨邀請傑弗斯夫婦下班後一塊兒去莫瑞因家探望。

當貝茨與傑弗斯夫婦到了莫瑞因家門外，卻無人應門，而且他們發現莫瑞因的汽車內，有他玩賓果遊戲時常帶去的袋子。貝茨知道莫瑞因不可能會把袋子留在車上，於是他們打電話報警。很快地，警員來到莫瑞因的家，並破門而入，發現莫瑞因躺在家中地板上，人已經奄奄一息，不省人事。於是他們立即通知救護車送莫瑞因到醫院急救，終於把年逾八十歲的莫瑞因救回來。

由於貝茨真心關懷客人，受到該賭場賭客稱讚，使得大家更覺得賭場是最安全的地方。

資料來源：〈老客人缺席，賭場救回一命〉，《世界日報》，2006-5-23。

帶來源源不絕的客人；但反之，將可能會造成客源的流失及形象的毀損。至於要如何做好行銷策略，將是未來各博奕娛樂業共同努力的方向。

第三節　博奕娛樂事業行銷創新

在瞬息萬變的今天，面對社會日益增長的需求，顧客們的要求也變得越來越挑剔。企業要在這激烈的環境下生存，就必須面對不斷的競爭與挑戰。而競爭絕非靠蠻力去完成，是需要有計

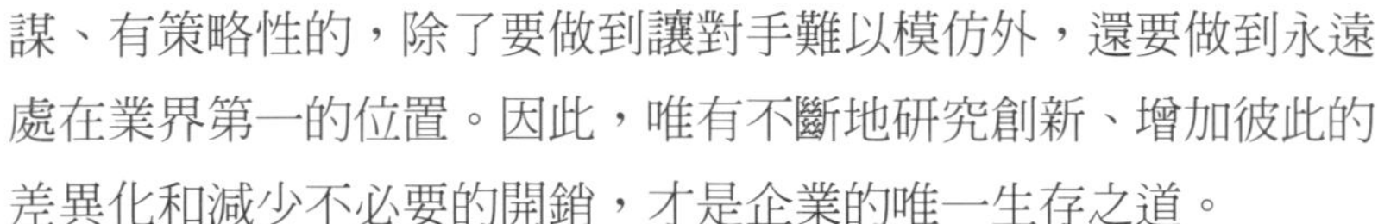

謀、有策略性的，除了要做到讓對手難以模仿外，還要做到永遠處在業界第一的位置。因此，唯有不斷地研究創新、增加彼此的差異化和減少不必要的開銷，才是企業的唯一生存之道。

同樣地，博奕娛樂事業也是一項競爭相當激烈的行業，加上其服務的範圍特別廣泛，包括客房住宿、餐飲提供、會議規劃、百貨購物、運動休閒、美容SPA及秀場表演等。因此，要如何同時滿足各式各樣客人的需求，對博奕娛樂事業而言，這眞的是一項艱深的挑戰，尤其面對講究奢華、絢麗的消費者，業者若拿不出新鮮、華麗的產品來吸引顧客的話，勢必會遭受到被淘汰的命運。有鑑於此，爲了避免博奕娛樂事業遭受到被淘汰的命運，本節整理出以下的創新概念，供業者做爲未來行銷之參考，以提升博奕娛樂事業未來的競爭力。

一、提升創新概念

提升創新概念的主要目的，就是希望能藉此能吸引更多的遊客到來。其中創新的概念又可分爲服務創新與遊戲創新兩部分；服務創新部分包括提供托嬰、保母的服務，以便帶小孩出遊的父母；多安排適合全家親子活動的遊戲項目，以達到育教娛樂的目的。另外遊戲創新部分，則是繼續開發更多新品種的博奕遊戲，如多發明一些新的電子遊戲機，或是將中國故有的博奕遊戲改良，都是吸引遊客的方法。此外，如舉辦現場抽獎送現金、汽車等活動，或是全程旅遊食宿免費招待，或是以積分換獎品或現金等活動，都是吸引遊客再次到來的好方法。

二、增加差異化

所謂的差異化，除了產品本身不同的差異，還包括服務內容的差異，也就是說，從服務的開始到結束，都要讓顧客感受到自己是被尊重的、是與衆不同的感覺。尤其是面對相同的服務時，如果能帶給客人不一樣的感受，而且是愉快的，同時還能爲公司帶來有形與無形的收益，那便是產生了附加價值。同樣地，在博奕遊戲方面，雖然有很多新開發的遊戲機，很容易就遭到競爭對手的模仿，但唯獨無法讓對方模仿的就是服務內容。因此，如果能夠做到讓客人覺得輸掉的錢也視爲娛樂消費的成本的話，那麼這樣的服務便算是成功的。要知道在遊戲過程中，要做到令客人有喜悅、有投入的感受，是用金錢買不到的東西。所以爲了能讓客人有這種感覺，遊戲環境是否舒適、空氣是否清新、燈光是否和諧、音樂氣氛是否恰當、員工服務態度是否不妥等，都有著極大的關係。

三、市場區隔化策略

市場區隔化是非常重要的，有效成功的區隔化，除了可以精確地瞭解客人的需求外，亦可爲客人設計出適合他們的產品，同時還可減少企業很多不必要的開銷。同樣地，在博奕娛樂事業內，將不同需求的客人，分爲不同的區域，給予不同的服務，如有帶小孩出遊的家庭，應給予保母服務與協助；對於豪客及老客戶給予住房優惠；設立貴賓房給予豪客；設立非吸煙區給予不抽煙的客人等。這些區隔化，不僅可以讓顧客感受到業者的用心，還可以提升業者的形象。甚至在美國管理一流的賭場，還可以區

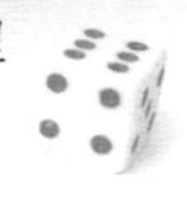

隔出不同年齡層客人合適的賭區；以燈光、背景音樂營造出不同氣氛，並且採用相應年齡的員工去為客人服務，這都是一個成功的區隔化策略[12]。但是這些策略都不離開它的企業本身的核心，因為企業的目的就是讓客人喜愛這些貼心的服務，進而增加其停留的時間。

四、多元性娛樂服務的發展

博奕娛樂市場在沒有競爭下，還可以過好日子，但當有越來越多的競爭對手時，要如何繼續維持現在的榮景，就顯得格外的困難了。尤其，博奕娛樂事業是一個綜合性的服務業，在人力方面的需求非常大。所以有些國家以大量的吃角子老虎機去取代傳統的賭檯，來減低人力工資成本，而且非常成功，占了市場約65%的收益。但這方法要考量地域性及國家文化差異等，以澳門而言，吃角子老虎機的收益只占整體博奕收益的一小部分而已。若在工資價格方面做調整，從經驗歸納出，員工的收入下降與監守自盜的違法行為是成反比的，故能儘量減少內部支出已經算是達到節流的效果[13]。但只靠節流，對博奕娛樂事業而言是不夠的，因為現在博奕娛樂事業已經發展成為綜合性的娛樂事業，因此，現階段除了繼續增加新鮮的賭具以吸引賭客外，更要開始著重於其他多元化的娛遊服務發展，包括旅遊規劃、美食品嚐、會議展覽及購物活動等服務。如此一來，才能達到開源節流的效果。

但無論未來的博奕娛樂事業採用什麼策略去競爭，是差異化也好，區隔化也好，這些的策略都需要有人員的配合及訓練。因此，未來的博奕娛樂事業，除了積極開發多元化的娛樂服務外，更要注重員工的教育與訓練。因爲沒有完善的訓練與規劃的話，人員就沒辦法表現出該有的產能，而且這些的培訓工作也不是一朝一夕就可達成，是需要時間及人力去慢慢吸收消化的，並且還需要有適當的環境的配合，方可發揮其效能。而企業就是一個龐大的組織，能創造出一個配合的環境，員工也必須得到整個企業的配合及認同才可以發揮出效果。

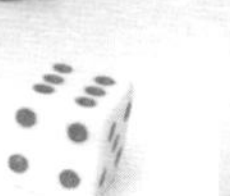

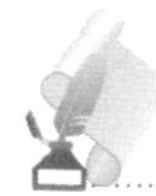

註釋

❶周明智（2003），《餐館與旅館投資經營》，台北：華泰文化事業股份有限公司。

❷鄭建瑋譯（2004），《餐旅管理概論》，台北：桂魯有限公司。

❸俞克元、陳龔方審譯（2006），《餐旅與觀光行銷》，台北：桂魯有限公司。

❹同註❸。

❺同註❷。

❻同註❸。

❼同註❸。

❽同註❸。

❾王五一（2005），〈澳門的博彩仲介人制度〉，博彩產業與公益事業國際學術研討會。

❿同註❸。

⓫同註❸。

⓬陳寶鱗（2005），〈淺談博彩培訓工作〉，博彩產業與公益事業國際學術研討會。

⓭同註⓬。

第十一章 博奕娛樂事業未來發展趨勢

- ♣ 更著重於非賭金方面的經營
- ♣ 公共政策更趨嚴格
- ♣ 大幅增加博奕人才需求及培訓的重要性

博奕娛樂事業是帶動觀光業、稅收及經濟活動的發電機，這也是近十幾年來，世界各國紛紛向博奕娛樂事業靠攏，促成政策轉變的主要原因之一[1]。加上有了拉斯維加斯的成功經驗後，各國的博奕娛樂事業，無不仿效其經營模式。尤其是亞洲各國，似乎都嗅到了博奕娛樂事業可帶來的龐大商機，紛紛鬆綁政策，希望能搶食博奕娛樂事業的豐厚利潤。如澳門的博奕娛樂業，在二○○二年開放外商投資後，使整個博奕娛樂事業發展衝到最高點。就連一向注重健康形象的新加坡，也在二○○五年正式批准兩家大型博奕娛樂事業經營。除此之外，英國於二○○七年在曼徹斯特設立一家超級賭場（擁有一千二百五十架吃角子老虎機），並在利茲、巴斯及南安普頓設置十六家規模較小的賭場[2]。由此可見，世界各國皆看好博奕娛樂事業在未來的發展。

但有一件事情卻值得我們憂慮，根據顧良智博士針對澳門博奕市場定位的報告，估計澳門到二○一○年時賭桌數字會增至六千三百張，供應增長速度會遠遠超過需求的增長，屆時每張賭桌的收入估計可能會減少百分之八十五左右。當各大型博奕娛樂場陸續落成後，博奕市場的競爭將會變成非常激烈[3]，未來的發展趨勢及市場的策略，將影響各個博奕娛樂場的營運。因此，本章將探討博奕娛樂事業未來發展趨勢，以供業者參考之。

第一節　更著重於非賭金方面的經營

博奕娛樂事業是一個綜合性的服務業，其涵蓋範圍非常廣泛，包括提供各式各樣的賭具、豪華舒適的住宿及精緻美食的餐飲服務，此外還包括專人管家服務、會議展覽規劃及宴會安排等服務。不僅如此，現在的博奕娛樂事業更發展成為一個多元化的

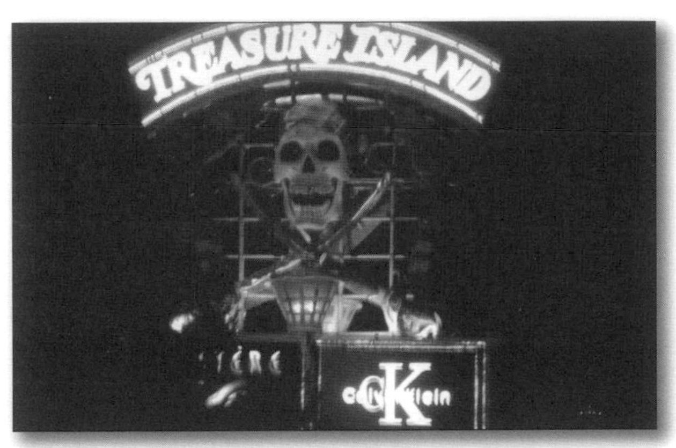

拉斯維加斯的金銀島Casino。

娛樂活動中心。在這裏有主題公園、冒險之旅、博物館及藝術文化中心等，還有全球知名藝人的現場娛樂秀，以及最新科技的舞台燈光效果，極盡聲色之娛。除此之外，廣受貴婦喜愛的SPA中心、精品百貨，在這裏也可說是應有盡有。

也因爲如此，現在的博奕娛樂事業的經營形態已經跟以往的賭場經營差異甚多，尤其現在博奕娛樂事業的收入，已不再是以賭金收入爲主，非賭金的收入也慢慢地開始攀升，甚至有超越賭金收入的趨勢。因此，現今的博奕娛樂事業發展概念已不僅於賭博而已，周邊的娛樂經營及會議展覽規劃，已經開始日趨重要。以美國拉斯維加斯爲例：賭博在這裏早已經不是內華達州最主要的收入來源，其最主要的收入來源，是來自於觀光客的購物行爲，其次才是賭博，再來是餐飲、娛樂、參觀國家公園（大峽谷）等。現在的拉斯維加斯已經是世界頂尖名牌的聚集地，這裏除了有超過三百間的時尚精品名店進駐，還有數個大型品牌Outlet正在興建或擴建中。另外，這裏也是世界的美食之都，這裏有名廚鎮守的頂級餐館，也有世界民族風味的餐飲，更有許多知名的連鎖餐廳等，在這裏的每一家飯店，都可以享受最精緻的名廚料理。除此之外，目前的拉斯維加斯，全年度共有四千多個大大小小的會議與展覽，占所有觀光客的10%。會議量之龐大，讓許多博奕娛樂業者都紛紛擴建飯店會議設施空間及房間數量[4]。

同樣地，在亞洲的澳門及新加坡，也有相同的深切體認，都感受到這方面的發展，尤其澳門開放外資經營博奕娛樂事業後，更看得出其背後更大的目的，是希望以博奕娛樂事業來全面帶動澳門的觀光、會議展覽、休閒等產業。像經營金沙賭場的美商威尼斯人集團（Venetian）就擅長休閒度假及會展業務。這個集團目前在仔和路環島之間興建的「金光大道」，即結合賭場、休閒、娛樂、會展等功能，而且目前已經有萬豪、希爾頓、洲際等七家旅館集團將參與經營，未來的七到十年總投資可能達到一百三十億美元。至於另一家得到賭牌的永利集團，則是被評價爲：「把拉斯維加斯從純粹的博奕旅遊，變成闔家歡旅遊的著名城市」，這也正剛好符合澳門未來發展的定調[5]。

另外，禁賭四十多年的新加坡，也爲了延續國家競爭力、刺激當地旅遊市場及吸引國際觀光客，也不得不在二〇〇六年一口氣通過了二個包含大型賭場的綜合娛樂區計畫。其中第一個取得設置博奕娛樂經營權的業者，就是美國拉斯維加斯金沙集團（Las Vegas Sands Group），其主要考量也是看重該集團舉辦國際商展與會議（Convention and Conference）的實力，因爲新加坡仍缺乏國際級的大型會議商展中心。根據新加坡的都市再發展局（URA）局長范秀玲指出，新加坡第一個博奕娛樂場——「濱海灣金沙」，是個綜合休閒度假勝地，包括賭場、歌劇院、藝術科學博物館、購物商城、大飯店、會展中心及宴會大廳，共有六大建築系列。另一個取得博奕娛樂經營權的業者，是鄰國馬來西亞雲頂集團。雲頂是新加坡人十分熟悉的賭場，目前每年約有九十萬人次的新加坡公民，搭乘六小時的長途巴士，前往馬國首都吉隆坡近郊的雲頂高原賭場旅遊。但設置在聖淘沙的雲頂，其定位將鎖定在家庭休閒旅遊客人，除了賭場外，最大的吸引點將是引進美國好萊塢的環球影城，以及遊樂園、度假飯店、餐廳、購物中心、表演中心等。新加坡政府預計在二〇〇九年開幕後，博奕娛樂事業的設置，將使新加坡遊客從目前每年九百萬人次，推升到二千萬人次，並成為帶動高速成長的新引擎[6]。

由此可見，現階段的博奕娛樂事業已不再是以往以賭博為主的行業，現在的博奕娛樂事業已經趨向於綜合性的娛樂行業。除了繼續增加新鮮的賭具以吸引賭客外，現在的博奕娛樂事業更著重於其他多元化的娛遊服務發展，包括旅遊規劃、美食品嚐、會議展覽及購物活動等服務。不僅如此，現在博奕娛樂事業也開始重視人力資源的發展，可以說是徹底改變過去賭業經營的思維和管理方式。因此，未來的博奕娛樂事業，除了本身內涵要提升外，更要尋求多元化、趣味化的發展，並且在服務方面，要達到優質的服務水準。除此之外，在思維上要有更創新、更開放的概念，並在法律許可的途徑下，運用適當的組合，吸納更多投資者，來擴大其行業的陣容，以優化整體的營運層次和關係。另外，在管理上亦要實行科學化、現代化的管理，這當中包括市場定位、拓展和開發，以及顧客心理學等。如此一來，才能將過去單純的博奕事業轉化為更高階的博奕娛樂事業，同時亦可提高整體效益，去面對未來更多競爭者的挑戰[7]。

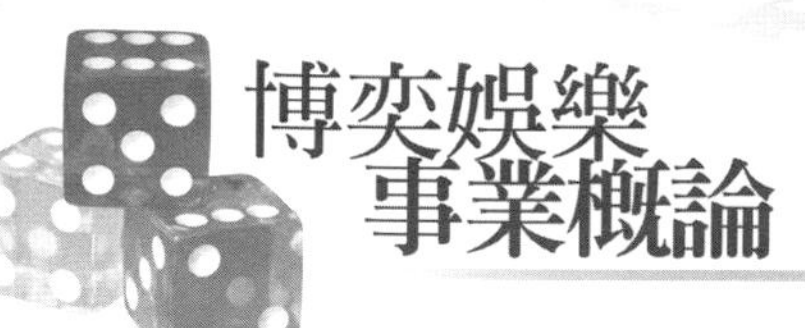

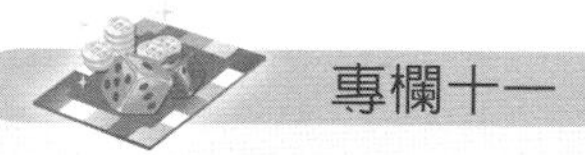

專欄十一

澳門威尼斯人賭場

澳門威尼斯人度假村酒店（The Venetian Macao Resort Hotel）占地一千零五十萬平方尺，酒店樓高三十九層，設有三千間豪華套房，號稱是全球第二、亞洲第一的建築物（是指亞洲最大型的單幢式酒店），也是澳門最大型的綜合度假村酒店，並於二○○七年八月二十八日正式開幕[①]。其酒店建築仿照義大利水都威尼斯興建，如美國拉斯維加斯的威尼斯人酒店一樣。威尼斯著名景點——聖馬可廣場、大運河、嘆息之橋等，都一一在澳門的威尼斯人重現。當然，也設有運河，可供遊客像在威尼斯一樣，乘坐貢多拉穿梭其中。

另外，該度假村酒店還設有占地十二萬平方尺的會議展覽及宴會中心，可容納五萬人及五千個展位，同時亦設有擁有一千八百個座位的索拉奇藝坊（即太陽馬戲團）劇院，和一個擁有一萬五千個座位的世界級表演場館[②]。不僅如此，位在第三樓層的大運河購物中心，面積達九十六萬八千平方公尺，並匯集超過三百五十家國際知名品牌商店、二十家世界各國美食餐廳和三條各長三百九十呎的運河[③]。除此之外，澳門威尼斯人娛樂場占地五十五萬平方呎，是全澳門二十七家娛樂場中最大規模的一家，分別有帝王殿、赤龍殿、鳳凰殿以及金鱗殿四個主題區。場內四區共設有八百七十張賭桌，以及超過三千四百部吃角子老虎機[④]。

根據拉斯維加斯金沙集團股份有限公司總裁威廉·

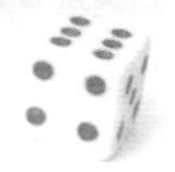

懷德表示，隨著澳門威尼斯人度假村酒店的開幕，這些多元化的產品和服務更可吸引旅客在澳門逗留更長的時間。尤其，透過威尼斯人度假村酒店的獨特定位，澳門除可吸引更多不同層面的旅客外，完善的綜合設施結合購物、餐飲、休憩和娛樂等項目，亦可令澳門成為舉辦商貿活動、會議和展覽的首選目的地[⑤]。有鑑於此，金沙集團預計將路氹金光大道，發展成一個大型的綜合度假村酒店。當整個計畫落成之後，路氹金光大道將能夠提供約有兩萬間酒店客房、超過三百萬平方尺的購物中心，以及占地超過二百五十萬平方尺的會議展覽場地，其中包括數以百計的獨立會議室等[⑥]。

同時，這些酒店將結合多個享譽盛名的國際品牌酒店負責運作，包括有Four Seasons、Sheraton、St. Regis、Shangri-La、Traders、Hilton、Conrad、Fairmont、Raffles、Swiss Hotel、Intercontinental、Holiday Inn和Cosmopolitan等，藉時，這些酒店均可由室內行人專用通道連接。此外，路氹金光大道還將提供六個拉斯維加斯式的展覽場地，以及一個能夠舉辦不同類型的體育和娛樂活動的大型表演場館。到時候，路氹金光大道將可為兩萬五千人同時提供欣賞現場娛樂表演的空間[⑦]。

---

①〈維基百科——澳門威尼斯人度假村酒店〉（2007），資料來源：http://zh.wikipedia.org/wiki/%E6%BE%B3%E9%96%80%E5%A8%81%E5%B0%BC%E6%96%AF%E4%BA%BA%E6%B8%A1%E5%81%87%E6%9D%91%E9%85%92%E5%BA%97【2007, DEC 11】。

②〈澳門威尼斯人度假村酒店八月開業〉（2007），資料來源：http://www.winwins.cn/?/295-【2007, JUL 18】。

③同註①。
④同註①。
⑤同註②。
⑥同註②。
⑦同註②。

第二節　公共政策更趨嚴格

美國拉斯維加斯的博奕娛樂產業，爲該地帶來巨大的經濟效益；同樣地，澳門也因爲興盛的博奕娛樂產業，在開放外資的短短五年，國內生產毛額（GDP）翻漲一倍！就連向來注重形象的新加坡，也不得不因搶救觀光、振興經濟因素，從最初反對興建博奕娛樂事業，到最後不得不欣然開放。博奕娛樂事業眞的有那麼大的魅力、那麼吸引人嗎？爲何有這麼多國家，紛紛開放賭權，搶占博奕娛樂事業這塊大餅？難道開放博奕娛樂經營，眞的是帶動經濟成長的萬靈丹嗎[8]？

從過去經驗，我們不可否認，博奕娛樂事業經營的確可帶來一些正面的經濟效益，例如，可提升當地就業機會、帶動當地觀光發展，亦可增進地方稅收、改善地方建設，甚至還可回饋到社會福利及教育經費……等等。但我們更憂心的是，博奕娛樂事業是一個壟斷性跟強勢性的產業，會打擊到當地小型產業的發展，甚至可能間接或直接地取代舊有的產業。以美國第二大賭城大西洋城爲例，在賭場開放前，一共有二百四十三家餐館，自從一九七八年起開放博奕娛樂事業後，三年內便倒閉了三分之一，而開放十年之後便只剩下一百四十六家，等於說有四成的餐館倒閉了。同樣地，在南達科塔州的Deadwood，是繼拉斯維加斯與

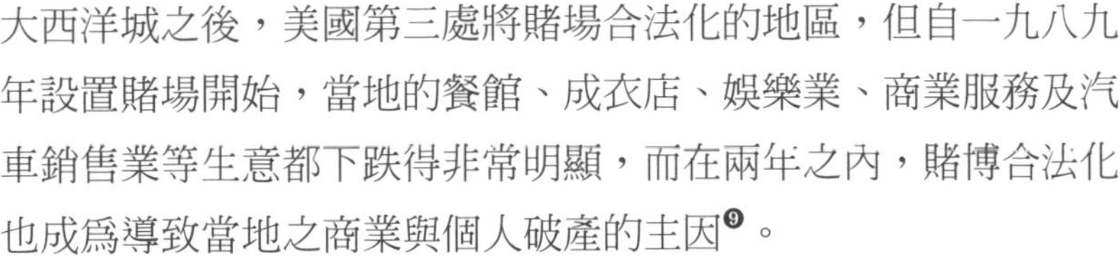

大西洋城之後，美國第三處將賭場合法化的地區，但自一九八九年設置賭場開始，當地的餐館、成衣店、娛樂業、商業服務及汽車銷售業等生意都下跌得非常明顯，而在兩年之內，賭博合法化也成爲導致當地之商業與個人破產的主因[9]。

由於這些商店相繼關閉，接踵而來就有失業問題產生了，不僅如此，隨之的犯罪率也快速增加，即使是拉斯維加斯也毫不例外。同樣在五光十色的繁榮表象底下，治安敗壞與犯罪率提升已成爲無法揮去的夢魘。黑幫份子惡勢力的出現，賭博人口的增加，當地賭風興盛，青少年犯罪比率增加，增加了許多社會問題，如販毒、黑槍、色情交易等，美國伊利諾大學研究報告指出：賭場每賺一元，納稅人就要因賭害而分攤三元的社會福利基金[10]。這種種無可彌補之有形、無形的成本，終就必須要整個社會共同分擔。

除此之外，我們更擔憂的是環境的問題，尤其是在開放了博奕娛樂事業後，觀光遊客到訪的量勢必會增加，屆時這些人潮、車潮所帶來的環境污染、噪音污染、交通過度擁擠、環境髒亂等問題也一定會慢慢浮現，甚至嚴重的話，可能危害到大自然環境的生態。以美國南達科塔州的Capecod市與Deadwood市爲例，博奕娛樂事業對當地造成的環境衝擊主要是交通擁擠、噪音危害及環境髒亂等問題[11]。因此，在未來開放或是興建博奕娛樂事業之前，政府相關單位應以更嚴格審慎的心態，來訂定相關法規之配置政策，以規範博奕娛樂事業之業者。基於上述原因，本書整理國外博奕娛樂事業之相關立法案例，做出以下結論，供未來作爲興建博奕娛樂事業進行開發規劃之參考[12]：

1.立法目的：博奕娛樂事業的設置，需要以有助政府籌措財源、振興經濟及發展觀光等爲原則，並能夠杜絕非法，保護環境，此外要以全民福祉爲依據，這樣才助益博奕娛樂事業的籌設。

2.規範內容：

(1)主管機關：依博奕娛樂事業牽涉業務特性予以明定主管機關。有鑑於博奕事業所包含事務龐雜，諸如財政、經濟、內政、治安等，爲防範職業性電玩所引發的社會問題，及法治單位與業者利益掛鉤之弊端，因此博奕娛樂事業主管機關之處理模式，本書建議成立跨部會專責機構或由相關業務所屬單位配合監督管理等二種方式，以利觀光賭場之監督管理。其中主管機關之掌管事項應爲：

A.嚴格審查相關人員之資格是否符合經營條件，包括有關記錄與相關證明文件。

B.各項經營設備與設施是否合格。

C.核發執照之決定，及已發放執照之撤銷或加以限制，及相關罰則。

D.基於營業考量，得對於特定人員加以驅離，以預防嗜賭之行爲有違社會風氣。

(2)許可設立條件：

A.申請人資格：申請公司主體，如資本額、外資投資方式與其資格應加以嚴格限制，如曾有過犯罪記錄者（過失犯除外）不得申請以限制經營之操守，與適當之財務狀況以負擔不特定之義務。

B.建物資格：位置、面積與安全性之考量。

C.設置地點：營業地點之限制，如教堂、學校、軍事基地附近或警力無法掌控之地區，皆不宜設置。

D.許可項目：凡「經營觀光賭場業者」、「賭博器具

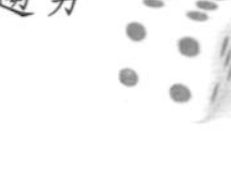

放置地點」、「賭博器具之製作者、販賣人、買受人」均應領有執照並受主管機關嚴格管制監督。

(3)經營規範：

A.需對一切有關人員、設置地點、行爲加以嚴格規範。

B.凡「經營觀光賭場業者」、「賭博器具放置地點」、「賭博器具之製作者、販賣人、買受人」均應領有執照，並受主管機關嚴格管制監督。

C.原則上對不特定人公開。

D.特許執照之許可與發放均有「得撤銷」之權力。

(4)行政管理：賭場營業時間、賭場設備及廣告內容，應受主管單位同新聞局之核准。

3.申請、許可程序：

(1)申請：出具營業登記之證明，與營業者個人之資料，如個人履歷、財務狀況，並繳交相關審查費用。

(2)審查：由主管單位對業者進行相關資料審查，以決定許可與否，並決定核發執照之種類，審查單位應以非特定形態設置，以減低審查者收受回扣等弊端。

(3)執照發放：經營許可執照應包括執照有效期限、更換日期、換發等。持有執照之業者，應依賭場有關之規範事項，加以遵守營運，否則予以撤銷執照，不得執業並處罰金。

4.會計審查：主管單位應擬定最低限度之「賭場財務內部控制程序」，並嚴格監督賭場資本，與定期財務報告與交易報表，以瞭解賭場之業務狀況，以利有關單位之輔導。

5.年費與稅捐徵收標準：包括年費與稅捐之種類、徵收標準，及收費規劃等。

(1)賭場之經營應繳納年費，並依機器之數量或台數課徵

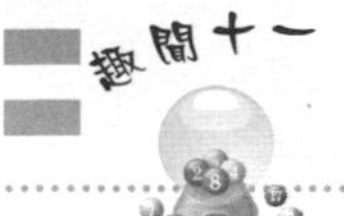

趣聞十一

狗和鱷魚打架誰會贏

有一位父親帶著自己的兒子去散步，在散步的途中，遇到了一隻狗。這時小男孩突然問自己的父親說：「如果狗和鱷魚打起架來，誰會贏呢？」而這位父親並沒有馬上回答兒子，反而採用反問的方式來向孩子提問。他問小男孩說：「你自己是怎麼認為呢？」

小男孩說正因為不知道才問爸爸的。這位父親就說：「首先還得看看它們是在哪裏打架。」爸爸的話提示了小男孩，小男孩馬上說：「在水裏打就是鱷魚贏，在地上打就是狗贏。」這時他的爸爸又提醒他，「還得看看是大狗和小鱷魚打呢，還是小狗和大鱷魚打，又或者是雙方都一樣大。」爸爸的話剛說完，小男孩就說，「如果是大狗咬小鱷魚，那麼大狗就贏了，如果是小狗去咬大鱷魚，那麼鱷魚就會贏了。」可是，這位父親又提出了新的話題：「怎樣才算是贏呢？」剛開始的時候，小男孩說：「贏就是贏，根本就沒有說怎樣才算是贏的說法」。接著，這位父親一樣很有耐心地給自己的孩子解釋，「結果會有很多種情形。比如說只是咬了一下就跑開了，或是咬到出血了，或是咬了以後吃下去，又或是雙方都受了重傷，然後其中的一隻先死了；還有一種可能就是，它們打起架來以後，沒有流血的那一方逃跑了，流著血的那一方還待在原地，這又怎麼判斷呢？」

小男孩聽到自己爸爸所說的話，便產生了更大的興趣，於是和自己的爸爸一起，像玩遊戲一樣入神地思考。世界上的事物總是存在著很大的可能性，由於環境或其他因素的影響，同一件事情可能會有很多種結局。這位父親還向孩子講起了自己年幼時的經歷，「老鷹被禿鷲追也是可能的，狗也可能被老鼠嚇到，既然如此，又怎麼能夠隨便就猜出一隻狗遇到一條鱷魚的時候，打架的結果會是怎麼樣的呢？」孩子最後說：「當一隻狗遇到一條鱷魚的時候，不一定會打架。還有，它們是否會相遇呢？這還是個問題呢！」這位父親非常滿意，因為透過一次有趣的思考，他讓自己的孩子明白了，在不同的空間和地點，一個問題會得出不同的答案，所以，大局是一定要重視的，不然人們看待問題就難以做到周全。

任何的輸贏，如果從小的時空看來，似乎是有定論的，但若放到一個大的時空，定論就不一定了。因此，一個人的輸贏通常由自己的自我意念來決定。以上這個故事，可以讓人們謹記在心。雖然狗和鱷魚打架的故事很有意思，但若死板地揪住答案不放，就沒有絲毫意義了。因為人們需要的是學會尋找答案的過程，而不是答案本身。而且，尋找答案的過程，也是一個學著把整個世界聯繫在一起的過程，亦即一個把握整體的過程。只要學會了方法，就不必再死死糾纏問題的答案了。

資料來源：〈狗和鱷魚打架誰會贏〉，http://www.winwins.cn/?/Fighting，2007-07-01。

定額稅捐與營業稅。

(2)年費與稅捐收入保管運用：年費收入擬議劃歸爲所在地之縣（市）政府，稅捐則依比例分別繳國庫、省庫、縣庫，並以專款專用之形式使用。

6.罰則：

(1)行政罰：違反前述有關規定之事項者，科以罰鍰、受刑或撤銷執照。被撤銷執照者，當事人得依法定程序提請訴願。

(2)刑罰：賭客於賭場中有違賭博遊戲特別規定事項，如製造代幣，或造成賭局不公等情事，均科以罰金或行刑。

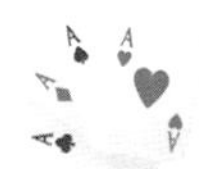

第三節　大幅增加博奕人才需求及培訓的重要性

博奕娛樂事業有了拉斯維加斯的成功經驗，加上澳門成功發展的影響，全球有許多國家皆看好博奕娛樂事業這塊大餅，也紛紛鬆綁政策，開始摩拳擦掌準備搶食博奕娛樂事業的豐厚利潤。所以，在開放賭權的國家，皆可看到多家博奕娛樂公司們，日以繼夜地在趕工，深怕慢了別人一步，而錯過了博奕市場的黃金期。

然而，在大興土木設置博奕娛樂場的背後，我們更應該關心娛樂場人員的招募及訓練事宜，尤其這麼多家博奕娛樂場的設置，整個市場必定需要相當多的人力及物力。以澳門爲例，根據澳門政府統計暨普查局二〇〇四年六月資料，澳門居住人口爲45.43萬人，勞動人口爲23.15萬人，就業人口爲22.06萬人，服務於博奕娛樂事業職員共有1.97萬，職位空缺達五千個，市場人士估計，隨著周邊項目的落成，所需職位空缺將是目前的三倍，高達一萬五千人之多[13]，可見人力資源需求是相當的迫切。

不僅如此，員工的專業素質及服務品質可否達到國際水平，更是未來博奕娛樂場所要注重的項目之一，尤其博奕娛樂事業也是屬於服務業的一種，面對未來這麼多的競爭者，要如何處於不敗的地位，將是各家博奕娛樂公司未來所要面對的大問題。所以從現在起，各家博奕娛樂公司應努力積極地開始培養新進人員，並做好全面化的職前及職中訓練（職前培訓：對新入職前員工進行培訓，學習博奕歷史、規章制度、企業文化、有關應用技術及知識，並透過培訓計畫把員工的進度、知識都統一起來，以配合將來工作上的要求。在職培訓：是對機構內員工的培訓，分為縱向及橫向兩種，縱向是不同層次培訓，橫向是對員工進行教育培訓，以彌補其知識或技能不足，為使員工能適應新環境或在晉升新職務前作出的培訓安排[14]），使員工能輕鬆地面對顧客，以提升整體的服務水準。否則，當員工無法解決工作上困難的時候，自然容易從態度中表現出來，形成怨氣，及對同事及客人顯露出惡劣態度[15]。

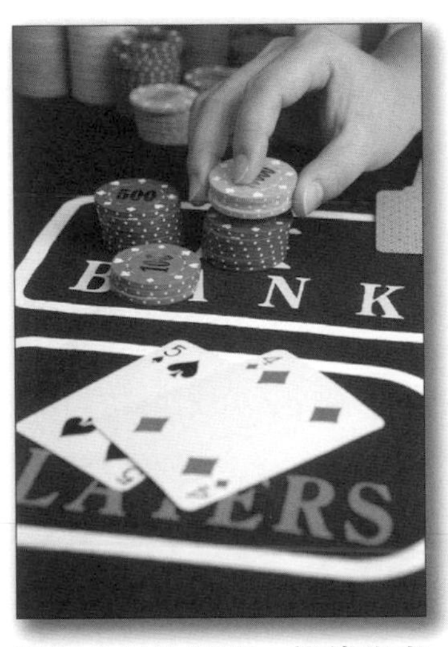

提供良好的服務，能讓賭客玩得更開心、更盡興。

有鑑於此，為了滿足博奕娛樂事業的迅速發展及人力資源的大量需求，政府相關部門應成立博奕培訓中心，為業界提供支援，以提升該服務素質，並提供優質培訓課程（有專攻技術層面的各種博奕技術操作、場務運作、服務品質及爲各項周邊產業培訓，亦有針對旅遊博奕產業的管理層次培訓，包括行政管理、博奕營運、社會心理、資訊管理、法律、酒店管理等等），以供有志從事博奕娛樂事業的人士學習，並使其能順利就業。同時，亦可使博奕產業培訓的人才能得到全面性發展，選擇適合自己的培訓課程，爲未來進入這行業作好準備。此外，還需針對在職人員進行在職訓練和內部教育，使其能增進員工技能及知識水平，亦可有效地促使員工個人素質與實際工作一致性，方可和國際水平接軌。

以澳門政府爲例，澳門政府以「向有志從事旅遊博彩業的人士提供優質培訓課程，使其能順利就業，爲提升該行業人員的質素」爲宗旨，投入大量資源來培訓博奕業人才。以三所公立高等學院爲例，澳門大學已經正式開辦博彩管理的四年大專課程，澳門旅遊學院與澳門理工學院在澳門政府的大力支持下，於二○○三年八月共同合辦一所「澳門旅遊博彩技術培訓中心」，爲澳門居民免費提供各項與旅遊博彩相關的培訓課程。培訓方式主要是爲期四個月的密集式訓練。據該中心的統計，在成立的第一年就吸引了四千一百八十三名澳門居民來報讀，順利完成培訓的共一千五百四十八名。在首批七百多名畢業生當中，就業率高達81%，其中五成以上學員已投身博彩業。此外，各家博彩公司亦馬不停蹄地栽培自己的職員。可見澳門當地的居民很踴躍投身他們龍頭行業，博彩經營者也很積極擴充他們的人力資源。加上澳門政府也扮演正面的帶頭作用，爲勞動人口減低因經濟結構轉型而帶來失業的困擾[16]。

因此本書認爲，就長遠利益著眼，未來的博奕娛樂事業若能配合政府的博奕技術培訓中心，並結合自己內部的培訓，如企業制度及文化之建立，使其員工們能達到自我滿足感，並在培訓過程中培育思維廣濶，經去蕪存菁，形成一個新氣象，形成集體模式。同時，亦可在培訓過程中培育出本土文化，轉換成爲企業的凝聚力及推動力。這樣企業就無需對人員的任離職有所顧慮，因爲只要繼續培訓，將有源源不斷的人力資源可以替補。除此之外，人員訓練是透過政府的培訓中心，企業本身無須承擔培訓成本的風險，且企業之間亦可透過與培訓中心的交流，將整個行業的技術不斷提升，把服務品質做得更好。如此一來，對博奕從業人員、博奕娛樂事業及政府可成爲三贏的局面[17]。

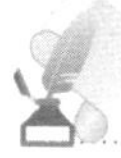

註釋

❶許惠雯（2006），〈亞洲各國搶錢，將賭場當印鈔機〉，聯合新聞網，2006/10/29。

❷〈博奕機產業長多趨勢確立〉（2007），資料來源：http://mag.udn.com/mag/money/storypage.jsp?f_ART_ID=80261【2007, AUG 20】。

❸顧良智（2005），〈澳門娛樂場的市場定位〉，博彩產業與公益事業國際學術研討會。

❹〈美國——拉斯維加斯打破博奕格局〉（2006），資料來源：http://www.tripshop.com.tw/n/text-n110601.htm【2006, APR 13】。

❺宋秉忠（2006），〈澳門「賭一把」，大膽開放當贏家〉，《遠見雜誌》，8月號。

❻游常山（2007），〈新加坡賭場解禁，禁忌變競爭力〉，《遠見雜誌》，3月號。

❼卓興鑾（2004），〈澳門博彩產業與博彩培訓之研究〉，博彩產業與公益事業國際學術研討會。

❽謝文欽（2007），〈台灣離島具開放賭場條件 但首應降低負面效應〉，資料來源：http://www.rti.org.tw/big5/recommend/media/content.aspx?id=14【2007, MAR 20】。

❾葉智魁（2001），〈「開設賭場」：究竟是真能「振興經濟」還是會使「經濟陣亡」？〉，資料來源：http://www.ndhu.edu.tw/~ckyeh/file04/%AE%C9%BD%D7%BCs%B3%F5%20-%20%B8g%C0%D9%B0}%A4`.htm【1999, MAR 18】。

❿資料來源：「請由觀光衝擊的觀點，來論述『澎湖宜不宜設賭場』」網站，140.128.37.40:8080/course/print/。

⓫交通部觀光局（1996），《台灣地區設置觀光賭場之研究》。

⓬同註⓫。

⓭趙幽默、李曉閔、許亦峰、容永誠（2004），〈澳門旅遊博彩業人力資源培訓需求初探〉，博彩產業與公益事業國際學術研討會。

⓮陳寶鱗（2004），〈博彩人事管理的新舊方法比較與員工培訓〉，博彩產業與公益事業國際學術研討會。

⓯陳寶鱗（2005），〈淺談博彩培訓工作〉，博彩產業與公益事業國際

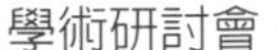

學術研討會。

⓰同註⓭。

⓱同註⓯。

國家圖書館出版品預行編目資料

博奕娛樂事業概論 = Introduction of gaming entertainment industry / 郭春敏著. -- 初版. -- 臺北縣深坑鄉：揚智文化, 2008.03
面；　公分（博彩娛樂叢書；1）

ISBN 978-957-818-865-5(精裝)

1.賭博 2.娛樂業

998　　97003028

博彩娛樂叢書 1

博奕娛樂事業概論

著　　者／郭春敏
出 版 者／揚智文化事業股份有限公司
發 行 人／葉忠賢
總 編 輯／閻富萍
地　　址／台北縣深坑鄉北深路三段 260 號 8 樓
電　　話／(02)8662-6826
傳　　真／(02)2664-7633
網　　址／http://www.ycrc.com.tw
E-mail ／service@ycrc.com.tw
印　　刷／鼎易彩色印刷股份有限公司
ISBN ／978-957-818-865-5
初版三刷／2014 年 3 月
定　　價／新台幣 380 元